书山有路勤为径，优质资源伴你行
注册世纪波学院会员，享精品图书增值服务

CATEGORY
MANAGEMENT
PRACTICE

中国连锁经营协会力荐

品类管理实战

（第4版）

程莉 郑越 著

电子工业出版社·

Publishing House of Electronics Industry

北京·BEIJING

内 容 简 介

随着互联网线上线下的博弈、三四线城市中产群体的快速增长，我国零售业面临着前所未有的机遇与挑战。在电商概念出现数年之后，新零售的品类规划、各类专卖店和便利店的业态创新再次成为热点。那么如何才能通过有效的采购运营管理和大数据平台（中台和后台）来提升整体绩效？针对这个难题，本书介绍了经欧美国家验证的行之有效的零售解决方案，即零售品类管理。本书由 18 章和 3 个附录组成。第 1～3 章概要介绍了品类管理的基本内容。第 4～15 章是本书的重点，从品类管理操作流程的角度详尽介绍了如何实施品类管理。第 16～17 章介绍了对作为品类管理基石的购物者的研究和品类管理工具。第 18 章增加了新零售品类管理的内容，重点分析了盒马鲜生的新零售实践，在新零售环境下对组织"人"的概念进行了强化，未来"人"是新零售成功的关键点。附录部分还收集了快消品和医药零售行业的主要供应商所实施的品类管理实例，以及品类管理常用术语。

本书可供新零售和电商平台的从业人员、零售商采购总监、部门经理、各级采购人员、门店店长、品牌供应商渠道总监及各级销售人员使用，也可供零售商总经理、培训部经理，以及品牌供应商渠道发展部经理、培训经理、零售业调研和咨询人员参考。

图书在版编目（CIP）数据

品类管理实战 / 程莉，郑越著. —4 版. —北京：电子工业出版社，2020.8
ISBN 978-7-121-39234-4

Ⅰ. ①品… Ⅱ. ①程… ②郑… Ⅲ. ①零售业－商业管理 Ⅳ. ①F713.32

中国版本图书馆 CIP 数据核字（2020）第 122393 号

责任编辑：晋　晶　　特约编辑：田学清
印　　刷：北京盛通数码印刷有限公司
装　　订：北京盛通数码印刷有限公司
出版发行：电子工业出版社
　　　　　北京市海淀区万寿路 173 信箱　　　　邮编 100036
开　　本：720×1000　　1/16　　印张：19　　　字数：340 千字
版　　次：2006 年 1 月第 1 版
　　　　　2020 年 8 月第 4 版
印　　次：2025 年 5 月第 13 次印刷
定　　价：79.00 元

凡所购买电子工业出版社图书有缺损问题，请向购买书店调换。若书店售缺，请与本社发行部联系，联系及邮购电话：（010）88254888，88258888。
质量投诉请发邮件至 zlts@phei.com.cn，盗版侵权举报请发邮件至 dbqq@phei.com.cn。
本书咨询联系方式：（010）88254199，sjb@phei.com.cn。

序 一

1990 年，国内首家连锁超市东莞美佳超市在虎门开业；1995 年，第一家外资大卖场家乐福入驻北京。短短几年，我国零售业发生了深刻的变化。

大卖场、超市和便利店是零售业中发展较快的部分，近期成长起来的大中型本土零售商，大部分都是这些业态的经营者。但是，外资零售商也是该领域非常具有实力的竞争者。2004 年之后，外资企业的飞速扩张尤其引人注目。随着外资店不断增多，其渗透率和市场占有率也在稳步上升，而本土企业则以大力开店、并购重组来应对挑战。同时，价格战成了唯一的撒手锏，粗放的促销被普遍当成了特效药。然而，快速扩张并没有带来人们所期望的规模效益，传统落后的营销换来的是业绩的下滑和竞争的乏力，有的企业已经在扩张中轰然倒下。面对越来越严峻的挑战，如何通过有效的营销提升绩效，已成为困扰零售商的首要难题。

如何提高单店效率？如何深入了解购物者？如何制订客户化的营销方案从而摆脱价格战的阴影？如何改善货架陈列和供应链从而降低缺货率？如何获得供应商的大力支持？众多的挑战迫使零售商们开始寻求一种新的、有效的管理模式。

品类管理是一种经欧美国家验证的行之有效的零售解决方案。零售商在了解和把握购物者需求的基础上，把商品品类作为战略经营单位，通过分析实点销售数据和市场数据，寻找适合自己的个性化的商品经营方案。产品组合、产品陈列、新品引进、定价与促销、产品供应，这些都是品类策略在零售终端的直接体现。品类管理打破了传统的零售商与供应商各自为政的经营模式，强调零售商与供应商的战略性合作，更好地满足了购物者的需求，同时实现了零售商、供应商和购物者的"三赢"。

品类管理诞生于 20 世纪 90 年代初的美国，当时的美国零售市场与我国目前的零售市场有很多相似之处。1997 年，中国连锁经营协会曾尝试引进品类管理的理念和方法，并在一些大型零售商中进行推广，但这在当时基本上还处于探索阶段。2003 年至 2004 年，中国连锁经营协会开始邀请品类管理专家，在全国 13 个城市进行品类管理的巡回培训，并在超市、大卖场全面推广品类管理。一些药品零售企业也参加了品类管理培训。随着品类管理逐渐为企业所认知，如何将理论方法转化为实践工具，已成为推进品类管理应用的重要一环。

国内针对品类管理方面的图书非常少。2000年，中国连锁经营协会翻译的《品类管理》是介绍品类管理的第一本专业图书。2002年，中国连锁经营协会又组织翻译了《品类管理实施指南》，这本书对国外品类管理的应用进行了介绍。但是，当时针对我国企业实际的、具有实操性的图书还是一个空白。

程莉和郑越是中国连锁经营协会品类管理培训的讲师，也是国内首批从事品类管理的专业人士，她们为推广品类管理知识做出了积极的努力和很大的贡献。她们在多家跨国公司从事过品类管理的实际工作，与从事快消品零售和药品零售的连锁企业进行过很多合作，在品类管理方面积累了丰富的实践经验。她们在进行品类管理培训时发现，学员们在实际操作过程中面临很多问题，需要更实用的对策和方法，而这些问题和疑惑也引发了她们将自己的实战经验更系统全面地与同行分享的想法。经过近一年的笔耕不辍，《品类管理实战》终于与大家见面了。《品类管理实战》是第一本介绍我国品类管理实践的书籍，对企业实际应用具有很强的指导意义。

零售业在经历了轰轰烈烈的"跑马圈地"后，正在从感性决策转为理性思考，从粗放经营转为精细管理。品类管理是一种科学的、精细化的、系统化的零售管理方法。本书的出版必将有利于品类管理在我国的实践与发展。

中国连锁经营协会秘书长

裴亮

序 二
——"事"在"人"为

"人、货、场，新零售"，新零售重构了"人""货""场"的顺序，以前要么是"货"在前，要么是"场"在前，现在却是"人"在前。什么"人"在前？到底是用户这个"人"在前，还是组织这个"人"在前？这是一个思考题，之前大家考虑得比较少。我们通常理解的新零售一般是用户在前，但实际上是这样的吗？难道组织的人不能在前吗？例如，打车软件，到底是用户这个"人"在前，还是司机这个"人"在前？我会把司机看成开放的、无边界的组织成员，司机是打车平台的组织成员，只不过其不是传统意义的组织成员，而是通过互联网连接的组织成员。到底是用户在前还是司机在前？我们可能会觉得这是一个鸡和蛋的问题。如果没有用户，司机接不到活儿，那么司机就不会来；而如果没有司机，那么用户也不会来。最终证明是司机在前，因为用户被拉来以后，他们一旦打不到车就会全部走光，但司机来了以后，便会裂变，打车平台是其收入来源，因此他会帮忙推广，而且只要能够叫到车，用户就会留下口碑，从而就会带来更多用户使用该平台。

阿里始终坚持"用户第一，员工第二"。至少它是把员工放在了第二位，而不是传统的说法"用户第一，产品第二"。这是在新零售的环境下对组织"人"概念的强化，"人"是新零售的一个重要的点。这是我对新零售的一个思考。

张宁（二哥）

半度先生创始人、CEO

POA 思维原创者

湖畔大学一期学员（3分钟说服马云破格入选湖畔大学）

前言
——温暖的品类经济

在 VUCA［Volatility（易变性），Uncertainty（不确定性），Complexity（复杂性），Ambiguity（模糊性）］时代人们耗费了 1.5 倍地球上的资源，然而人与自然、人与人、人与自己并没有和谐地生活在一起，物质的极大丰富、人工智能和金钱似乎也没有给人带来更多的幸福感。在新零售时代，我们可以通过打开头脑和心智去发展集体的意识，用行动共创温暖的品类经济，让世界温暖半度。

在 2019 年 7 月 17 日至 24 日结束的温暖医学年会上，我们在大自然里学习用歌德式的植物观察法去感受这个世界，这不仅是一种涵盖人类、自然与宇宙的诊断与治疗方法，也是在寻求对疾病与健康的社会层面的反思。有位名人曾经说过："一个人只能理解自己所爱的，从爱发展出一种辨识的力量，创造出精神上同理心的能力，是我们的工作目标。"在实践零售品类管理的时候，我们要关注生命（个人和整个人类）、内在心智发展的探索、职业伦理，以及如何在生态品类管理系统中以健康的方式工作。

本书第 4 版增加的新零售品类管理章节，重点分析了盒马鲜生的新零售实践。在零售组织变革中，以人为本的便利店加盟商创新干拌面品类，以及德国 DM 连锁超市的咨询顾问运用歌德式的植物观察法，让库房的人员直接面对客户和一线人员，用心去感受，并发展与未来连接的品类管理。在此感谢张宁（二哥）和 IMO 大师班同学李端的大力支持！也感谢蒋先锋对本次修订所做的编写工作！

郑越

目 录

第 1 章

品类管理概述

1.1　品类管理的概念

1.1.1　品类管理的定义

品类管理是 ECR（高效消费者回应）的重要策略之一，也是扩大需求、最大化店内资源的主要手段。

ECR 是流通行业的核心技术和战略之一，是流通供应链上的各个企业以业务伙伴方式合作，并建立的一个以购物者需求为基础的、具有快速反应能力的系统。该系统的建立不仅可以提高购物者价值、竞争能力及整个供应链的运作效率，还可以降低整个系统的成本，如图 1-1 所示。

品类管理是 ECR 中的需求管理。品类管理是消费品供应商与零售商的一种合作方式，它是以品类为战略业务单元，通过购物者研究，以数据为基础，对一个品类进行数据化的、不断的、以购物者为中心的决策思维过程。品类管理，又称需求管理，与 ECR 的关系如图 1-2 所示。

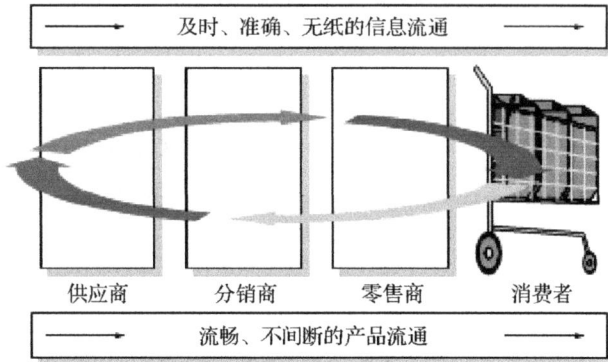

图 1-1 ECR 系统

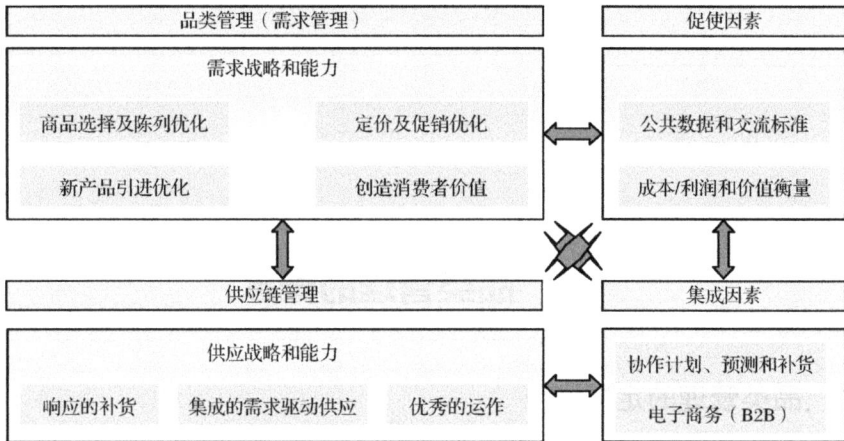

图 1-2 品类管理与 ECR 的关系

可以将品类管理简单地理解为零售管理的核心部分。它涵盖了采购部和运作部的主要工作内容，还涉及人事管理，如品类经理的设置。从实施的角度来讲，也可以这样理解：品类管理就是充分地利用数据进行更好的决策。所以，品类管理是从日常零售运作中提炼出来的科学的、系统的、精细化的零售管理方法。品类管理是零售业的全面质量管理。

1.1.2 品类管理的八个步骤

品类管理主要包括八个步骤，即品类定义、品类角色、品类评估、品类评分表、品类策略、品类战术、品类实施和品类回顾，如图 1-3 所示。虽然高层达成一致与经营定位不在品类管理这八个步骤之中，但它是品类管理中相当重要的一个环节。高层对品类管理的认识直接影响这八个步骤的实施效果，高层的经营定位是确定品类发展的依据。品类管理是供应商和零售商之间的一种全新的合作方式，是双方建立在相互信任基础上的协同合作，这与传统买与卖的关系有本质的不同。对供应商来讲，必须从以自身品牌为核心的经营理念转变为以品类管理为核心的经营理念；对零售商来讲，必须从以采购产品为核心的经营理念转变为以售卖产品为核心的经营理念。而要想有效地实施这一切就必须得到双方高层的认同。

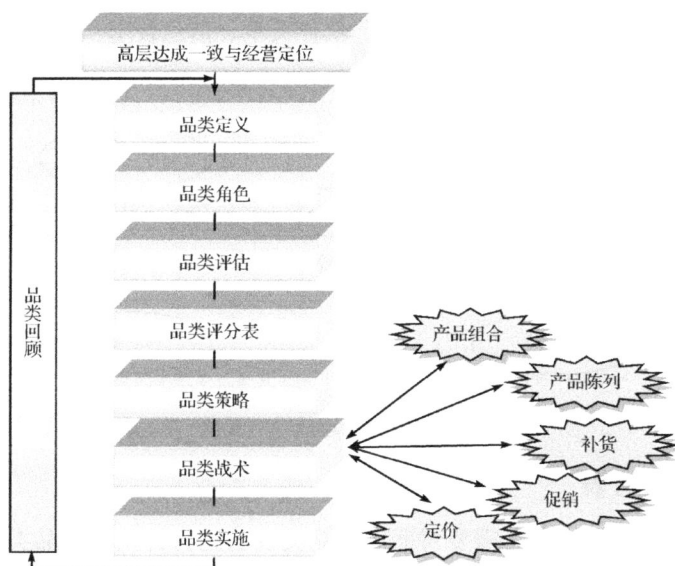

图 1-3　品类管理流程

在上述八个步骤中，品类定义、品类角色和品类策略相对稳定，一般半年到一年才回顾一次。而日常的工作，如产品组合、产品陈列、补货、促销和定价等属于品类战术的部分，随时都可能发生变化，因此一定要确保战略性的决策在战术中得到体现。例如，某零售商本年度口腔护理品类产品的策略是提高客单价，那么在产品选择时就要注意引进或增加高价值的产品或大包装的产品，在促销时也要侧重于对这类产品的推广。如果盲目地跟进竞争对手，产品组合、促销和定价等战术就会偏离原来的策略，零售商也会因此丧失其自主性。

品类管理以品类为战略单位进行管理，而品类又是零售商店的重要组成部分，这就决定了品类策略需要与商店的策略进行很好的配合。所以，作为品类经理，在对品类进行深入分析之前，必须对商店的愿景、目标购物者、策略等大方向有清晰的把握。品类经理不仅是品类专家，还应是商店策略的贯彻者。

1.1.3　品类管理的成功要素

品类管理的成功要素有六个，如图 1-4 所示。这也从另一方面反映出品类管理的实施需要得到高层领导的支持。虽然品类策略及相应的业务流程是实施品类管理的必要条件，是完成品类管理的必需过程，但只有品类策略和业务流程并不能保证品类管理的成功实施。品类评分表、合作伙伴关系、信息技术和组织能力是成功实施品类管理的保障性要素，下面将详细介绍这些要素。

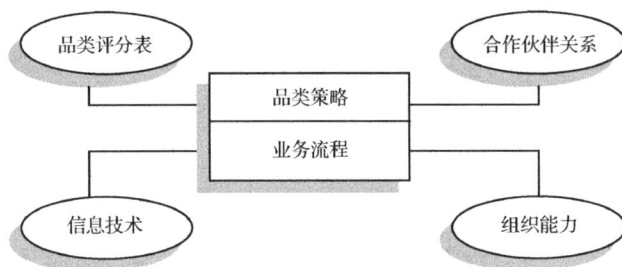

图 1-4　品类管理成功六要素

1.　品类评分表

在品类管理实施之前，需要对商店和品类现状进行评估；在品类管理实施之后，需要对其效果进行评估。而评估也不能仅局限于销售量和利润等财务指标，还需要考虑库存、缺货、单位产出和人力投入等其他指标。因为品类管理涉及滞销单品的淘汰及货架的重新分配等，所以这些操作在很大程度上优化了上述指标。评估还需要有深度，需要进行跨门店评估、跨年度评估。品类评估可以帮助我们认识品类的强项和弱项，从而发现品类机会并确定品类策略。同时，品类评分表中的各项指标也为实施品类管理的各部门指引了方向。

2.　合作伙伴关系

品类管理的一个重大突破是它改变了工商关系，将零售商与供应商之间的买与卖的关系上升到战略性合作伙伴关系。传统的工商关系侧重于讨价还价，零售商只关心进价是否低廉，供应商只关心自己的产品在商店是否能卖得更多，这样很容易导致库存的积压和品类的无方向性。而品类管理将供应商和零售商的关系看成供应链上的两个联系密切、唇齿相依的上下游关系。供应商好比某个集团公司的生产部门，而零售商好比销售部门，两个部门只有充分发挥各自的优势，以购物者为中心，以开放的心态互利互助，才能达成让购物者满意的终极目标，才能提高购物者对供应商和零售商的满意度。沃尔玛是推行品类管理较为全面和深入的零售商，也是工商关系较为透明和融洽的零售商。沃尔玛创始人山姆·沃尔顿的名言很好地说明了建立合作伙伴关系的重要性："我们应该让供应商了解更多。他们了解得越多，就越关心；他们越关心，就会做得越好。"

供应商和零售商的合作程度将会影响品类管理的合作深度。在品类管理的六个要素中，合作伙伴关系是技术含量较低且较易于着手开展的一个要素。它是靠人的因素将品类管理的其他要素组织在一起并使之运转的。实践证明，那些在向购物者提供超值产品与服务时能够相互合作的企业，比没有进行合作的企业更加成功。图 1-5 显示了因供应商和零售商合作程度不同而导致品类管理操作流程不同的示意图。

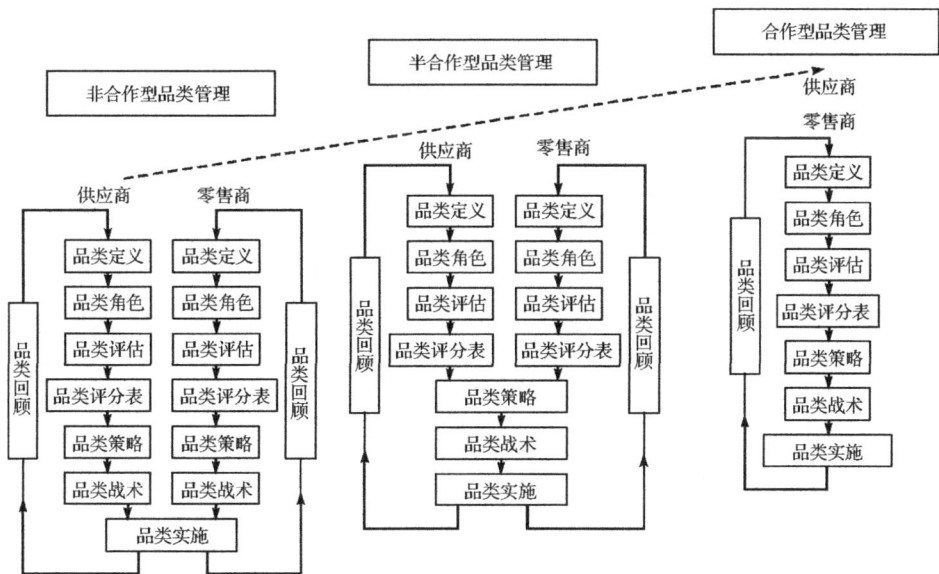

图 1-5　不同合作程度的品类管理流程

3．信息技术

品类管理是以品类为单位、以数据为基础的科学管理方法。品类的单品数少则 100 种，多则 500~1 000 种。数据包括 POS 数据（实点销售数据）、市场数据、竞争对手数据和购物者研究数据，数据分析需要细化到子品类和小分类等。面对大量的数据，如果没有一个好的信息系统进行整合，没有合适的分析软件的支持，仅靠人工进行分析是难以实现的。品类管理虽然不一定需要沃尔玛的卫星系统，但我国很多零售商要准备品类管理所需的数据至少需要一个星期，而且整理出来的数据还不一定准确，这样的信息系统是很难将品类管理从一个项目转换成一个常规业务流程的，也很难为决策者提供实时数据支持。沃尔玛的零售链系统让策略性供应商能随时接收品类销售数据，使各单品的进货、销售、库存和客单量等信息尽在掌握之中，使供应商能做到及时提供月度报告、每周报告和每日报告以快速对市场做出反应。

虽然旧式的信息系统也能容纳支持品类管理所需的大量数据，但其大部分应用软件都是为日常运营和管理所设计的，缺乏对各种信息采集和分析的功能，制约了品类管理的发展。所以，为满足品类管理需求而设计的决策支持系统的应用成为品类管理能否成功的必要条件。

4．组织能力

品类管理涉及产品选择、货架陈列、促销方案制订、联合促销活动和人员调整等，需要跨部门的配合，包括商品部、运营部、物流部、IT 部、财务部、市场部，甚至人力资源部。品类管理的项目经理多半来自采购部，因为他们对品类和产品有更深入的了解。而其他相关部门对品类管理的认识和理解，将直接影响品类管理的实施是否到位。其他相关部门不仅要知道做什么，还要知道为什么要这样做，只有这样才能使各部门都认同并重视品类管理。所以，在项目进行初期，就要对相关人员进行培训。因此，在这里建议引入项目管理的概念以提高项目的执行效率，并设立品类管理项目委员会及项目组，以保障和引领品类管理的全面实施，如图 1-6 所示。

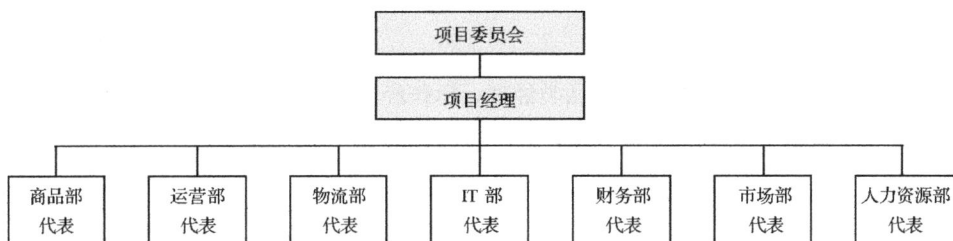

图 1-6　品类管理项目组

品类管理项目组中主要人员的职责如下。

（1）项目委员会

- 对项目在范围、质量、时间和成本方面的变化做出批示。
- 对生意和技术上的问题做出批示。
- 确保所需资源到位，解决项目中出现的问题。
- 负责与项目总负责人和项目组其他成员的沟通与决策。
- 关注项目月进度报表，参加每月例会。

（2）项目经理

- 负责项目方案的制订、执行与评估。
- 负责项目组成员的到位与任务分配。
- 控制项目的进度，解决项目中出现的问题，每月向项目委员会汇报项目进程。

1.1.4　某全国性零售商的品类管理项目组组织结构

（1）总负责人

零售商总经理、供应商（品类领队或舰长）副总监。

（2）项目委员会

- 零售商：商品部部长、运营部副总、稽查部副总。
- 供应商：ECR 负责人、销售部副总监、销售部市场经理。

（3）项目经理（根据项目经理的职责确定）

- 零售商：商品部副部长。
- 供应商：品类管理经理。

（4）项目组

- 零售商：商品部副部长、品类经理、运作经理、订单物流部副部长。
- 供应商：品类管理经理、客户经理、IT部经理、储运经理、运作经理。

（5）项目资源

- 零售商：IT部、财务部、数据分析部；门店经理，购物者调查经理。
- 供应商：市场部、市场研究部、财务部、其他部门。

（6）项目组运作形式

- 月度会议：回顾品类管理实施情况、回顾品类管理业务指标、解决重点问题、调整计划和资源。
- 临时会议：解决紧急、重点问题。

（7）人员要求

- 项目经理：了解品类管理、有良好的领导能力和沟通能力。全职，或至少大部分时间在职。
- 项目组：负责项目的具体实施工作，由核心部门抽调骨干组成。全职，或至少大部分时间在职。
- 部门代表：领导部门实施、配合品类管理工作、代表部门做出决定。需要占用其10%~20%的时间。
- 品类领队：由有品类管理经验的品类的领导性供应商担任。

1.2　品类管理的起源

品类管理产生于20世纪80年代到90年代，是欧美等国市场竞争加剧和信息技术发展的产物。当时，美国流通行业的激烈竞争从原来供应商之间逐渐扩展到供应商之间、零售商之间及工商之间的竞争。过度的竞争使企业忽视了购物者的需求，大量同质化（产品功效无实质性差别）的新产品投入市场，市场上的产品数量虽然越来越多，却始终无法满足购物者多样性的需求。购物者越来越挑剔，商家的降价和促销手段越来越难以吸引他们。事实上，购物者希望商家能够提供新鲜的、高质量的、价格合理的产品和良好的服务。因此，从购物者的需求出发，提供满足购物者需求的产品和服务是品类管理产生的根源。

20 世纪 80 年代末到 90 年代初，买卖双方的谈判主动权从 60 年代到 70 年代的供应商手中转移到零售商手中。这时，美国零售流通市场增长缓慢，创新的仓储商店、折扣店等更加高效的新业态涌现出来，这使得原有日杂百货业的零售商之间的竞争更加激烈。零售商在寻找高效管理方法的同时将盈利的压力向上游转移，从而造成工商关系紧张，双方缺乏信任和透明的交流。有的零售商赫然表明："不允许推销人员阅读屏幕上的数据。他越不了解情况，就越相信我们。"零售商将终端销售信息当成了自己的资产，不与供应商分享，这就造成了市场信息的不对称，导致产品难以快速地反映购物者的需求，供应商难以创新出适销对路的产品或者提高产品的质量。同质化的产品层出不穷造成了价格更加恶性的竞争。在盈利的压力下，为了区别于竞争对手，供应商投入了大量资金做诱导型广告和促销来吸引购物者，力图通过制造品牌的差异化来提高品牌价值。然而面对数量众多的品牌，大多数购物者只能记住 1~3 个，而"品牌转移"的营销投入大多付诸东流。为了生存，供应商需要获得更多的市场份额，才能夺取成本领先，因此供应商们不得不拓展销售渠道，直接或间接地降价，挤压自身的利润，牺牲自身的利益。

零售商为了实现利润最大化，开始实行垂直一体化，即整合上游，零售商将品牌外包给供应商。零售商投入了巨资发展自有品牌，但是终归"术业有专攻"，零售商的自有品牌很少有成功的。为了取得成本领先优势，零售商快速在各地开店扩张，纷纷投资建立配送中心，购买不同的 POS 系统。但由于没有共同的标准和 IT 语言，供应商和零售商的物流与信息很难彼此匹配，这导致规模优势难以独自建立，供应链效率低下，供应链的整体成本上升。市场是残酷的，一些零售商一味地扩张、盲目地投入却忽略了盈利，最终很多"巨无霸"零售商因此倒闭。

与大部分企业一样，宝洁公司在北美的生意于 1988 年也陷入了困境。公司各品类市场份额停滞不前，价格折扣和促销的花费却从销售额的 7%升至 20%，这些不仅导致销售成本节节上升，还降低了品牌的获利能力，给公司的盈利方面带来了巨大压力。更糟糕的是，产品的最终客户——购物者会质疑宝洁的产品价格，对促销变得不信任，购物者对宝洁品牌的忠诚度日渐下降。与此同时，供应链效率低下的问题比比皆是。宝洁的客户们忙于一些高成本的操作，如货物调拨（购买货物后在全国范围内调拨，再在某地存储数月），提前购买（囤积居奇，因为宝洁短期的价格折扣而大量购买囤货），折扣券（购物者和零售商都花费无数的时间和精力处理折扣券）。

面对这一切，宝洁快速做出了反应，采用了迈克尔·波特竞争战略中的成本领先战略并协同增效。从这个时候起，宝洁和沃尔玛开展了持续不断的合作项目，目的在于提高供应链效率，降低供应链中双方的成本，改善与零售商及购物者的关系，最终提高品牌价值，取得竞争优势。

双方的合作源自沃尔玛的山姆·沃尔顿在辛辛那提小河上与宝洁的首席执行官约翰·白波泛舟会见时向宝洁提出的倡议——双方从供应链的源头到终端进行分析，发展简单而高效的从工厂到购物者的物流储运体系，建立合作伙伴关系。为了实现这些目标，双方做了大量的工作，包括采集沃尔玛大量的销售信息，建立持续的补货体系以保证合理的订单、运输、安全库存和高效的库存周转。通过基于数据的科学量化分析，双方致力于拓展供应链，以降低运输和仓储成本，减少库存及缺货情况的发生。最终，宝洁和沃尔玛的多部门合作取得了巨大的成果：双方的供应链成本降低了；销售额上升了；库存下降了；沃尔玛采购的宝洁产品的库存保持在一个很低水平，库存周转速度却提高了；供应商到货率保持在较高的水平。宝洁在沃尔玛同类产品的份额提高了 20 个百分点。在合作项目开始后的 10 年中，宝洁的库存单位下降了 25 个百分点，销售人员数量减少了 30 个百分点，库存金额下降了 15 个百分点。1998 年，宝洁在沃尔玛的销售额为 3.5 亿美元，宝洁的经理总结说："由于双方都能够将注意力集中在购物者身上，因此我们的合作进展得非常顺利，销售额明显增长。"

成功的合作也促使宝洁完成了由"以内部为导向"向"以外部为导向"的文化转变。宝洁强大而完善的内部管理系统开始向"以最终客户——购物者为中心"转变。宝洁开始输出公司内部的知识、技术和人才，以服务于零售商，同时其还为重要零售商建立专门的服务队伍。1998 年，宝洁在我国也改变了其销售队伍的结构：在原有销售部中调入其他部门的专家，如物流专家、IT 专家、财务专家、市场调研专家和市场专家等，组成了客户生意发展部。客户生意发展部的使命是对价值链中所有不能带来增值的活动进行简化，使其标准化和系统化。客户生意发展部还加强了与上游及下游的伙伴在供应链中全方位的协同合作，从而不断提升自身的核心竞争能力。

成功的合作也有利于沃尔玛实现其市场定位，即成本领先战略，使其对购物者承诺的"天天低价"策略成为可能。"天天低成本"是"天天低价"的支撑点，沃尔玛因为与宝洁的合作，实现了"天天"成本的降低，塑造了沃尔玛的价格优势形象。

宝洁与沃尔玛的合作是一个"破冰"的合作，双方的合作不但实现了信息共享，而且通过合作取得了共同的效益，为整个行业树立了榜样。山姆·沃尔顿对沃尔玛的员工们教诲道："我们要让供应商更多地了解我们的业务。他们了解得越多，就越关心。他们越关心，就会做得越好。"

20 世纪 90 年代初，沃尔玛在美国本土市场的发展势如破竹，而宝洁作为行业领头羊的地位也在不断得到巩固。双方不断创新的实践以及品类管理的成功案例，唤醒了众多供应商和零售商，他们开始追随宝洁和沃尔玛的脚步，全面实践品类管理。1993 年，FMI（美国食品营销协会）联合可口可乐、宝洁与 Safeway Store 等 16 家企业和流通咨询企业 Kunt Salmon Associates 公司一起组成了研究组，对食品业的供应链进行了调查与分析。在总结了行业的许多成功经验之后，该研究组于 1993 年 1 月出具了关于改进行业供应链管理的详细报告，在该报告中首次系统地提出了 ECR 和品类管理的概念。经过 FMI 的大力宣传，ECR 和品类管理最终被供应商和零售商接受并广泛应用于实践。

1.3 中国零售业面临的挑战

俗话说，"店大欺客，客大欺店"，"没有永远的敌人，只有永远的利益"，供应商和零售商之间的矛盾似乎成了难以调和的矛盾，而改善工商关系也被一次又一次提上议程。那么，如何做到改善工商关系并从何入手呢？让我们先看一下供应商和零售商目前所面临的主要问题。

1.3.1 产品的极大丰富与同质化

随着改革开放和时代的发展，我国经历了由"物资短缺"到"物资极大丰富"的转变。一时间，大量的同类产品涌现出来，这些产品尽管在形式上有所差别，但其在内容、品质、技术含量和使用价值上几乎相同，这就致使市场上的产品高度同质化。据统计，在我国仅洗发水就有上千种。通过超市、卖场的洗发水的陈列，我们也能感受到产品的极大丰富与同质化。产品同质化通常被看作行业竞争成熟的标志，达到产品同质化之后，不同厂家之间产品的差异就只剩下品牌差异了，厂家之间的竞争也从产品差异竞争变为品牌竞争。在产品同质化日趋严重的今天，价格战已经成为企业之间竞争较为常用和有效的手段。虽然供应商并不情愿，但为了应对日益激烈的竞争又不得不经常采用残酷的恶性价格竞争手段。

1.3.2　现代渠道商店数量增长较快

尼尔森（全球著名的市场监测和数据分析公司）2019 年发布的《中国购物者趋势报告——便利店》显示，现代渠道商店数量增长较快，超市（10%）、小超市（9%）和便利店（14%）的数量在过去三年内保持着强劲的增长势头，而大卖场（-1%）的数量则呈现了负向增长态势。便利店凭借其"麻雀虽小五脏俱全"以及"便利"的两大特性，逐渐区别于超市、大卖场等其他线下渠道，得以崭露头角。

便利店这种"小而美"的业态是目前我国零售市场成长较快的业态之一。

尼尔森中国区副总裁倪一说："中国购物者越来越挑剔，他们不只追求更优质的产品，还期待看到产品为自己带来的便利性与独特性。品牌在积极打造更好的购物体验的同时，必须清楚渠道策略并不是'一招打天下'，因此对于不同的渠道需要采取不同的营销策略。"

（1）线上渗透率增长率趋缓，便利店购物频率增长率异军突起

尼尔森报告显示，在过去 12 个月中线上渗透率依旧保持上升势头，有 59% 的购物者表示在过去一个月中曾光顾过线上渠道，相比同期提升 7%。就稳定发展中的线下渠道来说，超市和大卖场的渗透率保持平稳；在过去 12 个月中，便利店购物者的渗透率为 56%。其中，25 岁～49 岁的购物者是便利店的主力人群（70%），这里面大部分为已婚人士，且男性（53%）略多于女性（47%）。多数购物者为中高收入（47%）、高学历的白领（49%）。

（2）购物者减少购物次数

就购物频率而言，在 2018 年过去的 12 个月中购物者线上和线下的购物频率相比同期整体下滑，但便利店异军突起，购物者在便利店的购物频率连续 3 年匀速上升，销售额增长达 15%。在生活节奏不断加快的前提下，原本用于购物者购物的时间可能还要与其他休闲娱乐活动竞争，因此针对购物者减少购物次数这一现象需要

引起零售商和品牌方的重视。在便利店购物者中，一周光顾便利店 1 ~ 3 次的中频购物者占 39%，另外高频购物者占 33%。高频购物者相对更年轻（25 岁 ~ 34 岁），学历更高（大学及以上），家庭月均收入较高，且单身较多。零售商和品牌方应关注中高频购物者人群，以针对其特点做出维持并提高购物频率的营销方案。

（3）便捷多样，体验至上

尼尔森研究发现，"方便到达"成为购物者对于线下渠道的普遍要求。42%的超市购物者、71%的便利店购物者及 56%的传统杂货铺购物者均认为"方便到达"是他们选择该渠道的首要驱动因素。除此之外，"省时的产品寻找"及"丰富的产品选择"均对线上渠道及线下渠道的购物行为起到较大驱动作用。

"店内有可供就餐的区域"对于便利店的重要性相对同期有明显提升。除需满足基本的购物需求之外，购物者对于"店内可以提供愉快购物体验"的诉求也有了明显提升。

无论是门店购物体验，还是购物者对于"方便到达"的诉求，都体现出购物渠道向"小型化"与"专业化"发展的主题，借助内外的良好发展态势，各大便利店运营商更应在激烈的竞争中找准品牌定位，对比超市和大卖场，"有高质量的高端品牌的产品"和"高效的收银、结账服务"在便利店的竞争中更为重要 。另外，"店员服务质量好"也值得更多的关注。

便利店所提供的鲜食产品使其区别于超市和大卖场，对购物者具有独特的吸引力，37%的购物者曾经在便利店购买过鲜食产品，其中关东煮（38%）和盒饭/三明治/饭团/沙拉/小包装熟食（37%）更受欢迎，而西式点心和关东煮对促销较为敏感。便利店购物者最近一次购买鲜食产品平均花费 25.1 元，70%的购物者在便利店购买鲜食是因为它"方便省时"，44%的购物者在便利店购买鲜食是因为它"质量优、口味好"，另外，"性价比高""产品选择丰富""卫生条件佳"也是购物者在便利店购买鲜食的重要理由。

（4）门店选择更多样化，价格关注度更分散

尼尔森研究发现，购物者更愿意去不同的便利店购物，而不是集中在某个或某两个便利店品牌内。过去一个月，光顾超过 3 种不同品牌的便利店的购物者比重增加，相比同期购物者光顾的便利店品牌更多元化，也更分散。此外，过去半年曾经光顾过新便利店的购物者相比同期虽略有减少，但总体仍呈上升趋势，吸引购物者

光顾新店的主要因素中，"有新便利店在附近开业"（48%）起到了非常重要的作用，体现了便利店选址的重要性；其次，"路过一间能吸引我的便利店"（28%），"该便利店的口碑不错"（27%）也不同程度地影响着新便利店的受欢迎程度。

便利店购物者多为应急性购买，所以该渠道购物者对于价格敏感度相对其他渠道购物者较低，且连续 3 年逐年降低。同时，其对于促销的关注度也呈下降趋势，购物者更倾向于在喜欢的品牌便利中购买促销的产品，且较少会因为促销而改变对品牌的选择。在便利店购买的重点品类中，购物者对促销较为敏感的品类是液态奶（20%），其次是巧克力（19%）、酸奶（18%）和冰激凌（18%），因此便利店的促销活动应关注受欢迎产品品牌中的这几项重点品类。成为购物者经常光顾的便利店品牌，培养购物者的忠诚度是增加便利店渠道销售的关键。

（5）购物者可能更愿意在便利业态下尝试新品

由于便利店空间和单品数量相对较少，因此便利店的新品更容易引起购物者的注意，加之在便利店购物相对轻松，购物者可能更愿意在该状态下尝试新品。对于食品超级品类，便利店是尝试新品的好地方。

（6）我国购物者更擅长使用先进的移动互联网购物

近几年，在日本和泰国等地的购物经历证实了普华永道专家的观点："在使用移动互联网购物体验方面，我国可以说比世界任何地方都先进，但是很少有零售商将这种数字体验带入实体店当中。把电子商务和 O2O 融于实体环境中，这一点很重要。商家应利用社交媒体增强购物体验，并利用数据分析来培养更加忠诚的客户，从而实现这种变化。"（摘自尼尔森：《现代渠道商店数量增长，便利店异军突起》快速消费品与零售 2019-02-27）

从"跑马圈地"到品类精细化管理，从实体店竞争到网上销售，供应商和零售商所面临的问题仅靠单方面的努力是难以解决的。对供应商而言，必须承认并面对零售商角色的转换，将自己从一个简单的产品提供商上升为服务提供商、解决方案提供商，从而加强自己在零售终端的地位。对零售商而言，争取供应商资源将是继价格竞争、网点竞争后的又一轮焦点。基于供应商和零售商所面临的上述问题，我们不难找到双方合作的切入点。如果双方能针对以下几个方面开展合作，将有利于双方在零售市场中的发展。

• 了解你的顾客；

- 战略性同盟/计划；

- 客户化营销；

- 基于实时数据的决策；

- 改善供应链。

上述所有合作都是品类管理的研究范畴。所以，品类管理是解决供应商和零售商所面临问题的一把利剑，是一个多赢的零售解决方案（购物者赢、零售商赢、经销商和供应商赢）。

1.4　**品类管理对零售业的贡献**

我国的现状恰似美国 20 世纪 90 年代的状况。创新的仓储商店、会员制商店、折扣店和"品类杀手"（专门经营卖场中某品类产品的零售商）等，这些高效的新业态在我国用了 10 年左右的时间便完成了在国外近半个世纪的发展。在宏观经济调控、互联网商业崛起的环境下，零售业的竞争更趋激烈，在完成了一轮"跑马圈地"并见证了一些零售企业的失败后，如何精耕细作、如何提高零售商的经营管理能力，日渐引起了零售商的重视。20 世纪 90 年代提出的 ECR 和品类管理的概念，在美国得到了业界的普遍响应，并成功地将美国流通业从"泥沼"中挽救了出来。如今，品类管理也将对我国零售业存在的问题起到非常关键的作用。

1. 了解你的顾客

虽然"顾客就是上帝"已经说了很多年，但截至目前，大部分零售商仍然不清楚自己"目标购物者"的类型是什么样的人、有多大年纪、喜欢什么、不喜欢什么。这也是导致购物者忠诚度偏低和价格战欲罢不能的主要原因。而品类管理强调以购物者为出发点去寻求品类发展的机会，这将为那些讲究形式、凭经验办事的经营者提供一个新的思考点。我国从 20 世纪 90 年代末引进品类管理开始，购物者研究也同时成为供应商和零售商研究的主要课题。供应商（特别是全球性供应商）在购物者研究方面有丰富的经验。通过双方的合作，零售商可以更多地了解自己的购物者，同时学习先进的市场调研方法。而供应商也能更清楚地了解购物者的喜好，从而可以为零售商提供客户化的支持，如产品选择和货架陈列等。2000 年以来，不少供应商与零售商合作完成了购物者决策树的调查，也就是了解购物者在选择产品时的优先次序。例如，口腔护理品类，44%的购物者会先想到购买什么品牌的产品，然后才会想到购买该品牌中的防蛀或美白类产品。而这一调查结果将直接影响到零售商店内的货品陈列方式。如果按"品牌-功能"陈列，会顺应购物者这一需求，让他们觉得购物更方便；如果按"功能-品牌"陈列，则会给购物者带来很多不便，另外零售商还必须投入较多的资源对购物者进行引导和教育，采用这一方式的代表是家乐福。但在家乐福部分门店，已经可以看到购物者决策树调查对零售商的影响，这些门店已经开始了按品牌陈列的尝试。

2. 战略性同盟/计划

品类管理首次从供应链的角度来看待供应商和零售商的关系。只有供应商和零售商相互信任、共同合作才能更好地满足购物者的需求。从图1-7所示的供应链中我们可以清楚地看到，虽然供应商和零售商只是供应链中的两个环节，但只有做到这两个环节的顺畅，才能确保供应链末端的购物者满意。在我国，领导性供应商和零售商在2000年左右便开始了战略性的合作，这些合作包括双方策略的分享、年度计划的制订、主要项目的合作等。例如，家乐福在新疆开店，在这一计划开始实施前的六个月中，家乐福便已经开始和相关供应商合作。因此，供应商在人力资源、产品配送和促销计划方面都提前进行了安排，以确保该店在远离主战场的新疆能够顺利开业与运营。一些大供应商甚至可以拿到家乐福五年后的年度发展规划，从而可以有更多的准备时间来改善公司的生产能力和配送能力。2004年6月，沃尔玛在美国召开了供应商大会，首席信息官琳达向供应商介绍了EPC/RFID（电子物品编码/射频识别技术）的好处及其对现有运作方式的影响，要求供应商提前考虑该方案，并在2005年到2008年实现所有产品配备EPC。正如当初沃尔玛在业界推广条形码一样，在供应商的配合下，EPC再次展示了沃尔玛在供应链和信息系统方面的强大领先优势。上海联华超市曾向媒体公布，联华的新战略是与供应商建立双赢互利的新型工商关系，并为此构筑了三大平台：一是和供应商平等协商的采购平台，每年与前100位供应商平等、友好地协商年度计划、交易条款；二是好的信息平台，使双方能共享产品信息、订货信息和存货信息；三是共同开发新产品的平台，以确保新品的成功率。

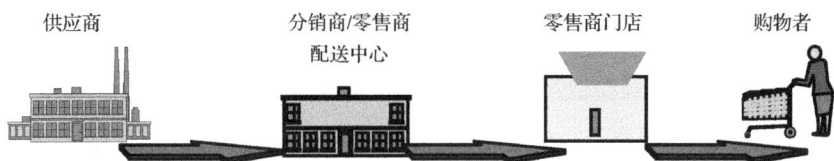

图 1-7　供应链

战略性同盟/计划可以帮助双方降低成本，并发掘双方的优势，使零售商能更好地满足购物需求，使供应商从简单的产品提供商提升为服务提供商，从而提升供应商在零售终端的地位。

3．客户化营销

价格战的根源是商店的同质化、产品的同质化。因此，不少零售商都在考虑销售自有品牌，但做到产品的差异化并不容易。品类管理以零售商自身销售的数据为基础，结合购物者调查数据、市场数据及零售商发展策略，号召零售商进行客户化营销，从而实现零售商之间的差异化。客户化营销能最大限度地减少价格战。例如，某集团针对不同购物渠道开展了不同产品型号的定制，它既可以为普通商场设计低价位的产品，还可以为高档商场设计功能更强大的产品，这样不但满足了普通商场的低价要求，而且保证了同一款产品不会在市场上出现两种价格，同时还削弱了普通商场对其他购物渠道的冲击。因此，在普通商场销售的产品中，该集团为其定制的产品约占 1/3。除可按购物渠道设计产品外，客户化营销还可以在日常促销中得到体现。例如，A 零售商做买洗发水送毛巾的促销，B 零售商做买洗发水送梳子的促销，不同的促销方式使价格不再如直接降价那样敏感。越来越多的供应商建立了现代零售渠道重点客户和电话营销通路营销市场队伍，其职责之一就是提供客户化的营销方案，如设计年度快讯计划和某零售商独有的促销活动等。

4．基于实时数据的决策

零售商拥有大量的数据，这些数据中不仅隐藏着购物者的信息，也隐藏着商机。而人力资源的匮乏和其职责的不同，使零售商很难独自对这些数据，尤其是某品类的数据进行充分的分析。而供应商不仅拥有对品类和市场的深入认识，还拥有对 BI 数据挖掘的能力。以讨价还价为基础的工商关系并不能建立双方的信任关系，这使大量的数据和商机被闲置。直到 ECR 和品类管理理念被引进，工商关系才得到改善。品类管理倡导供应商和零售商以销售为核心，以购物者为导向，建立战略合作伙伴关系。供应商和零售商彼此信任、共享双方数据是品类管理的基石，品类管理使供应商和零售商之间的合作从经验型管理变为以数据为基础的科学型管理。

例如，上海某零售商进行的一项购物者调查显示，该零售商的目标购物群是收入在3 000元以上的中高收入家庭，而该零售商卫生巾品类的购物群却是收入在1 500元左右的中低收入家庭，也就是说，商店费了很多精力吸引来的中高收入购物者却去其他地方购买卫生巾。通过POS数据分析，发现该零售商在高档品牌的表现不如竞争对手，而低档品牌的销售却居于前列。店内的宣传、陈列也因为各种原因倾向于低档品牌，同时促销数据显示低档品牌的促销机会偏多。基于对购物者数据、市场数据、品类数据、POS数据、竞争对手数据和店内POS数据的综合分析，该零售商与供货商一起制定了新的品类策略，对产品组合进行了调整，陈列方式从按功能（日用、夜用）陈列调整为按品牌陈列，并将该区域装饰为粉红色，促销品也倾向于高档产品。三个月后，品类生意获得了17%的增长，妇女卫生用品品类也有力地支持了商店的策略。

5. 改善供应链

产品出现缺货问题的原因有很多，如订单不及时、订货量不合理、配送不及时和供应商最小订货量限制等，所以针对不同原因导致的缺货问题解决的方法也有所不同。而品类管理提出的公平货架原理（按销售贡献分配货架）不仅可以在很大程度上缓解缺货现象，同时还可以减少库存时间，加快周转，从而减轻供应链的压力。

6. 聚焦目标购物者的品类管理"革命"

屈臣氏起源于1828年的广东大药房，历经了时代的变迁。1989年，屈臣氏在北京开设了第一家屈臣氏个人用品商店。依托健康、美态、快乐的产品和服务定位，结合对购物者的研究，屈臣氏锁定目标购物群体：年龄为18岁~35岁、月收入为2 500元以上、能接受新生事物的女性和潮男。2005年第100家店开张，屈臣氏宣布启动"百城千店"计划，从此吹响了"革命"的号角。

屈臣氏虽然背靠和记黄埔集团的雄厚财力，但其管理层也意识到，如果今天不是屈臣氏"革自己的命"，就一定会有其他零售企业来"革掉屈臣氏的命"。2011年屈臣氏完成了"百城千店"的计划，在六年的时间里进行了三次革命性战略转移（见图1-8），其中品类管理在所有管理与策略中起到了关键作用，同时也促进了屈臣氏高速、健康的长远发展。

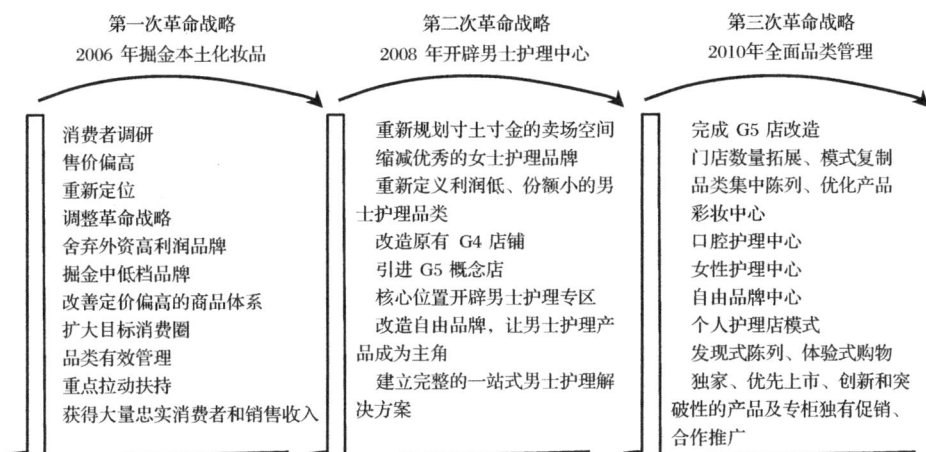

第一次革命战略 2006 年掘金本土化妆品	第二次革命战略 2008 年开辟男士护理中心	第三次革命战略 2010年全面品类管理
消费者调研 售价偏高 重新定位 调整革命战略 舍弃外资高利润品牌 掘金中低档品牌 改善定价偏高的商品体系 扩大目标消费圈 品类有效管理 重点拉动扶持 获得大量忠实消费者和销售收入	重新规划寸土寸金的卖场空间 缩减优秀的女士护理品牌 重新定义利润低、份额小的男士护理品类 改造原有 G4 店铺 引进 G5 概念店 核心位置开辟男士护理专区 改造自由品牌，让男士护理产品成为主角 建立完整的一站式男士护理解决方案	完成 G5 店改造 门店数量拓展、模式复制 品类集中陈列、优化产品 彩妆中心 口腔护理中心 女性护理中心 自由品牌中心 个人护理店模式 发现式陈列、体验式购物 独家、优先上市、创新和突破性的产品及专柜独有促销、合作推广

图 1-8　屈臣氏六年三次革命性战略转移

经过六年三次革命性战略转移，品类管理已经成功植入屈臣氏运营体系。2011年，屈臣氏在我国大陆地区的店数达到 1 100 家，总销售额为 100 亿元人民币。屈臣氏的品类管理革命不但促进了屈臣氏"百城千店"计划的完成，同时还为屈臣氏创造了品类管理盈利模式，培养了大量的品类管理人才。全方位的品类管理使更多的购物者成为屈臣氏的忠实购物者，更多的产品在屈臣氏成为品牌。多种创新的、有效的营销手段不仅为屈臣氏带来了更多的利润，同时还帮助屈臣氏走上了国内日化零售王者的宝座。

1.5　中国实施品类管理的现状

我国零售业用了短短 10 年时间就走完了国外零售业几十年的发展历程。1995 年以前的发展初期，零售业的主要特点是学习和模仿国外零售企业的经营方式。1996年至 2000 年，随着外资企业的大量涌入，一些先进的管理理念也被引入我国。1997年，中国连锁经营协会第一届年会在广州召开，品类管理作为一个崭新的理念被引入我国，在会上宝洁（中国）和可口可乐（中国）联合做了品类管理的介绍。从此，品类管理成为中国连锁经营协会每一届年会的必备主题，其重要性被大部分零售商所认同，还有不少大型零售商将其定位为加强自身核心竞争力的重要手段之一。例如，湖南步步高商业连锁股份有限公司董事长王填先生在 2007 年亲自拉开了品类管理项目的序幕，而华润万家早在 2003 年供应商大会上，就公开分享品类管理是其四大战略之一。另外，"零售巨人"沃尔玛在我国品类管理中的地位也不容忽视，沃尔玛是较早在我国持续不断进行品类管理的零售商，并不断说服、推动其在北美的品类领队服务于我国的沃尔玛。

为顺应零售商对品类管理需求的不断增长，在中国连锁经营协会的组织下，高露洁、强生、宝洁、金佰利等品牌供应商协同沃尔玛、华润万家、尼尔森在广州、北京、大连、沈阳、长沙等 13 个城市进行了品类管理巡回培训，如图 1-9 所示。近千人参加了为期两天半的培训课程，此次培训进一步推动了品类管理在我国推广的进程。

图 1-9   品类管理巡回培训

品类管理软件供应商对品类管理在中国的推动作用也不容忽视。尼尔森等公司将它们的品类管理经验及在此基础上开发的品类管理软件在我国进行了大力推广，这使品类管理在信息系统及分析工具方面得到了更好的保障。

品类管理的推广并不是一帆风顺的。最初，为便于大众理解和接受，品类管理被定位为产品组合和货架陈列，虽然很多零售商也为此做了不少实践，但其重要性并没有被大家所认识。2015 年以来，便利店业态在全国迅速扩张，经营模式也从粗放型转为精细化。此时，基于购物者研究和科学的数据分析的品类管理再次被众多的零售商所重视。对于品类管理，零售企业已经不仅仅满足于对品类管理理论的学习，其更看重于利用品类管理实践获得更多效益。

经过 20 多年的品类管理推广，欧美零售企业已进入差异化经营阶段。差异化经营使不同的零售商在同一区域相依并存，如美国的 Vons、Target 和沃尔玛。而我国零售企业在经历了快速膨胀期后，也纷纷意识到了提高单店效益的重要性，所以此时一部分零售企业处于规模扩张阶段，一部分零售企业处于追求效率阶段。我国零售企业所处的阶段，意味着越来越多零售企业开始重视产品管理技术，提高经营管理水平。目前我国的品类管理有以下特点。

- 外资及国内大型零售商引领品类管理。品类管理是沃尔玛的重要战略之一。随着沃尔玛在我国的发展，品类管理也得到了更广泛的推广。除此之外，物美、北京华联、屈臣氏、华润万家、永辉、大润发和湖南步步高等内外资零售商都有自己的品类管理队伍。而品类管理并非局限于跨国零售企业，一些医药行业零售商（如湖南老百姓、海王星辰、上海复美大药房等）也不断加入到品类管理实践中。

- 品类管理从日化品类开始。由于日化品类拥有众多实力较强的企业，因此零售商的品类管理多数从日化品类开始，如洗发护发品类、口腔护理品类、婴儿护理品类、个人护理品类、男士护理品类、宠物食品及护理品类、奶粉品类等。

- 品类管理多数仍处于项目阶段。因为多数零售商有数据共享、组织结构、人力资源等方面的顾虑，以及受计算机系统等客观因素的限制，所以多数零售商只是对部分品类开展了实验性的品类管理，希望能从中学习相关知识，待时机成熟后再进行全面推广，包括组织架构、人员架构等方面的调整。

品类管理在我国的推广仍然存在不少问题，如由于业务重组流程复杂导致的推行困难、品类管理从项目转为流程的困难等。但品类管理无疑已经成为增强企业核心竞争力的重要战略之一，为此很多零售商已经开始了不同程度的实践。

1. 沃尔玛（中国）

品类管理在沃尔玛的应用与成功是大家有目共睹的。从 20 世纪 80 年代沃尔玛的品类管理便开始有了雏形，沃尔玛品类领队体制的建立更是使其品类管理变成了日常的必需工作。沃尔玛的品类管理体制和方法随沃尔玛在我国的扩张而被引入我国。每个品类的领队都是该品类的市场领导者，对该品类目前的市场状况和未来的发展前景有着广泛和深入的理解。品类领队负责该品类的数据分析、产品优化、货架陈列、定价策略、促销建议等，这使沃尔玛的采购经理和品类经理得以从烦琐的数据分析中解脱出来，但这并不意味着沃尔玛的员工不用看数据。实际上，沃尔玛的员工对数据是非常敏感的，他们经常对品类领队的计划书提出富有建设性的意见，这确保了沃尔玛策略和方向的一致性与准确性。

由于很多零售商暂时并不能做到像沃尔玛这样拥有各个品类的品类经理，因而一些零售商做了小小的变通。例如，由某店店长同时兼任某品类的品类经理，对该品类的所有业务指标（无论是店内销售指标还是总部采购指标）负责；还有的零售商在采购人员上面设置品类经理位置，以确保采购的决策有利于品类的发展。

2. 物美

物美集团自1994年在北京创办综合超市以来，店铺已覆盖多个城市，经营定位含大卖场、生活超市、便利店和购物中心四大业态，店铺数量达700余家，是北京较大的连锁零售企业。

物美管理层这样定义品类管理：品类管理是一个由供应商和零售商共同合作的过程，其将购物者确定的品类视为战略业务单位，并专注于大多数购物者需求，最终提高企业经营业绩。2006年以前，物美超市面临产品结构混乱、供商诉讼大户、产品到货率低、客流下降、客单价低、运营管理水平滞后等众多问题，高层管理者深刻意识到要想改变现状、提升业绩，唯有建设品类管理。

在金佰利、宝洁、联合利华、伊利、尼尔森等品类舰长和第三方专家团队的支持下，物美将品类管理作为"一把手"工程，在品类管理总监杨蔚的带领下，物美明确责任、工作流程、绩效考核、目标奖惩，并开展了以品类管理为专项的系列培训，从而保障了品类管理有效推进，如图1-10所示。

物美超市品类管理团队在2006年用了一年的时间进行市场调研、购物者调研、自身诊断分析。物美超市品类管理团队带着问题实地走访了武汉、上海、深圳、台湾等地的高中低端、各业态零售店铺，如中百百货、沃尔玛、大润发、7-11等。物美超市品类管理团队对零售商定位、营销策略、卖场规划、氛围设计、亮化节能、人效、服务、产品结构、定价策略、购物者特性、经营特色等多方面进行了详细的调研分析，还将这些零售店铺与物美超市门店现状（市场、商圈、购物者、经营、产品等）进行了对比分析。物美超市品类管理团队深刻剖析了物美超市的优势、劣势，以及物美超市在市场中的机会、威胁，并在研讨中制定了物美超市的业态发展规划、市场策略、整改措施（解决方案）、整改目标和绩效等方案，最终将品类管理建设作为全面提升物美超市的有效路径。

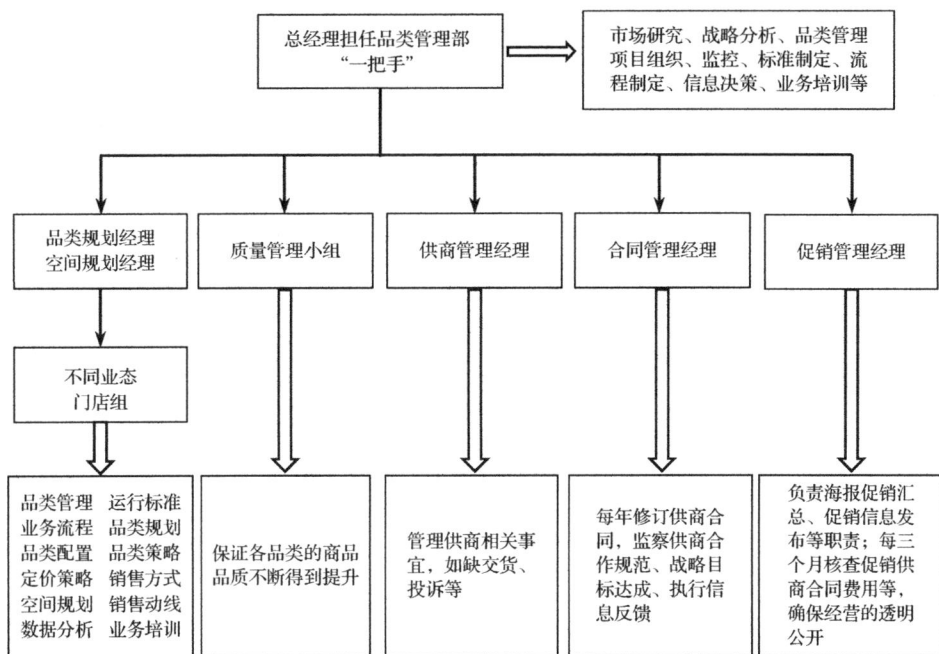

图 1-10 物美超市品类管理团队组织架构图及职责简述

物美超市自 2007 年开始执行品类管理，连续两年零诉讼，到货率增长保持在 95% 以上，前台毛利率增长 4%，销售额增长均为两位数。

回顾物美超市品类管理建设与实施过程，充分体现了企业的两性（科学性、严谨性）和两化（市场化、个性化）。

第 2 章

品类管理流程

品类管理流程包括八个步骤，即品类定义、品类角色、品类评估、品类评分表、品类策略、品类战术、品类实施和品类回顾。

1. 高层达成一致

高层达成一致虽然不属于品类管理流程的步骤之一，但它是决定品类管理能否成功的重要一环。有人说，品类管理不只是一次改革，更是一场变革，因为它打破了目前零售业的运作方式，打破了各方的平衡关系。既然是一场变革，仅仅依赖于中层干部的力量是远远不够的，还要有企业高层的参与，品类管理才能获得成功。

对供应商而言，品类管理要求供应商从单纯地考虑品牌转为全面地分析品类，而这需要增加品类的市场知识、对购物者的了解、人员的投入等。因此，只有得到高层的支持，才能将品类管理提上日程，并使其在企业内部和外部得到持续的发展。

对零售商而言，品类管理要求品类经理全面负责该品类的战略规划和战术制定，并利用品类策略、销售量、利润、价格、促销和陈列等指标进行多方面考核。这有利于企业的透明化，有利于企业的集中管理，有利于品类的持续发展，但这也必将会改变现有的各方利益关系。如果没有董事长、总经理等高层的支持，实施品类管理必将困难重重。

所以，供应商和零售商的高层之间能够达成合作意向、建立策略性合作伙伴关系、投资信息技术、设立以品类管理为基础的考核体系是确保品类管理成功实施的保障性要素。

案例 1　上海联华与宝洁公司的品类管理

2001 年 6 月，我国较大的零售商上海联华和宝洁公司达成品类管理合作意向，并尝试在妇女卫生巾品类实施品类管理。当时上海联华超市董事长亲自主持了两次动员大会，并派出公司重要人员担任项目组领导和组员。宝洁公司也由 ECR 负责人带队。这样的人员投入与组合有效地确保了项目在 50 家试点门店的成功执行。上海联华与宝洁公司品类管理高层人员的参与情况如表 2-1 所示。

表 2-1　上海联华与宝洁公司品类管理高层人员的参与情况

负责人	宝洁客户生意发展部副总监 上海联华商品部部长
项目委员会	宝洁客户生意发展部副总监 上海联华团队市场经理 上海联华总经理 上海联华副总经理——采购 上海联华副总经理——运营

案例 2　江苏雅家乐超市的品类管理

2003 年 8 月，江苏雅家乐超市有限公司总经理参加了中国连锁经营协会组织的为期两天半的品类管理培训班，大受启发。他从合肥回到盐城后，马上制订了品类管理实施计划：首先，成立了由总经理负责的品类管理小组，从总部到门店，一层一级，界定职责，并指定配合部门；其次，抽调熟悉商品知识的人员组成品类管理小组，品类管理的有关领导均为各部门主要负责人，从人力和权限上都给予了非常充分的保障。品类管理实施 4 个月后，公司的库存成本、人员成本、采购成本都不同程度地得到了控制，店堂环境、价格形象、标准化程度等也在不断改善，企业的综合运营质量得到了提高。

2．品类定义

品类定义是品类管理的基础，是品类管理所要研究的对象。品类定义是指品类的结构，包括次品类、大分类、中分类和小分类等。品类定义直接影响到决策结果，从而影响到购物者的满意程度。例如，多数购物者习惯于到婴儿用品区购买婴儿纸尿裤，如果将纸尿裤归入纸品类，在做品类评估时，其表现大多不如卷纸、面巾纸等。除此之外，纸尿裤与纸品共同陈列，还会导致多数购物者要花更多的时间去找纸尿裤。领导性的供应商通常都可以提供相关品类甚至非相关品类的品类定义。

3．品类角色

零售商经营的商品有成千上万种，小分类也多达几百种。而零售商的营业场所、人员配置、资金等资源有限，所以不可能对所有品类都给予平等的支持。那么，什么样的品类应该投入较多资源，什么样的品类应该投入较少资源呢？品类角色便是用于确定资源投放的指标。通常来讲，零售商所经营的品类可以分为四种角色：目标性、常规性、季节性（偶然性）和便利性。各种品类角色的特点如表 2-2 所示。

表 2-2　品类角色的特点

角　　色	特　　点
目标性	在该品类具有优势 对购物者而言，是该品类的主要提供者 代表商店形象 为目标购物者提供更好的价值 目标购物者有时会不顾成本前来购物 占所有品类的 5%～10%
常规性	该品类的普通提供者 为目标购物者提供持久的、有竞争力的价值 平衡销售量与毛利等指标 店内资源占比接近品类生意占比 占所有品类的 50%～70%
季节性 （偶然性）	在某个时期处于领导地位 在某个时期是该品类的主要提供者 在完成销售额、利润、资金周转、投资回报等指标方面处于次要地位 占所有品类的 10%～15%
便利性	满足一站式购物的需求 满足补充性购物需求 提高利润和毛利 占所有品类的 10%～15%

4．品类评估

品类评估是对品类现状的"大检阅"，是对品类机会的挖掘。品类评估能够帮助供应商和零售商认识品类的强项和弱项，从而有针对性地制定品类策略。品类评估必须全面，不能仅局限于销售量、利润等财务指标，还要考虑市场发展趋势、品类发展趋势、零售商品类相对于市场和竞争对手的表现、品类库存天数、缺货率、单位产出、人力投入等其他指标。

5．品类评分表

品类评分表作为衡量品类管理的有效性和跟踪品类管理执行情况的重要工具，需要包括供应商和零售商双方共同关心的指标，如销售额、利润增长等。因零售商机会的不同，其品类评分表指标可能也会有所不同，如有些零售商当前的机会是客流量较低，那么渗透率便成为其所关注的指标。评分表指标不应太多，否则就没有了重点。品类管理是一种科学系统的管理方法，但不是"速效药"，所以不能期望它在短期内迅速地解决各种问题。

6．品类策略

品类评分表为零售商指明了方向，而品类策略则是零售商为了达到既定方向所要采取的方法。不同零售商的方向可能相同，但由于自身所处商圈的不同，自身优势、劣势的不同，自身目标购物群的不同，其采取的方法也会有所不同。而这些方法的不同，使零售商之间有了差异性。就如登山比赛一样，大家的目标都是登顶，但有些人会选择走常人所走的路线，有些人会选择抄小道，有些人会选择攀岩。常用的品类策略有提高客单价、增加客流量、提升利润、强化商店形象等。

7．品类战术

品类战术是指为实现品类策略以达到品类经营目标所采用的具体操作方法，如商品选择、商品陈列、商品定价、商品促销等。这些具体操作方法需要由品类策略导出，而不能单纯凭经验来决定。例如，营业额下降了，大部分采购人员都会找一个单品来做促销，但营业额下降的真正原因可能是购物者来此采购的次数少了。因此，这段时期的品类策略应该是增加该品类的形象或优化商品组合，而不是盲目促销，否则很可能会白白浪费资源。

8．品类实施

品类管理非常重要的一步便是品类实施。可能前面的步骤需要几个人就可以完成，但这一步需要采购、运营、后勤、财务等多部门的有效协作才可以完成。如果项目能够较好执行，那么品类管理的作用便会很快凸显出来；如果项目不能较好执行，那么品类管理则会因为执行走样而饱受挫折。

9. 品类回顾

品类回顾是品类管理流程的第八步，虽然这是最后一步，却是承前启后的一步。通过品类回顾，一方面可以评估目标的达成率，另一方面可以将其作为下一次品类评估的参照，从而找出下一步的机会，进而调整品类评分表指标、品类策略和品类战术，完成新一轮的品类管理。建议每个月跟进品类实施情况、追踪品类表现，每三个月对品类进行一次全面的评估。

案例3　绘制品类管理思维导图

2010年，某外资连锁零售企业的战略管理部负责人，负责公司的品类管理项目。为了使公司的高层及各个协同部门的领导能够更加直观地了解品类管理的核心内容和思想，该负责人根据多年的零售业经验和对品类管理的理解，绘制了品类管理思维导图，如图2-1所示。这个思维导图将品类管理的整个闭环管理和品类战术有机地结合起来，从而对项目的推进起到了重要作用。

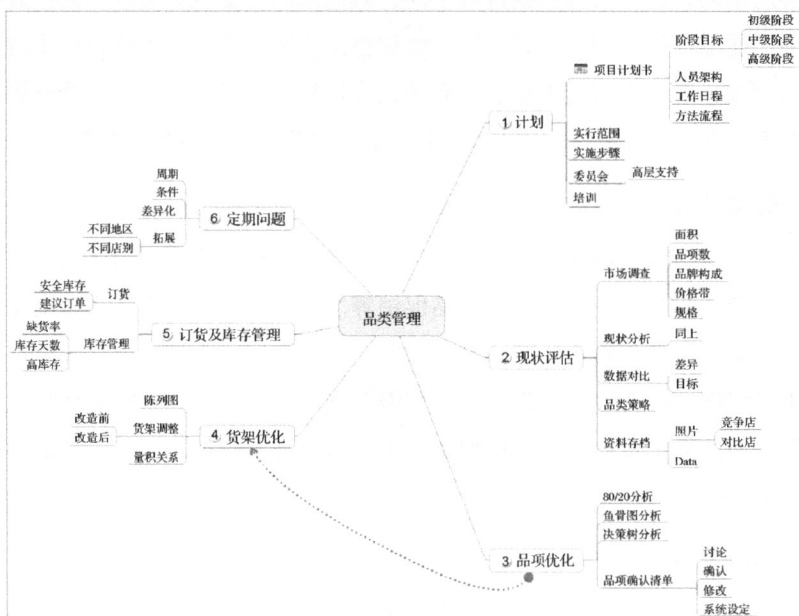

图2-1　品类管理思维导图（绘制者：曹伟）

第 3 章

品类管理起步

由于品类管理牵涉面广、影响较大，所以要想全面实施品类管理往往需要几年的时间。为了规避风险、提高品类管理的实施效率，建议先选择某些品类进行品类管理的试点，在总结经验教训后再推广到较多的品类直至所有品类。在计划实施品类管理前，首先需要对企业的现状进行评估，并据此确定行动方案和项目范围。

3.1 评估企业现状

对企业现状的评估有利于决策者了解品类管理给企业带来的改变、企业应对改变的能力及品类管理给企业带来的利益等，从而确保能够得到上层领导的持续支持。进行评估时需要回答的问题主要有以下几方面。

- 企业目前的经营状况如何？
- 企业的竞争优势和劣势分别是什么？
- 品类管理对企业的改变有多大？企业从品类管理中能获得什么？
- 企业的信息系统能否支持品类管理的实施？导出品类管理所需数据的效率

如何？

- 企业员工的素质和技能如何？对品类管理培训的需求有多大？
- 企业是否愿意在时间和资源上对品类管理给予支持？

3.2　确定行动方案

根据企业目前的状况，确定实施品类管理的流程及人员的培训方案。虽然不同企业会有不同的品类管理实施流程，但在确定品类管理行动方案的过程中，多数企业需要回答以下问题。

- 企业的目标购物群在不同的门店会有很大不同吗？是否需要对门店进行分类管理？如何分类？
- 哪些人可以作为品类经理？他们目前的技能如何？对他们的评估指标是怎样的？
- 企业需要与供应商合作实施品类管理吗？如果需要，企业吸引供应商合作的能力如何？
- 从哪些品类开始实施品类管理？哪些供应商可以作为品类领队？品类领队的职责是什么？
- 实施品类管理分为几个阶段？是先从基础品类管理开始，还是直接进入品类管理的中级阶段或高级阶段？品类管理不同阶段及对应工作重点如图 3-1 所示。
- 实施品类管理的时间表是怎样的？需要哪些部门的支持？

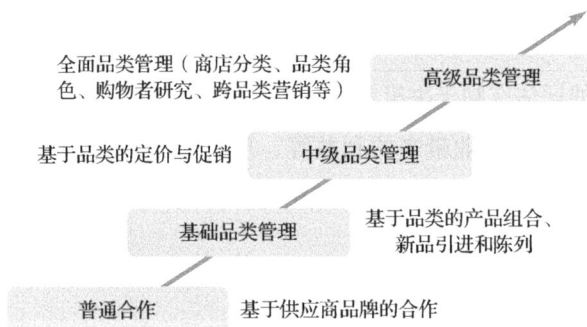

全面品类管理（商店分类、品类角色、购物者研究、跨品类营销等）　　高级品类管理

基于品类的定价与促销　　中级品类管理

基础品类管理　　基于品类的产品组合、新品引进和陈列

普通合作　　基于供应商品牌的合作

图 3-1　品类管理阶段及对应工作重点

3.3　形成项目计划书

针对 3.2 节问题的回答所形成的文件就是项目计划书。项目计划书包括项目所涉及的范围、人员的职责、实施品类管理的深度、预期效果等。项目计划书能为相关人员提供清晰的思路，方便项目内容的传达，使相关人员能够对项目的内容达成共识。品类管理项目计划书通常包括以下内容：项目背景；项目目标；项目范围；项目前提/假设条件；项目成功的衡量指标；项目利益；项目时间表（里程碑）；项目成本；项目实施策略；项目风险解决方法；项目组织；项目批准。某品类管理合作项目计划书样例如下所示。

某品类管理合作项目计划书

项目计划书

项目名称：零售商 A 品类管理实施

项目负责人：×××（供应商 B）、×××（零售商 A）

项目组长：×××（供应商 B）、×××（零售商 A）

项目开始时间：××××年××月××日

项目结束时间：××××年××月××日

立项书修改时间：××××年××月××日

项目背景

零售商 A 是供应商 B 的战略合作伙伴。该零售商对品类管理兴趣浓厚，希望通过品类管理有效地改善目前在产品选择、产品陈列、促销和定价等方面存在的不合理流程。供应商 B 有很强的品类管理实施能力，希望能通过品类管理加强与零售商 A 的合作，并推动品类的发展。

项目目标

（1）目的

通过共同的努力，合作双方获得品类管理的实施经验，并将其用于以后的生意拓展。

（2）方式

挑选一家有代表性的门店，形成一个独立的项目，由一个多功能的项目小组领导。该项目小组由合作双方的代表组成并得到高层管理者的支持。

（3）结果

- 零售商 A 能够将经验用于其他门店并取得好的生意结果，从而增强竞争力，成为市场的赢家。
- 零售商 A 能够成为其他零售商的品类管理顾问。
- 供应商 B 在零售商 A 的产品销量明显提升。
- 供应商 B 能够将经验用于其他零售客户。
- 培养供应商 B 和零售商 A 实施品类管理的能力。

项目范围

（1）包括的内容

- 一家有代表性的零售商 A 的门店。
- 总体门店的分析——策略、目标、品类角色（所有品类）。
- 品类策略及实施——供应商 B 品类。
- 进行相应的组织改变以支持品类管理的实施。
- 品类管理工作。

    ——确定总体门店目标和策略，进行购物者研究，确定门店的市场定位。

    ——分析组织机构并找出改进机会，使门店目标和策略得以实现。

    ——建立产品优化和货架优化的标准程序。

    ——建立分析产品定价及促销的标准程序。

    ——建立新产品引进的标准程序。

    ——建立店内连续不断的补货系统，防止缺货。

    ——采用工作评估表。

    ——门店财务工作流程及分析。

    ——门店后勤工作流程及分析。

    ——门店的计算机系统分析。

- 实施转变计划及贯彻标准流程。

（2）不包括的内容

- 零售商 A 的其他门店。
- 非供应商 B 品类的策略。

- 与品类管理无直接关系的零售商 A 的内部管理流程和 IT 系统改进。

项目前提/假设条件

- 把该项目作为工作重点，并尽快完成。
- 零售商 A 管理层全力支持该项目，委任多功能决策代表与供应商 B 合作，并保证实施一致通过的流程及转变。
- 双方有足够的资源实施该项目。
- 零售商 A 与项目小组共享其销售数据（包括财务数据）。
- 零售商 A 投资进行购物者调查。

项目成功的衡量指标

- 针对项目与零售商 A 的管理层达成一致。
- 记录各职能的评估结果并制订行动计划。
- 定期召开项目会议跟进实施进程。
- 重新定义组织结构的工作及责任。
- 用品类评估表记录结果。
- 按品类管理标准完成两个品类的产品优化，高效定价与促销以及高效的货架管理。
- 根据购物者调查的结果，改进零售商 A 的门店经营战略。

项目利益

（1）直接利益

- 销售额：×××元。
- 客单价：×××元。
- 利润增长：×%。
- 库存周转：×次/年。
- 市场份额：×%。
- 供应商 B 销售额增长：×%。
- 零售商 A 商店份额增长：×%。

（2）间接利益

- 减少缺货：×%。

- 人均销售额：×××元。
- 零售商 A 能够将经验用于其他的门店并取得好的生意结果。
- 供应商 B 能够把经验用于其他的零售客户。

项目时间表（里程碑）

时　　间	负　责　人	里　程　碑
11 月 30 日	×××	针对项目与零售商 A 的管理层达成一致
12 月 15 日	×××	项目动员会
12 月 30 日	×××	零售商 A 完成内部品类管理培训工作
12 月 30 日	×××	完成零售商 A 各职能的评估工作，并制订行动计划（客户、市场研究、系统、财务和后勤）
次年 1 月 30 日	各职能代表	各职能的工作流程设计及实施
2 月 28 日	×××	完成首轮的产品组合分析、货架分析、定价及促销分析
3 月 10 日	×××	完成货架产品摆放的转变
6 月 16 日	项目小组	回顾项目实施之前与之后的变化结果；回顾项目实施之前与之后的购物者购买行为的变化

项目成本

供应商 B：

项　　目	金额（元）
出差费用	16 000

零售商 A：

项　　目	金额（元）
购物者调查	80 000

项目实施策略

- 多功能项目小组领导项目的实施并负责评估项目的实施结果。
- 品类管理的实施将由不同的小项目组成。不同的小项目是为了实现总体的项目目标。
- 高效率的团队合作。
- 每周总结项目进程及反映所遇到的问题。

项目风险解决方法

风　　险	解　决　方　法
零售商 A 实施标准流程及进行组织改变的能力	得到零售商 A 管理层的承诺。项目小组有足够的数据支持

项目组织

项目委员会：×××、×××、×××、×××。

项目小组：

		姓　　名	时间分配（%）	部　　门
供应商 B	负责人	×××	10	销售
	项目经理	×××	40	销售
	品类管理经理	×××	30	销售
	系统经理	×××	15	系统
	后勤经理	×××	10	后勤
	财务经理	×××	10	财务
	市场研究经理	×××	10	市场研究
零售商 A	负责人	×××	10	采购
	项目经理	×××	50	采购
	采购经理	×××	30	采购
	门店经理	×××	20	运作
	系统经理	×××	15	系统
	财务经理	×××	10	财务

项目批准

供应商 B 负责人：　　　　　　　零售商 A 负责人：

供应商 B 项目经理：　　　　　　零售商 A 项目经理：

项目委员会成员：　　　　　　　项目委员会成员：

第 4 章

品类定义

4.1　品类定义的概念

品类是指购物者认为相关联的、可以相互替代的或易于一起管理的一类产品，如洗发护发品类、口腔护理品类。定义品类要从购物者的角度出发，以满足购物者的购物需求为核心，同时还要适当考虑零售商管理方面的需要。品类定义包括品类描述和品类结构两方面的内容，如图 4-1 所示。品类描述是用文字说明该品类的特点、涵盖范围及不包括的产品。品类结构是将该品类的产品进行分类管理，以确保产品的选择能满足目标购物群的需求。

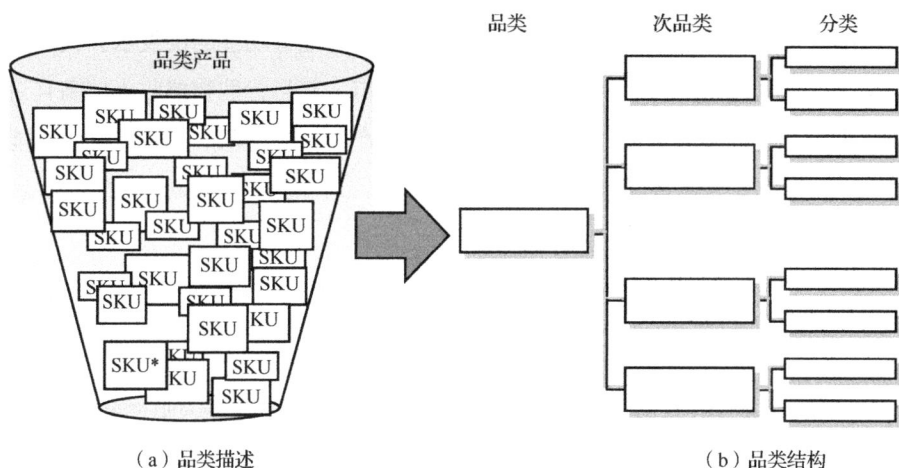

（a）品类描述　　　　　　　　　　　　（b）品类结构

图 4-1　品类定义

* SKU: Stock Keeping Unit，存货单元。见附录 C.3。

在定义品类时，我们需要考虑以下几个方面的因素。

1．购物者的需求

购物者对产品的需求是多方面的，随着生活水平的提高，购物者的需求也越来越细化。例如洗发水，市场上至少有 3 000 个单品，其功能包括去屑、黑发、营养、柔顺等。随着购物者对美发的重视程度的增加，购物者又涌现出对美发产品直发、防晒等功能的需求。要确切地定义洗发水品类，并确保品类的多样性，首先必须清晰地了解购物者的需求以及这些需求的重要程度，这样才能使该品类所销售的产品能更好地满足目标购物群的需求。

2．零售商的定位

市场上某品类产品的厂商众多，能满足购物者同样需求的产品更是有成千上万种。作为零售商，不可能销售市场上的所有产品。那么，如何从不计其数的产品中选择适合自己销售的产品呢？首先，需要考虑的就是零售商的定位，其中包括业态的定位和目标购物群的定位。对大卖场和超市而言，由于其目的是满足购物者一次性购足的需求和经营空间的允许，因此可以经营较多的产品；对便利店而言，由于其目的是满足购物者的即时性需求且经营空间有限，所以可以只选择能满足购物者基本需求的产品进行销售。例如，对洗发护发品类而言，便利店只需选择满足购物者基本洗发需求的洗发水，如去屑、营养等功能的洗发水即可，而大卖场和超市可以选择能满足购物者进一步需求的产品，如黑发、防晒等功能的洗发水。其次，考虑的是目标购物群的定位。例如百货商店中的超市，其目标购物群收入较高且讲究时尚，可以考虑销售较多高档系列和时尚系列的产品，如防晒、烫发修复等功能的洗发水。品类定义与零售商定位如图 4-2 所示。

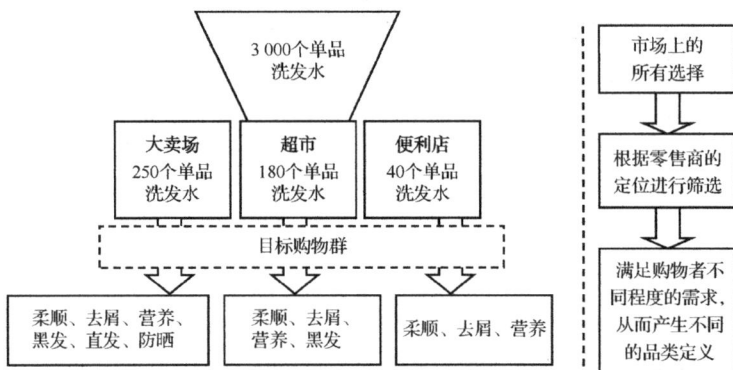

图 4-2　品类定义与零售商定位

3．购物者购买决策过程

在购买产品的过程中，购物者的思维过程是有一个序列的，我们将其称为购物者购买决策树。例如，购买洗发水时，购物者会考虑品牌、功能、价格、包装等因素。但调查表明，74%的购物者会先考虑品牌，后考虑功能；只有 26%的购物者会先考虑功能，然后考虑品牌。洗发水的购买决策树如图 4-3 所示。

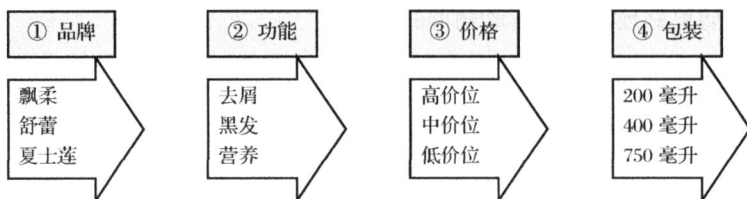

图 4-3　洗发水的购买决策树

购物者对不同的品牌会有不同的购买决策树。例如，在购买婴儿纸尿裤时，大多数购物者会根据自己孩子年龄的大小，优先考虑是买大号的、中号的，还是小号的，然后才会考虑买哪个品牌。为确保品类定义能够更好地满足目标购物者群的需求，可以将所选择的产品按购买决策树的内容进行分类，以检查其是否在每个需求点都有适合的产品。洗发护发品类的购买决策树如图 4-4 所示。

品类　　　　　次品类　　　　分类　　　　　品牌　　　　　包装

洗发护发品类 → 洗发水 → 柔顺 → {飘柔、海飞丝、棕榄、舒蕾、田七、……} → {200毫升、400毫升、750毫升}

洗发水 → 去屑

洗发护发品类 → 护发素 → 营养／黑发 → {夏士莲、飘柔、太阳神、霸王、……}

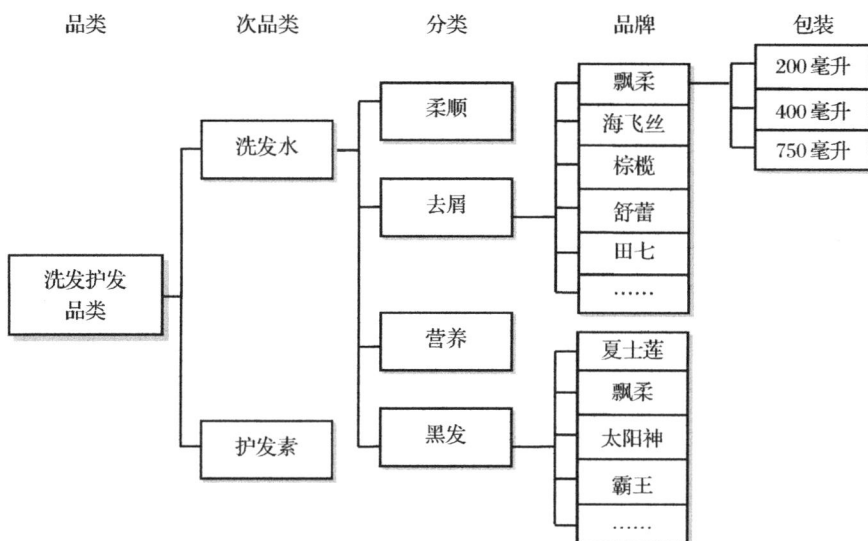

图 4-4　洗发护发品类的购买决策树

购买决策树不仅影响品类定义，同时其各种需求的排列顺序还将影响产品的陈列，所以购买决策树不能单纯根据个人喜好来决定，而应通过市场调查进行判断。

4．品类趋势

成功的企业必须高瞻远瞩，而不能只考虑目前的情况。某些品类/次品类目前表现可能不太好，但增长迅速，未来几年会有很好的发展前景。因此，如果能在早期给予其较多的支持，不但能带来利润，更重要的是能提高购物者的忠诚度。作为购物者忠诚度的回报，该品类很可能成为未来的目标性品类。例如护发素子品类，在20 世纪 90 年代，护发素产品非常少，仅有一些全球性供应商在推广洗护分开的概念。但随着人们生活水平的提高，购物者对护发素的需求不断增加。某些零售商适时地抓住了这个机会，在洗发护发品类中引入了较多的护发素产品，并将其与同品牌的洗发水放在一起，以促进连带性购买。这些零售商的护发素子品类也先于其他零售商而获得了较快的发展。

5．零售商管理的需求

零售商需要管理成千上万个单品，所以在定义品类时需要将零售商管理的便利性考虑进去。在对购物者影响不大的前提下，可以将某产品放在便于零售商管理的品类中。例如，沐浴棉可以和沐浴露归为一类，也可以和浴室用品等归为一类以便于管理。又如，2000 年年初，宝洁公司推出了一种叫纺必适的产品，该产品可以去除沙发、窗帘等不方便换洗的织物上的异味。由于以前没有该功能的产品，购物者对该类产品没有任何认识，所以零售商可以从便于管理的角度归类该产品。例如，有的零售商认为它类似空气清新剂，便把它归入空气清新剂品类；有的零售商认为它属于织物护理，便把它归入家居用品类，并将其放在布艺产品旁边。聪明的零售商同时在这两个品类销售纺必适，静观购物者的反应，以做出顺应购物者需求的选择。

品类定义必须与信息系统相联系才能发挥巨大作用，如有脱节则意味着管理理念的脱节。例如，不少零售商都清楚品类的结构，但在信息系统中并没有进行相应的维护，所以当零售商需要知道某种分类或小分类的销售情况时，系统打出了品类所有单品的信息，此时员工就必须手工计算某种分类或小分类的销售数据。这极大地制约了品类管理的实施，使品类定义流于形式。

品类定义是品类管理的基础，品类定义出错，将会直接影响到购物者的满意程度以及品类管理后续的诸多环节。例如，多数购物者习惯于到酒类区域购买啤酒，如果将啤酒归入饮料品类，其表现多半不如可口可乐、果汁等，在做品类评估时很可能被列入应删除单品；除此之外，啤酒与饮料共同陈列，必然导致多数购物者很难找到或花更多的时间才能找到啤酒。

4.2　品类定义的操作方法

品类定义的操作方法包括以下几种。

1. 从领导性供应商处和市场收集者购物对品类的需求信息

由于供应商投入巨大，所以其在每推出一种产品前都会进行细致的市场调查。例如宝洁公司，其大部分产品在上市前都做了两年以上的市场研究，研究内容包括购物者对功能的需求、对口味或香味的需求、对包装的需求、对样品使用的反馈等，以确保新产品销售的成功性。因此，零售商在定义品类时，可以请领导性供应商来进行相关方面的介绍，并参考市场上的销售情况。

我国 ECR 委员会致力于标准化的研究和推广。2001 年，我国 ECR 委员会曾尝试与几家领导性供应商和尼尔森市场研究公司一起制定日化类产品和食品的品类定义。如果我国 ECR 委员会能继续致力于这方面的研究，其将成为品类定义的另一个信息源。

2．根据零售商的定位（业态定位及目标购物群定位）确定要满足的购物者需求

简单地讲，大卖场和超市应尽量多选择一些购物者的需求点，以增加产品的多样性。而便利店则只需选择比较重要的几个需求点，然后根据门店面积和目标购物群进行增减。

3．根据不同的购物者需求点选择产品提供者——供应商品牌

每一个需求点的产品供应商都很多，零售商必须根据自身情况选择每一个需求点的品牌。如果经营空间允许，可适当多选择一些品牌；如果空间较小，可只选择一些主要的品牌。

4．根据零售商的定位（业态定位及目标购物群定位）确定品牌产品的包装大小

不同的零售商对产品包装大小的需求是不同的，如大卖场以大、中包装为主，便利店以中、小包装为主，现购自运客户以多支装和箱装为主。

4.3 品类定义的案例

案例 1 婴儿用品的品类管理

宝洁公司曾与北京华联一起合作婴儿用品的品类管理。该项目命名为北京华联婴儿护理中心（宝宝屋），如图 4-5 所示。该项目案例充分显示了品类定义的一大重要特性，即品类定义不是一成不变的，而是随着购物者需求的变化而改变的。传统上，婴儿产品分散于不同的品类之中，如婴儿奶粉和成人奶粉放在一起，属奶制品品类；婴儿纸尿裤和纸巾等放在一起，属纸制品品类。但通过对购物者的调查发现，抱着婴儿的妈妈或者即将成为妈妈的孕妇要想购齐所需妇婴物品，需要辛苦地走上 1~2 个小时，而她们最大的希望是花较短的时间一次性购齐所有物品。于是，新的品类——妇婴用品品类应运而生。这时，品类结构就需要被重新定义。在项目运作初期，需要在奶制品区域和宝宝屋双边陈列妇婴产品，同时还需要积极引导购物者前往妇婴用品区域购买。这样运作一两个月后，购物者便会习惯性地步入华联宝宝屋购买妇婴用品了。宝宝屋的设立，使北京华联婴儿品类的生意增长了33%，利润增长了63%。该案例曾作为品类管理的成功案例在亚洲第五届ECR年会和我国首届ECR大会上被介绍过。

图4-5　北京华联的宝宝屋

目前，国外开始出现了早餐食品品类、海滩度假用品品类等新的品类概念，这些都是顺应购物者新的需求而产生的。因此，零售商要密切关注购物者生活方式的变化，以便能够快速做出反应，从而更好地服务于购物者。

第 5 章

品类角色

5.1 品类角色的概念

在地球上，生活着一种渺小而神奇的动物——蚂蚁。它们群居而生，齐心协力。在由数以万计的蚂蚁组成的社群里，大家分工有序：工蚁建筑蚁冢、采集食物、饲育幼蚁等，兵蚁御敌，蚁后繁衍后代……一切都显得那样井然有序，成员间的配合娴熟自如。小巧的蚂蚁通过明确的分工与协作，以灵巧的方式搬运"庞然大物"，让人感到妙趣横生，同时也给人无限启发：零售商经营的品类达四五百个，每个品类单独看来，在卖场中都像一只不起眼的蚂蚁，如何能让这些品类像蚂蚁一样分工明确、承担不同的责任，从而实现整个卖场的成功呢？

品类角色便是研究如何对品类进行分工，给予其不同的角色与衡量指标，从而推动商店这个"庞然大物"不断前进的方法。在商店中，某些品类像兵蚁一样，是用来抵御竞争品牌的；某些品类像工蚁一样，是确保商店能满足购物者不同需求的；某些品类像蚁后一样，是为商店贡献利润，从而使商店能够持续地良性运作。

在品类角色分配上，有两种常见的方法：零售商导向的品类角色和购物者导向的品类角色。

1．零售商导向的品类角色

零售商导向的品类角色是根据品类对零售商销售额和利润的贡献来确认它们的角色。决定零售商导向的品类角色的方法之一是品类角色矩阵，如图 5-1 所示。

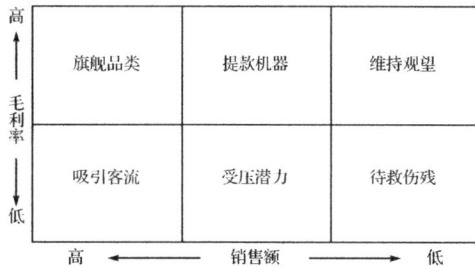

图 5-1　零售商导向的品类角色矩阵

资料来源：美国西北大学零售管理中心。

品类角色矩阵是根据零售商的平均毛利率，将毛利率划分为高和低两个层次，同时以零售商销售额的 50%、30%和 20%为标准，将销售额分为高、中、低三个层次。借此，品类角色被划分为六种类型。

图 5-1 中的六种品类角色的特点如表 5-1 所示。

表 5-1　六种品类角色的特点

品 类 角 色	特　　点
旗舰品类	利润可观，对销售额和利润都有巨大的贡献
吸引客流	吸引购物者来到商店，对销售额贡献巨大，但毛利率偏低
提款机器	对吸引客流品类进行毛利上的补偿
受压潜力	面对激烈的竞争，零售商需要根据其能力确定该品类的策略
维持观望	较小品类，可能具有成长潜力，是利润的贡献者
待救伤残	利润和销售额都偏低，是可能被替换的品类或品类的补充

2．购物者导向的品类角色

（1）比例/频率矩阵法

比例/频率矩阵法是利用产品的普及程度和购买频率对品类角色进行分配的方

法。比例是指在一年内购买某品类产品的家庭所占的百分比，频率是指某品类产品每年被购买的平均次数。利用比例和频率的平均值可将品类分为四种角色，如图 5-2 所示。

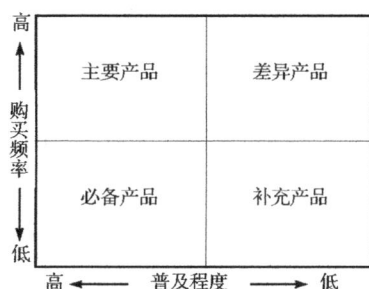

图 5-2 比例/频率品类角色矩阵

资料来源：美国西北大学零售管理中心。

比例/频率矩阵法划分的四种品类角色的特点如表 5-2 所示。

表 5-2 四种品类角色的特点

品 类 角 色	特 点
主要产品	一般来说是关键的品类；具有高度的价格敏感性
差异产品	目标购物者的重要产品，如猫粮、纸尿裤等；价格仍具有敏感性
必备产品	普及程度很高，但购买频率较低，如砂糖、洗发水等；必须随时有货
补充产品	满足部分购物者的需求，是品类的补充；价格敏感性低

（2）跨品类分析法

跨品类分析法是一种被普遍应用的、较为全面的划分品类角色的方法。该方法考虑了品类对购物者的重要性、对零售商的重要性、对市场的重要性和对竞争对手的重要性。根据跨品类分析法，商店众多的品类通常被分成四个单元，即目标性品类、常规性品类、季节性（偶然性）品类和便利性品类。

1）目标性品类

目标性品类是某家商店的符号或代名词。当提到这个品类时，购物者会将这家商店作为首选，甚至愿意花费更多的时间与精力前来购物。例如，当提到香辣鸡翅时，大部分购物者会想到肯德基，如图 5-3 所示；当提到新鲜鸡蛋时，上海购物者会想到农工商超市，西安购物者会想到家世界；当提到葡萄酒时，购物者会想到家乐福。目标性品类具有如下特点。

- 在该品类具有优势。

- 对购物者而言，是该品类的主要提供者。

- 代表商店形象。

- 为目标购物者提供更好的价值。

- 目标购物者有时会不顾成本前来购物。

图 5-3　肯德基示意图

从表面看，商店里的目标性品类似乎越多越好。但其特点决定了在商店品类中不可能涵盖很多的目标性品类。目标性品类通常在商店品类中占 5%~10%。"在该品类具有优势、是该品类的主要提供者、为购物者提供更好的价值"，这些特点要求零售商在目标性品类中需要提供低于竞争对手的价格。但是，因为零售商的经营目的是获取利润，所以不可能给众多的品类都制定较低的毛利率。尽管目标性品类的毛利率低于竞争对手，但并不是只有低毛利率的品类才能成为目标性品类，如家乐福的葡萄酒、屈臣氏的个人护理品、王府井的北京特色食品等。

目标性品类的形成不能单纯依靠低价格，还需要配合公司形象的宣传。上海农工商超市的生鲜产品、鸡蛋之所以能深入人心，除了它的低价格，还有它向购物者不断传递的自建农场、定点采购等理念。同时，零售商的能力也是确保目标性品类成功的一大要素。家乐福来自葡萄酒的圣地——法国，自然拥有其他零售商所不具备的采购、销售优势；王府井是北京的王牌企业，在广州自然拥有其他零售商不可比拟的北京特色产品采购、销售优势。

2）常规性品类

目标性品类就像是蚁群中的兵蚁，是用来吸引客流、抵御竞争的品类。除了目标性品类，零售商还需要经营一些可以满足购物者多方面需求并能为自己带来一定利润的品类，即常规性品类。例如，大卖场除了经营生鲜，还会经营日化产品、家居用品等，以满足购物者不同的购物需求，从而为大卖场奠定利润基础。常规性品类具有以下特点。

- 该品类的普通提供者。
- 为目标购物者提供持久的、有竞争力的价值。
- 平衡销售量与毛利等生意指标。
- 店内资源占比接近品类生意占比。

常规性品类没有目标性品类那么高的"出镜率"，它就像是蚁群中众多踏踏实实的工蚁，占所有品类的 60%~70%。常规性品类是目标性品类有效的后勤保障，其经营的好坏直接影响到商店是否能持续稳定地发展，是否能长期保持对目标性品类的投入。

3）季节性（偶然性）品类

由于季节性品类和偶然性品类的生意相对不太稳定，所以将它们归入一个角色进行管理。季节性品类是指受季节影响较大，随季节变化需要进行较大调整的品类，如月饼、年货、圣诞礼物等。洗发水、婴儿纸尿裤、沐浴露等产品虽然也可能会随季节有所变化，但其变化并不会对零售管理方面造成重大影响，所以这些产品并不是我们所说的季节性品类。偶然性品类是指零售商不定期销售的产品，偶然性品类没有固定的货架陈列，只是在某个时期，为了获取利润而进行短期销售的产品，这些产品很可能只是利用端架或货架外陈列进行销售。例如，某中型超市以销售食品和杂货为主，入夏以后，该中型超市低价拿到一批电风扇，便在商店入口处将这批风扇进行短期销售。季节性品类和偶然性品类具有以下特点。

- 在某个时期处于领导地位。
- 在某个时期是该品类的主要提供者。
- 在完成销售额、利润、资金周转、投资回报等指标方面处于次要地位。
- 季节性品类和偶然性品类一般占所有品类的 10%~15%。

4）便利性品类

便利性品类是为了满足购物者一次购足的需求而增加的品类，在满足购物者需求方面起到锦上添花的作用。对商店来讲，其数量不多，销售额不高。其主要指标是产生利润，类似蚁群中的蚁后。便利性品类具有以下特点。

- 满足一站式购物的需求。
- 满足补充性购物需求。
- 提高利润和毛利。

便利性品类通常占所有品类的 10%~15%。近几年，随着零售商对购物者了解的增多及对商店产出需求的提高，便利性品类的经营越来越好。例如，超市中的书刊、鲜花礼品等，超市售卖的鲜花如图 5-4 所示。

图 5-4   超市售卖的鲜花

3. 品类角色对商店的启示

品类角色是品类管理的灵魂，直接影响着零售商在该品类的资源投入，包括占地面积、产品数量、陈列位置、价格策略、促销策略等。在做任何决策的时候，如果能够考虑到该品类的角色，将大大提高决策的成功率。关于品类角色，需要特别注意以下两点。

（1）同一品类因零售商的不同可能会有不同的品类角色

品类角色决定了零售商在该品类的资源投入。同一个品类因为零售商资源投入的不同，可能会造成品类角色的不同。例如，广州王府井的北京特色产品，由于王府井的集团优势，以及王府井在购物者心目中的形象与定位，使广州王府井的北京特色产品成为购物者在购买北京特色产品时的首选，从而成为广州王府井的目标性品类。而在广州的其他零售商，则大多不会将北京特色产品作为其目标性品类。

又如，个人护理品类在屈臣氏是目标性品类，但在大部分卖场，它只能作为常规性品类，甚至是便利性品类。

（2）不同角色的品类不宜直接竞争

深圳有一家大卖场和一家小型超市相距不到 50 米。大卖场两层楼的面积近 2 万平方米，小型超市以经营食品、日化为主，面积仅有 500 平方米。在大卖场中，有一个专门售卖婴儿产品的区域，其中包括多品种的婴儿食品、婴儿服饰、婴儿玩具及婴儿纸尿裤，该区域还有专门为婴幼儿设计的装饰，使整个区域显得活泼可爱。显然，婴儿用品是该大卖场的目标品类之一。而在大卖场旁边的小型超市也售卖婴儿纸尿裤，但品牌和单品数都较少，所以婴儿纸尿裤在该超市仅作为便利性品类。在某次促销活动中，大卖场选择帮宝适婴儿纸尿裤进行低价促销，小超市知情后马上进行调价，用自己作为便利性品类的婴儿纸尿裤与大卖场作为目标性品类的婴儿纸尿裤进行比拼。其结果可想而知，因该促销活动大卖场的帮宝适及婴儿纸尿裤的销量得到了大幅提高，而小超市的纸尿裤不仅销量下跌，利润也大幅下降。

全面跟价是目前不少零售商的价格策略。但在跟价时，必须要考虑到双方的品类角色，如果用便利性品类与对手的目标性品类比拼，无异于让蚂蚁中的蚁后同对方的兵蚁作战，结果只能是"损兵折将，元气大伤"。

5.2　定义品类角色的方法

品类角色是品类管理的灵魂，其重要性不言而喻。那么如何来确定品类的角色呢？目前很多零售商或单纯靠直觉来确定，或简单地根据销售额排名来确定，而这些方法难免会带来偏差。品类管理的核心是以购物者为导向，以数据为基础。在此，我们推荐一种基于数据的、比较全面的品类角色制定方法，即跨品类分析法。

跨品类分析需要分析三个方面的因素：品类对购物者的重要性、品类对零售商的重要性、品类对市场的重要性。

1. 品类对购物者的重要性

品类对购物者的重要性是指购物者对该品类产品的需求程度，该品类是每日必需品，还是偶尔购买的产品呢？如果是每日必需品，如蔬菜，其单价可能不高，但购物者每天可能要到商店三次购买蔬菜，所以商店经营好坏不但会影响购物者对蔬菜品类的看法，而且还会影响购物者对整个商店的看法。因此，衡量品类对购物者重要性的指标是购物频率。购物频率越高，品类对购物者越重要。品类对购物者的重要性因商圈不同可能也会有所不同。例如，在居民区附近，蔬菜的购买频率很高，而在学校附近，蔬菜的购买频率可能不如熟食。品类对购物者的重要性的不同是同一品类却有不同角色的原因之一。

衡量品类对购物者重要性的指标是购物频率，该数据可以通过购物者调查获得。如果没有资源自己做购物者调查，可以从领导性供应商处收集获得。如果有会员卡制度，也可以通过购物者的购物篮信息分析得到。当这两种途径都无法获得时，可以考虑将销售量作为衡量指标。在纯零售的情况下，销售量和购物频率大致是成正比的，购物频率越高，销售量也会越大。尤其是在便利店，大部分购物者购买产品是每次买一个而不是一次买多个，所以其购物频率和销售量几乎是一致的。

2. 品类对零售商的重要性

品类对零售商的重要性是指该品类在商店的销售贡献，包括销售额贡献和利润贡献。对同一个商圈中的零售商来讲，对购物者的重要性是一样的，但出于零售商优势、劣势的不同和差异化竞争的需要，零售商对品类的侧重是不一样的，即品类对零售商的重要性可能是不一样的。这是同一品类可能在不同的零售商中扮演不同角色的另一个原因。

衡量品类对零售商重要性的指标是销售额和利润。根据零售商的目标，可以给销售额和利润一个权重，从而得出品类对零售商重要性的排名。

3. 品类对市场的重要性

成功的零售商需要高瞻远瞩，不能只看到现在的状况。品类对购物者的重要性和对零售商的重要性都是基于目前数据的分析，反映的也是目前的状况，而品类对市场的重要性则关注的是品类在未来的发展方向。

品类对市场重要性的衡量指标是品类增长率，该数据可以从供应商处获得，也可以从市场调查公司（如尼尔森）处获得。如果两种途径都无法获得，那么可以考虑通过品类过去几年的平均增长率作为衡量指标，但可能会有一定的偏差。例如，衣物柔顺剂品类是一个每年以超过 20%的速度增长的品类，但在某些零售商那里，由于其重视程度不够，衣物柔顺剂品类的增长率可能很小，甚至是负数。此时，如果只用零售商自己的数据进行判断，就会丧失在该品类的发展机会。

　　跨品类分析需要分析购物频率、销售额、利润、市场增长率等数据，所以跨品类分析只能用于设定零售商本身的品类角色。但为了应对竞争，就需要对竞争对手的品类角色有所了解。在没有足够数据的情况下，可以通过观察法对竞争对手的品类角色有一个粗略的了解。所要观察的内容包括单品数量、陈列方面的投入、价格的竞争程度、促销的频率等。如图 5-5 所示，某商店里陈列的酒类品种较一般零售商多，促销品种包装、陈列货架和装饰都很独特，可以看出在酒类方面该零售商较其他零售商花费了更多的心思与投入，希望购物者能对店内的酒类产品留下深刻的印象。所以，该零售商很可能将酒类定为其目标性品类之一。

图 5-5　商店里陈列的酒类

5.3　品类角色的案例

案例 1　某大卖场日化部门的品类角色

　　品类角色一般是指对商店所有的品类进行分析，从而得出商店的品类角色。但也可以将该概念应用到部门甚至品类内部，作为资源配置的参考。例如，在口腔护理品类中，牙膏的渗透率很高，而且在口腔护理产品中只买牙膏的购物者比例高达 64%，所以它是目标性的子品类。牙刷是满足购物者口腔护理需求所必需的，所以可以看作常规性子品类。而漱口水、牙齿美白产品是满足口腔护理更高层次需求的，可以看作便利性子品类。

在该案例中，为了更好地分配日化部门的资源，我们对日化部门采用的品类角色的定义方法进行了分析。其中涉及的品类包括妇女卫生用品、纸尿裤、洗发水、卷纸、身体护理、口腔护理、婴儿护理、定型和染发用品、纸巾、护肤用品、药品、护发素、男士用品、脸部护理、美容品、美容附件及节日促销品。考虑到数据的保密性，以下所有数据均有所修改，不代表实际情况。

1．品类对购物者的重要性

根据品类的购物频率进行排名，以确定品类对购物者的重要性，如表 5-3 所示。

表 5-3　品类对购物者的重要性

品 类 名 称	购物频率排名
口腔护理	1
身体护理	2
妇女卫生用品	3
卷纸	4
纸巾	5
洗发水	6
护肤用品	7
婴儿护理	8
脸部护理	9
药品	10
定型和染发用品	11
纸尿裤	12
护发素	13
男士用品	14
美容附件	15
美容品	16
节日促销品	17

2．品类对零售商的重要性

根据零售商的实际情况，将对零售商贡献的权重定为利润的 40%、销售额的 60%，即对零售商的贡献=利润排名×40%+销售额排名×60%。贡献排名作为品类对零售商的重要性，如表 5-4 所示。

表 5-4　品类对零售商的重要性

品类名称	利润占比（%）	利润排名	销售额占比（%）	销售额排名	对零售商的贡献	贡献排名
妇女卫生用品	16.71	3	14.1	1	1.80	1
身体护理	23.06	2	13.5	2	2.00	2
口腔护理	23.79	1	10.4	4	2.80	3
洗发水	4.46	6	12.2	3	4.20	4
卷纸	10.93	4	7.2	6	5.20	5
护肤用品	4.09	7	11.4	5	5.20	6
纸巾	5.77	5	4.2	10	8.00	7
脸部护理	2.00	9	4.5	9	9.00	8
纸尿裤	1.12	12	4.7	7	9.00	9
定型和染发用品	1.39	11	4.6	8	9.20	10
婴儿护理	2.54	8	3.4	11	9.80	11
药品	1.42	10	0.9	16	13.60	12
护发素	0.87	13	2.0	14	13.60	13
节日促销品	0.04	17	2.3	12	14.00	14
美容品	0.36	16	2.1	13	14.20	15
男士用品	0.80	14	1.9	15	14.60	16
美容附件	0.64	15	0.6	17	16.20	17

3. 品类对市场的重要性

品类增长率越高，品类对市场的重要性越高，如表 5-5 所示。

表 5-5　品类对市场的重要性

品 类 名 称	品类增长率（%）	品类增长率排名
纸尿裤	17.2	1
婴儿护理	17	2
护发素	8.15	3
美容品	5.08	4
妇女卫生用品	4.01	5
脸部护理	3.96	6
身体护理	3.57	7
纸巾	3.1	8

品 类 名 称	品类增长率（%）	品类增长率排名
药品	3	9
洗发水	2.45	10
护肤用品	2.24	11
定型和染发用品	2.15	12
口腔护理	2.11	13
卷纸	2	14
男士用品	1.9	15
美容附件	1.8	16
节日促销品	1.7	17

4．确定品类角色

确定品类角色前，首先要确定品类对购物者重要性、品类对零售商重要性和品类对市场重要性的权重。根据零售商的状况，设定品类对购物者重要性权重为40%，品类对零售商重要性权重为40%，品类对市场重要性权重为20%，即品类指数＝品类对购物者重要性×40%＋品类对零售商重要性×40%＋品类对市场重要性×20%。品类角色确定结果如表5-6所示。

表5-6   确定品类角色

品 类 名 称	品 类 指 数	品 类 指 数 排 名	品 类 角 色
妇女卫生用品	2.6	1	目标性
身体护理	3.0	2	
口腔护理	4.2	3	常规性
洗发水	6.0	4	
卷纸	6.4	5	
纸巾	6.4	6	
护肤用品	7.4	7	
脸部护理	8.0	8	
婴儿护理	8.0	9	
纸尿裤	8.6	10	
药品	10.6	11	便利性
定型和染发用品	10.8	12	
护发素	12.0	13	

品 类 名 称	品 类 指 数	品类指数排名	品 类 角 色
美容品	13.2	14	
男士用品	15.0	15	便利性
美容附件	16.0	17	
节日促销品	15.8	16	季节性

在确定不同角色品类个数时，需要考虑经验数据，如目标性品类个数一般占品类总数的 5%~10%，常规性品类个数一般占品类总数的 60%~70%。同时，还要考虑零售商的自身特点及目标。例如，如果零售商有足够的能力和决心打造口腔护理品类，也可以考虑将口腔护理品类划入目标性品类。

第 6 章

品类评估与品类评分表

6.1　品类评估的概念

"知己知彼，百战不殆"。品类评估的目的是通过全面、深入地分析零售商目前的状况，以及与市场、竞争对手的差距，找到自己的强项和弱项，从而为品类评分表和品类策略提供数据支持。全面的品类评估不仅仅要考虑各种战术，如价格、促销等的表现，还必须要考虑品类发展趋势、消费者购物行为等，否则企业很容易失去战略方向。品类评估一般包括以下几个方面：品类发展趋势评估、零售商销售表现评估、市场/竞争对手表现评估及供应商评估等。因此，品类评估所需数据包括品类发展趋势、零售商销售数据、尼尔森数据、竞争对手相关数据和缺货率、库存天数等。

6.1.1　品类发展趋势评估

品类发展趋势着眼于品类的未来。由于零售商的重点在商店层面、部门层面，很难对品类有较为深入的了解，所以其信息多半来自对消费者有深入研究的供应商。例如，口腔护理品类的领导性供应商高露洁公司专注于口腔护理（牙膏、牙刷、漱口水、牙齿美白产品等），该公司有专门的消费者研究部门，有大规模的研发中心，且每年都会投入大量的资金进行消费者消费趋势研究，因此其口腔护理对品类发展趋势的了解自然会多于同时要管理几百个品类的零售商。品类发展趋势的评估使零售商能够尽早把握消费者的消费趋势，从而在市场上占领先机。

品类发展趋势的评估包括以下几个方面。

1．品类的增长潜力

- 品类的市场规模有多大？
- 品类的增长率有多大？相关品类的增长率有多大？

2．品类的主要推动力

- 哪一个次品类或小分类推动了品类的增长？
- 品类的增长来自价格的上升还是消费量的增长？

3．消费者的消费趋势

- 消费者如何使用该品类产品？
- 消费者对目前市场上的该品类产品是否满意？
- 消费者对该品类产品有什么新的需求？

4．消费者的购物行为

- 消费者何时到商店购物？多长时间购买一次该品类产品？每次购买量有多大？
- 消费者如何购买该品类产品？按品牌还是按功能？
- 消费者购买该品类产品是否需要查看样品？是否需要教育信息的辅助才会做出购买决定？

6.1.2　零售商销售表现评估

零售商销售表现的评估主要是针对零售商自身的销售数据进行的。评估指标包括零售商所关心的销售额、销售量、利润、库存天数、库存周转、缺货率、投资回报等。由于这些指标的数据量太大，所以短期的评估只需针对一些重要的、零售商目前较为关心的指标，如销售额、利润、库存天数、库存周转等进行，年度评估可以扩大范围。不同的零售商在不同时期所关注的指标可能有所不同，所以不同零售商在不同时期的评估指标会有所不同。例如，以高效供应链著称的沃尔玛，其库存天数和有货率是两个非常重要的指标，每次评估都必须涵盖。而目前大部分国内零售商仍将评估重点放在销售额和利润上。

零售商销售表现评估包括以下几个方面。

1. 零售商总体表现

- 零售商整体业绩是增长还是下降？
- 零售商的表现是否达到预期指标？
- 哪些因素（次品类、价格带、小分类、包装大小等）推动或影响了零售商的表现？

2. 零售商可比门店的表现

可比门店是指开店时间大于一年的门店。该类门店有去年同期的数据进行对比，能够更客观合理地反映零售商的真实管理水平，避免了因快速开店带来的高增长，而掩盖了部分门店产出的不足。

- 零售商可比门店的业绩是增长还是下降？
- 零售商可比门店的表现是否达到预期指标？
- 哪些因素（次品类、价格带、小分类、包装大小等）推动或影响了可比门店的表现？

3. 零售商门店的表现

- 可比门店中哪些城市或门店表现较好，推动了整体业绩的上升？
- 可比门店中哪些城市或门店表现较差，影响了商店的整体业绩？
- 哪些因素（次品类、价格带、小分类、包装大小等）推动或影响了这些门店的表现？

6.1.3 市场/竞争对手表现评估

如果只看零售商自身的表现，很容易以偏概全，很难使零售商真正了解自身在市场中所处的位置。因此，只有当零售商与市场及竞争对手对比之后，才能知道自己的位置究竟在哪里。我们所用的市场数据来自尼尔森、TNS 等市场调查公司。在使用这些数据时，我们必须要知道它的采集方法及其特点，以确保能够正确地使用这些数据。总体来讲，尼尔森的数据来自部分零售商的 POS 数据，尼尔森通过对这些数据进行整合、估算、放大来代表整体市场的状况。而 TNS 的数据则来自消费者购物日记，TNS 在部分城市选取一定的样本，让消费者详细记录其购物情况，如何时、何地、以什么价格购买了哪种商品等。所以，尼尔森的数据侧重于消费者的购买结果，而 TNS 的数据侧重于消费者的购买行为和过程。

某些零售商与尼尔森有合作，可以直接从尼尔森处获取部分品类的市场信息。而 TNS 的信息只有部分供应商才拥有，供应商同时也会定期购买尼尔森更详细的品类信息，所以建议供应商和零售商能够彼此信任，共享资源，以做出更全面的评估。

由于市场数据的涵盖面比较广，如尼尔森数据分为现代渠道和非现代渠道，而在现代渠道中包括大卖场和超市，因此对大卖场来讲，其可比性有一定的局限性。TNS 虽然能分出大卖场和超市，但对某些零售商来讲，他们并不满足于同七八百家大卖场去比较，他们需要同自己的主要竞争对手或业界更优秀的零售商做对比。所以，除市场表现评估外，还可以进一步对竞争对手进行评估。

市场/竞争对手的评估包括以下几个方面。

- 市场/竞争对手的品类增长率如何？与零售商的差距有多大？
- 市场/竞争对手次品类、价格带、小分类、包装大小的走势如何？零售商的表现与其是否一致？
- 如果某些分析报表的走势，如价格带不一致，是由于零售商差异化的需求、零售商目标购物群的不同还是由于品类发展的趋势（参照品类发展趋势评估）引起的？
- 市场/竞争对手品类的增长或下降是由哪些因素（次品类、价格带、小分类、包装大小）来推动的？
- 市场/竞争对手品类的发展对自己有何借鉴之处？如选品、陈列、价格、促销等。

6.1.4 供应商评估

找出零售商品类的发展机会后，需要有相应的供应商进行配合，以推动品类的发展。那么，哪些供应商能帮助零售商促进该品类的发展？哪些供应商只能作为补充？哪些供应商现阶段不具备该方面的能力？因此，我们需要对供应商进行全面的评估。

1．供应商对零售商的重要性

- 供应商在零售商的销售份额；
- 供应商的市场份额；
- 供应商的毛利、净利润、投资回报率（ROI）、毛利库存投资回报率（GMROI）。

2．供应商的配送能力

- 最小订单量；
- 订单频率；
- 到货时间。

3．供应商的执行能力

- 新品效率；
- 促销效率；
- 活动筹备、执行能力等。

6.2 品类评估的操作步骤

品类管理是以消费者为导向、以数据为基础的零售管理方法。该定义在品类评估部分得到了充分体现。进行品类评估需要三个步骤：数据准备、数据分析、导出结论。

1．数据准备

不同的品类可以进行不同深度的分析。例如目标性品类，因其对零售商的重要性必须进行全面深入的分析，所需的数据量较大，而对便利性品类就可以对相关数据进行简化。所以，进行不同品类的分析时，需要准备的数据量也会有所不同。品类趋势、市场/竞争对手方面的数据可以从领导性供应商处获得；零售商表现评估方面的数据可以从零售商信息系统导出；供应商评估所需的数据可以通过零售商信息系统以及与供应商的沟通中获得。

2．数据分析

数据分析通常可采取两种方法：综合法和分析法。

（1）综合法

综合法是将各方面的数据都罗列出来，并从中找出几个主要的机会点，然后有针对性地对其进行深入分析。相对来说，该方法所涉及的数据比较全面，根据这些数据可以从战略高度找出问题，然后通过战术方法解决问题。但因其工作量较大，建议在季度评估或半年评估时采用。

（2）分析法

分析法从问题着手，倒推出问题的根源。例如，某品类销售额不断下降，应该采取什么方法来解决呢？我们可以用图 6-1 的思路来找出解决方案。销售额的下降是因为人均购买量的降低，而造成人均购买量降低的原因有两个：消费者来的次数少了（购买频率为-10%），每次购买量下降了（-8%）。改变消费者的购买频率比较难，因此可以先将重点放在提高每次购买量上，可选择的方法有：侧重于家庭装、大包装或捆绑装。

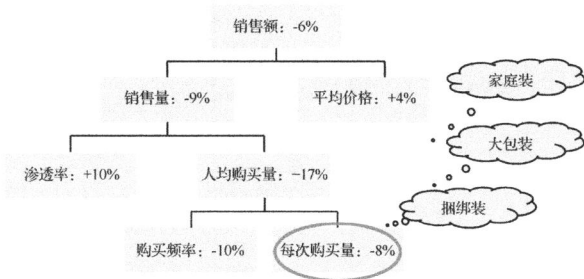

图 6-1　利用分析法找出销售额降低的解决方案

该方法侧重于战术层面，适用于较简单的分析，如每周评估、每月评估或非重点品类的分析。

3．导出结论

数据分析的目的是找出品类的机会。品类的机会可能很多，但我们很难做到一次性解决所有问题。所以，我们需要抽丝剥茧，找出核心部分，作为下一步行动的指导。根据数据分析导出的结论应简单明了，可以在一分钟之内表述清楚。例如，洗发护发品类的增长主要由护发素次品类在推动。零售商护发素品类与竞争对手相比，有着较大的差距（8%与15%），这主要是由于选品和陈列方式造成的。

4．品类评估注意事项

- 分析之前，确保数据的准确性；
- 摒弃固有观点，以数据为基础而非以经验为导向；
- 留意偶然的外部影响所造成的数据的偏差，如团购等；
- 分析之前，目标要明确，避免做一些无用的数据分析。

6.3　品类评估的案例

案例 1　品类评估常用的对比图

品类评估中经常用到的图有柱状对比图（见图6-2）、线性趋势图（见图6-3）、显示各部分重要性的饼图（见图 6-4）。象限图（见图 6-5）的使用不多，但其在同时评估两个指标时是非常有用的。

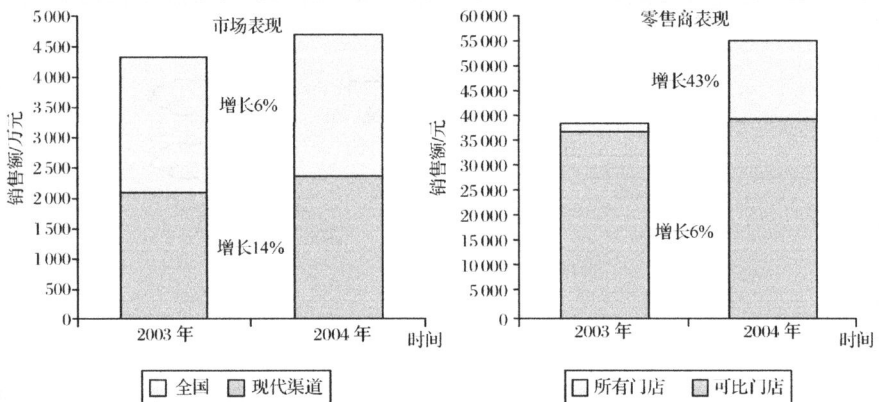

图 6-2　柱状对比图

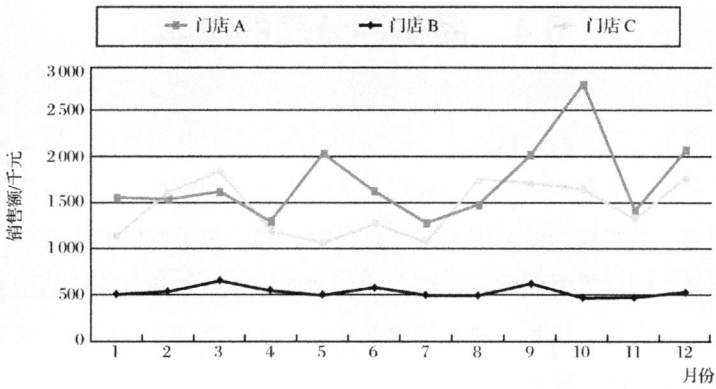

图 6-3　线性趋势图

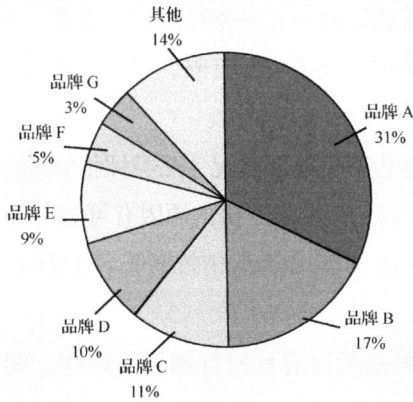

图 6-4　显示各部分重要性的饼图

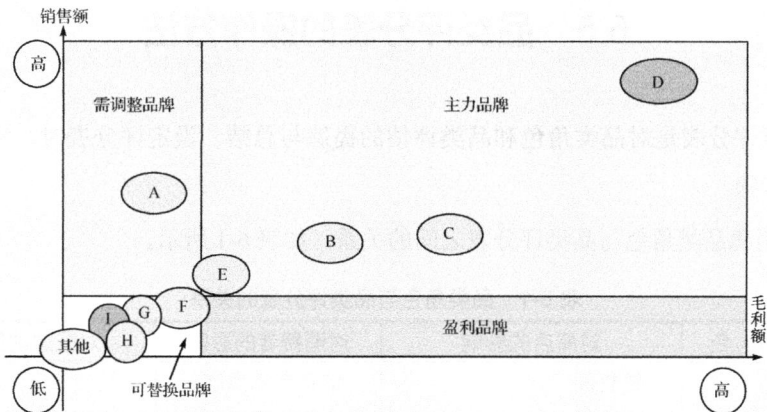

图 6-5　象限图

6.4 品类评分表的概念

通过品类角色的分配，设定了不同品类对商店不同的重要性；通过品类评估，我们找出了商店的优势和劣势，并确定了下一步的行动重点。正如希望销售人员能够有好的表现，就需要给他们清晰的评价指标一样，为了确保商店能够按着既定的方向发展，我们同样需要制定一个统一的评估指标体系，并就该评估指标体系与相关人员，如采购人员、店长、科长等提前做好沟通，以避免不同部门因为评估指标不同而采取不同的操作行为。

品类评分表因品类角色不同会有所不同。例如，目标性品类，其特点是吸引客流，成为消费者购买的首选，评估它的指标应以销售额、人流量为主，而不应以利润为主；而对于便利性品类，其销售额有限，主要是满足消费者一次购足的需求，评估它的指标应以利润为主，而非销售量。

品类评分表还会因零售商目前的状况（品类评估结果）而有所不同。例如，两个零售商的销售额都在下降，但两者下降的原因有可能不同。零售商 A 的下降是因为陈列混乱造成的，零售商 B 是因为促销效率低下造成的。此时两个零售商就应使用不同的品类评分表。

品类评分表所评估的品类要有针对性和可操作性。例如，电动牙刷销售额增加 15%。

6.5 品类评分表的操作方法

品类评分表是对品类角色和品类评估的提炼与总结。设定评分表时，需考虑以下几个步骤。

- 明确品类角色与品类评分表之间的关系，如表 6-1 所示。

表 6-1 品类角色与品类评分表的关系

品 类 角 色	对商店的影响	对消费者的影响	对配送的影响
目标性	销售额 客流量 市场份额	消费者满意度 购物频率 客单价	缺货率 库存天数 库存周转率

品 类 角 色	对商店的影响	对消费者的影响	对配送的影响
目标性	对其他品类的购买 （品类转换率）		客户服务水平
常规性	销售额 毛利率 客流量 对其他品类的购买 （品类转换率）	消费者满意度 购物频率 客单价	缺货率 库存天数 库存周转率 客户服务水平
季节性/偶然性	短期： 销售额 客流量	短期： 客单价 购买率	短期： 缺货率 库存周转率 客户服务水平
便利性	利润率	客单价	库存天数

- 根据零售商品类评估的结果有侧重地选择评估指标；
- 与品类领队之外的主要供应商沟通品类评估指标，确保大家方向一致并互相支持；
- 与相关部门就品类评分表进行沟通，确保公司内部有统一的方向并获得门店各级人员的支持。

6.6　品类评分表的案例

案例 2　较全面的品类评分表

某零售商的基础品类管理工作已做得比较系统了，为了更深入、更长远地规划品类的发展，该零售商采用了较全面的品类评分表，如表 6-2 所示。

表 6-2　较全面的品类评分表

	评估指标	目前水平	目前对去年指数	目标	目标对目前指数
消费者	客单价				
	购物频率				
	客户满意度				
市场	市场份额				
	品类发展指数[①]				

续表

	评估指标	目前水平	目前对去年指数	目标	目标对目前指数
销售	销售额				
	增长率				
	平效/米效				
利润	毛利率				
	毛利额				
	增长率				
	GMROI[2]				
自有品牌	销售额				
	毛利率				
	毛利占比				
供应链	客户服务水平				
	库存天数				
	库存周转				
	库存金额				

注：① 品类发展指数=品类的市场份额/零售商的市场份额。反映该品类相对于零售商平均水平的发展状况。
②GMROI（毛利库存投资回报率）=［毛利率/（1-毛利率）］×周转次数。

案例 3　较简单的品类评分表

全面的品类评分表并不是对每一个零售商都适用。在刚开始实施品类管理时，建议合作双方制定一个切实可行的、包含较为重要的评估指标的简单品类评分表，如表 6-3 所示。这样，一方面能使项目组目标明确，避免陷入大量的数据中；另一方面可以客观地评估品类管理的实施效果。品类管理不是特效药，不能期望它在短期内解决零售经营中所有的问题。品类评分表的制定要根据零售商的具体情况来考虑，如果零售商的品类评估结果不同，其机会点就不同；机会点不同，其衡量指标也不同。

表 6-3　较简单的品类评分表

评 估 指 标	目 前 水 平	目　　标	目标对目前指数
品类销售额增长率			
可比店品类销售额增长率			
次品类 A 销售额增长率			
次品类 B 销售额增长率			
客户服务水平			
库存天数			

第 7 章

品类策略

7.1 品类策略的概念

不同的登山者拥有同一个目标：登顶。但是由于每个人的特长不同、体能不同，他们会选择不同的登山方式。老人多半会选择常规路线，年轻人可能会选择羊肠小道，登山爱好者则可能会选择险峻的崖壁。商店的经营也一样，不同零售商可能拥有一样的目标（品类角色、品类评分表），但由于现状不同，应该选择不同的实现方式，即制定不同的品类策略。品类策略不仅能帮助零售商实现品类评分表的目标，同时还可以让零售商实现差异化竞争。

1. 品类策略的种类

品类策略主要包括营销策略和供应链策略。常见的品类策略如表 7-1 所示。

表 7-1   常见的品类策略

营 销 策 略	描　　述
增加人流量	增加品类的购物人数
提高客单价	提高购物者每次的购买量
产生利润	引导购物者购买利润高的产品
自我保护	不计成本的保护/强化品类的现有市场地位
刺激购买	制造紧迫感、机遇感、戏剧化效果等以激发购买行为
维护形象	在价格、服务、选品、氛围等方面建立、强化并传递零售商想获得的企业形象
教育与知名度	帮助购物者了解品类特性
渗透/试用	激发初次购买
忠诚度/持久性	刺激持续的重复性购买行为
增加现金流量	加快品类的周转速率，汇集现金流
提高消费量	刺激额外的、新的使用方法
成本领先	通过改进采购环节的运作降低产品采购成本
提高工作效率	通过 EDI 与 VMI 等项目合作，提高订单、补货、收货、付款等的精度和速度
优化库存管理	通过提高库存管理水平降低整个供应链中的库存量及相应的成本
提高客户服务水平	通过与供应商的合作，提高订单满足率，降低缺货率

2. 品类策略与品类评分表的关系

品类策略是实现品类评分表的方法，是为品类评分表服务的，所以在选择品类策略时，要有针对性，并对品类策略可能产生的效益进行预测，以确保所选的品类策略是有效的。部分品类策略与品类评分表之间的关系如表 7-2 所示。

表 7-2   部分品类策略与品类评分表之间的关系

品 类 策 略	品类评分表指标
增加客流量	高市场份额、高购买频率、高销售比例
提高客单价	客单价
产生利润	更高的毛利率和周转率
增加现金流量	更高的周转率和购买频率
增加消费量	更高的销售额、更高的客单价和购物频率
提高客户服务水平	更高的订单满足率、更低的缺货率

3．品类策略与品类角色的关系

同一品类在不同的商店可能会承担不同的角色。某品类在零售商 A 可能承担的是目标性角色，而在零售商 B 可能承担的是便利性角色。针对不同的品类角色，零售商需要选择不同的品类策略。例如健康和美容护理用品，在超市多半为便利性角色，在大卖场可能成为常规性角色，而到了屈臣氏这样的个人护理用品店则会成为目标性角色。由于品类角色的不同，零售商会为该品类赋予不同的品类策略，如图 7-1 所示。

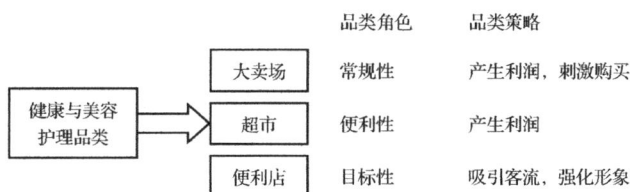

图 7-1　品类角色与品类策略

即使拥有同样的品类角色，可能也会使用不同的品类策略。例如，洗涤用品品类的角色在大卖场多半是常规性。但零售商 A 的机会在客单价，零售商 B 的机会在陈列和形象，所以两家商店需要采取的品类策略应该是不同的。

4．品类策略与次品类的关系

品类策略需要深入品类内部，即不同次品类可以有不同的策略。次品类策略组合成为品类策略，如表 7-3 所示。

表 7-3　品类策略与次品类策略

品　　类	品　类　策　略			
	增加客流量	提高客单价	维 护 形 象	刺 激 购 买
软饮料	普通可乐	特殊口味		新一代饮品
洗涤用品	普通洗衣粉	超浓缩洗衣粉	洗涤液	
宠物护理品	猫狗粮			宠物玩具

5．品类策略与商店策略的关系

各品类的情况不同，可能拥有不同的品类策略。但在确定品类策略时，必须要考虑商店的策略。如果商店的策略是提高客单价，品类的策略就不应该是推动小包装产品的发展；如果商店的策略是满足中高收入购物者的需求，品类的策略就不应该是推动低值产品的发展。否则，商店利用很多资源吸引来的购物者会去其他商店购买该品类，而该品类的投入也得不到应有的产出。图 7-2 表达的就是零售店与品类的关系。小船就像零售商店，天鹅、螃蟹和鱼是商店中不同的品类。船的方向是下水，而天鹅想往上飞，螃蟹想往沙滩上走，鱼想将船拉向海里，结果小船肯定不能像预期那样出海远航。

图 7-2   零售店与品类的关系 （图：郑越）

7.2   品类策略的操作方法

1. 了解可用的品类策略

将已知的及延伸出来的品类策略罗列出来，了解不同品类策略对品类的意义和影响。

2. 回顾品类角色

品类角色不同，品类策略也可能会有所不同。从罗列的品类策略中挑选能反映品类角色的部分。

3. 回顾品类评分表

品类策略必须服务于品类评分表，并帮助品类达到评分表所要求的衡量指标。从挑选出的品类策略中再筛选出能帮助品类达到品类评分表所要求的衡量指标的品类策略。

4．产品策略

最终选出的品类需要通过产品来实现，因此要根据次品类及小分类的特点，制定整个品类的产品策略。

品类策略操作流程如图 7-3 所示。

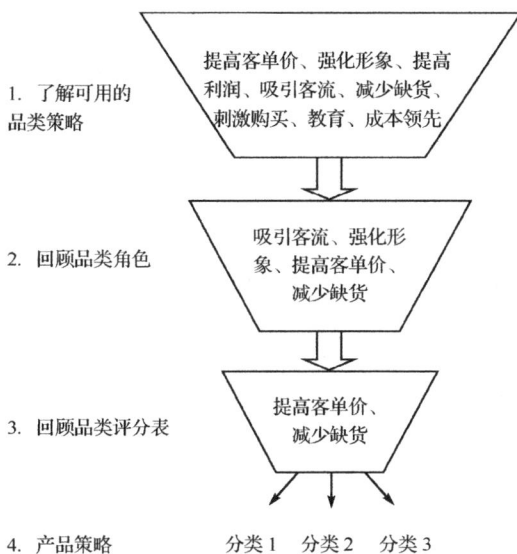

图 7-3　品类策略操作流程

7.3　品类策略的案例

案例 1　策略不明确，易随竞争对手改变而改变

某零售商位于繁华的闹市区，随着周围商圈的日趋成熟，该店客流量不断增加，30 个收银台已不堪重负。而由于商店的店址和结构等原因，不可能再增开收银台了。当附近一家新店开张并开通了载客穿梭巴士时，该零售商担心客源流失，也忍不住开通了穿梭巴士。然而，该商店此时的策略并不在于增加客流量，而在于如何提高客单价和购物者忠诚度，如何更好地服务购物者，提高购物者满意度。

案例 2　目标购物群定义不清或不知道该吸引什么样的购物群

商店策略和品类策略的制定需从了解零售商的目标购物群出发：到店里来购物的主要是哪些人？本店吸引他们的能力怎样？他们对本店的评价如何？目前，不少零售商仍然不清楚自己的目标购物群，尽管已经有越来越多的零售商已经意识到自己不可能满足所有购物者的需求。南方某超市位于大学区，其目前的问题在于客流太少。该商店认为自己的目标购物群是家庭主妇，但并不清楚自己想要吸引的家庭主妇与其他零售商想要吸引的家庭主妇有什么不同，大学老师与普通家庭主妇有什么不同。所以，其选品、陈列、商店氛围等方向性都不强，自然不能带来足够的客流量。

案例 3　品类策略不能很好地支持商店策略

某知名零售商希望能吸引月收入 2 000 元以上的人群，实际上，该商店也做到了这一点。但分析其卫生巾品类时，却发现它吸引了大量的 1 000 元收入的人群。也就是说，商店费很多精力吸引来的中高收入群却没有在该商店购买卫生巾，原因是该商店卫生巾品类的产品选择、陈列、促销都倾向于低档的或不知名的品牌。商店发现这一问题后，对卫生巾品类的选品进行了优化，从按夜用、日用陈列转为按品牌陈列，并配以柔和的粉红色，促销也开始侧重于一些高值产品。之后，该商店卫生巾品类的销量很快得到了 17% 的增长，更重要的是品类策略很好地支持了商店策略，使商店"这艘船"能按既定方向顺利前进。

第 8 章

品类战术之高效产品组合

8.1　高效产品组合的概念

8.1.1　为什么要优化产品组合

我国现在的市场是一个产品极其丰富的市场，零售商的货架也因产品的不断涌入而显得越来越稀缺。据统计，全国各地每年上市的洗发水就有两三千个单品。许多厂家为了占据更大的市场份额和终端货架而不断推出衍生产品，从而导致产品的功能、卖点同质化，产品系列过于繁杂。即使是市场份额第一的品牌，每个单品的市场表现都可能相差悬殊。产品的重复导致店内产品雷同、品种繁多，消费者购物费时费神、满意度下降。产品的同质化还导致竞争加剧。

竞争加剧所带来的不良影响有以下几个方面。

- 厂家之间恶性竞争，侧重于价格差异，忽视产品的性能和消费者情感诉求。

- 低效的促销和定价，降低了品牌价值。例如，促销方式不是降价就是买赠，这不仅损害了产品的品牌价值，还降低了消费者的品牌忠诚度，从而使消费者在选择产品时养成了只买打折、买赠产品的习惯，导致产品的正常销售无法实现。

- "羊毛出在羊身上"，消费者价值受损害。促销的花费日益增加，销售业绩平平，使厂家成本上扬，利润下降，并且还面临着退出市场的压力。因而有些厂家为了生存而忽视产品质量，牺牲消费者利益，以次充好。

- 低效的补货和缺货损失。单品过多占据了货架和仓库资源，导致库存量过大，有效期临近，产品残损增加。过高的库存影响了资金周转，导致畅销产品常常缺货，消费者买不到想要的产品。商店和厂家会因此损失许多生意。

如何选择能带来更大产出的产品组合已成为零售商不得不研究的课题。产品如果选择不当，不但会成为在货架上的沉睡产品，而且会占用大量的流动资金，影响畅销产品的销售量。更重要的是，产品的不合理配置及畅销产品的缺货，会大大降低消费者的满意度，从而影响消费者对商店的整体评价，不合理产品组合的影响如图 8-1 所示。

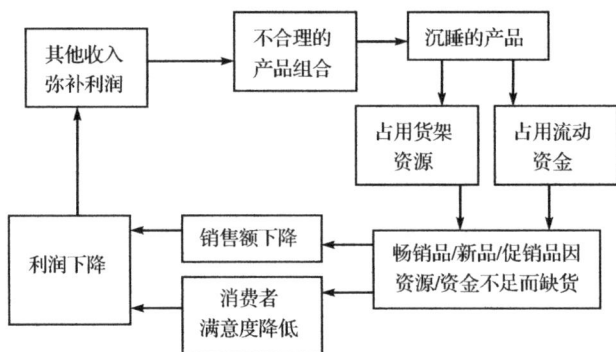

图 8-1 不合理产品组合的影响

目前，由于店内资源有限，零售商对产品品种的选择越来越严。以某零售商清洁用品的进场要求为例，进店的产品必须缴纳 1 万元进场费，零售商利润率需达到 28%，且同一供应商的产品必须一进一出。

供应商产品的品种越来越多，零售商将产品进店的门槛也越设越高。长此以往，就会导致产品的选择没有以满足消费者需求为中心，最终还会影响商店的长期发展。商店里经营的产品就好比一块一块的砖瓦，如果砖瓦的质量不过关，不管外墙内饰装修得如何漂亮，也避免不了大厦倒塌的危险。因此，尽管产品选择不如促销和改善供应链的效果明显，但也必须作为品类管理战术中的第一步。否则，促销、定价、配送等环节设计得再好，也只是在错误的事情上做"正确"的事，而这只能将错误不断放大。

8.1.2　高效产品组合的目标

高效产品组合就是品类优化，是对产品生存机会的评估，是为消费者提供更佳的产品选择。品类优化的过程就是了解品类规格有效性的过程，品类优化的重点是根据目标消费者的需求，优胜劣汰，剔除同质化产品，优化产品品种和数量，引进多样性产品，降低系统成本，提高效率，获得合理利润。高效的产品组合是优化商店库存结构、提高货架空间利用率的第一步。

从零售商的角度看，高效的产品组合是零售商日常对滞销产品进行淘汰和对商品结构进行更新维护的过程；从厂家的角度看，高效的产品组合意味着充分地了解消费者的需求，差异化品牌市场定位，不断增加产品功能，延长产品生命周期，树立清晰的产品卖点以满足消费者诉求的过程。

高效产品组合的目标是增加产品的多样性，降低产品的重复性。所谓重复性产品，是指功能及卖点类似、销售份额低、生意贡献小、占据资源多的产品，亦称同质化产品；所谓多样性产品，是指能增加产品的深度和广度，从而更全面地满足消费者多样化需求的产品。调查表明，增加多样性产品、减少重复性产品后，70% 的消费者认为品种数反而增加了，20% 的消费者认为品种数没变，只有 10% 的消费者意识到品种数减少了。

8.1.3　高效产品组合的主要理论

1. 80/20 集中度分析（帕累托定律或 80/20 定律）

商店里经营的单品成千上万，我们稍做分析，便可以发现一个规律：20% 的单品贡献了 80% 的生意（销售量、销售额、利润）。也就是说，大部分的产品（80%）只带来了少部分的生意价值（20%），有些产品是在浪费商店宝贵的货架空间、库存资源、现金流、人力资源及品牌形象。

在图 8-2 中，y 轴主要衡量指标是销售量、销售额和利润的占比累积；在 x 轴上是将每个单品按销售量从大到小进行排序；每根柱子表现了每个单品的生意占比。x 轴从左向右的曲线表示每个单品累加的结果。进行 80/20 集中度分析时会发现，大约 20% 的单品贡献了 80% 的生意。如果商店的产品组合做得较好，可能会出现 30% 的单品贡献 70% 的生意的情况。数字虽有所不同，但其反映的规律都是一样的，即大部分生意是由小部分产品贡献的。找出这部分主力产品便是 80/20 集中度分析的主要目的。

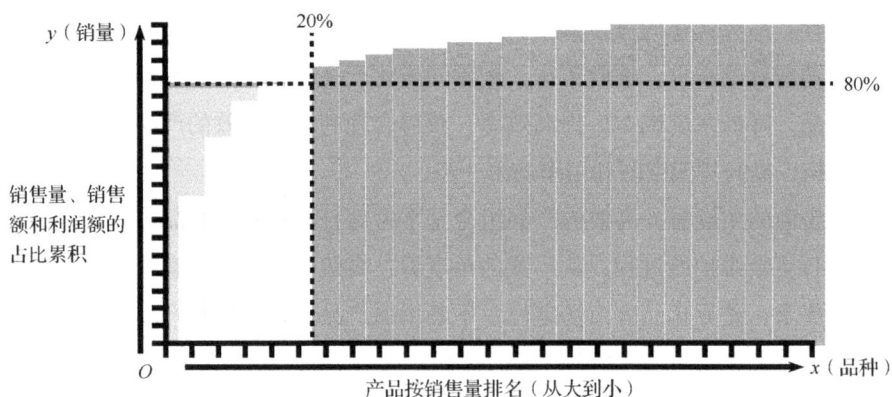

图 8-2   80/20 集中度分析

2. 象限分析

80/20 集中度分析主要是针对零售商的自身数据进行产品表现分析的。但为了更科学地对产品的淘汰与保留做出决定，必须参考产品在市场上的表现。以产品在商店的表现为横轴，以产品在市场的表现为纵轴，可以绘出如图 8-3 所示的象限图，该象限图将产品分为四个部分。

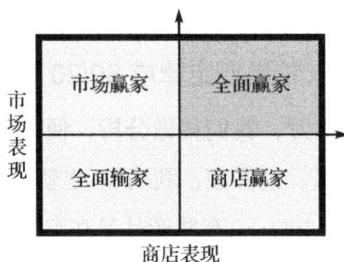

图 8-3   象限分析

（1）全面赢家

全面赢家是指在市场和商店的表现均优于平均水平的产品。这部分产品往往是前 20% 产品，简称 20 产品，是商店必须高度重视的一部分产品。

（2）商店赢家

商店赢家是指在商店的表现优于平均水平，但在市场的表现却较差的产品。这部分产品可能是商店的自有品牌，也可能是商店投入了较多资源使其表现超常的产品。例如，某零售商将 30% 的货架资源和一半的货架外堆头卖给了某品牌卫生巾，使该品牌卫生巾的销售量跃居零售商首位，超过了市场份额较高的另外两个品牌的卫生巾。这部分产品需要进行关注，因为它的超常表现很可能会带来主力品牌生意的下降，从而招致整个品类生意的下降。这部分产品还可能是商店的目标性产品或差异化产品，因此需要通过分析以确定其真实状况，从而制订下一步行动计划。

（3）市场赢家

市场赢家是指在市场上的表现优于平均水平，但在商店的表现却较差的产品。这部分产品由于有较好的群众基础，是很有潜力提高销售量的，是商店的机会产品。对于市场赢家的产品，需要找出其在商店表现不佳的原因，从而推动这部分产品在商店的发展。

市场赢家象限中有一种极端情况，即某种产品的市场表现优于平均水平，但在商店的产品列表中却不存在，也就是零售商没有销售这种产品。对于这部分产品，零售商可考虑作为新品引进。

（4）全面输家

全面输家是指在市场和商店的表现均落后于平均水平的产品。这部分产品是可替换性产品。落在该象限的产品可能是新品，也可能是因为各种原因缺货的产品。对于这种由于特殊原因导致其落后的产品，要适当考虑给它们更长时间的表现期，以公平地评估其真实水平。

8.2　高效产品组合的操作方法

1．准备数据

考虑品类的角色和策略，给重要生意指标（销售量、销售额、毛利等）以不同的权重。例如，在目标性品类中销售量的权重可以较高，而在便利性品类中利润的权重相对较高。在进行数据准备时，建议不要考虑太多的生意指标，这样会使重点不够明确，使分析变得过于复杂。因此，有些指标可以在最终决定产品取舍的时候再进行考虑。

2. 综合排名

根据设定的权重，加权每个单品的生意指标，得到每个单品的综合贡献排名名单。考虑商店的品类角色确定产品删除线：如果是目标性品类，可适当覆盖更多的产品，如贡献超过 90% 生意的产品；如果是便利性品类，建议产品数可以较少，如贡献超过 80% 生意的产品。在品类管理初期，不建议一次删除太多产品，一方面因为对采购部的影响较大，另一方面由于执行力度的问题可能会带来较大的生意损失。在实践中，多数会将删除线定在 95%，如图 8-4 所示。

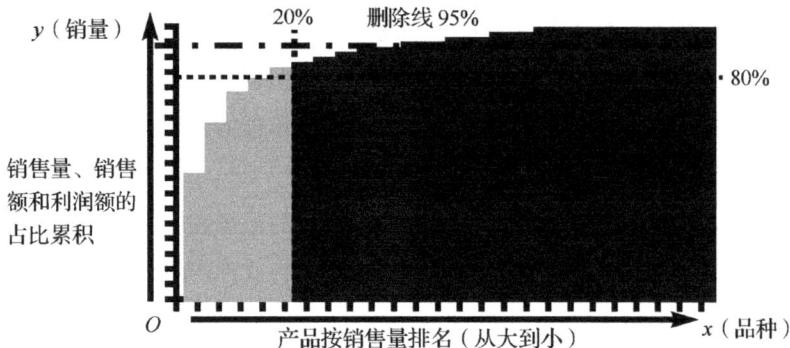

图 8-4　产品删除线

3. 对删除线以下的产品进行分析

处在删除线以下的产品并不建议全部删除，需要考虑这部分产品对品类多样性的贡献及是否为新品、是否缺货等情况。虽然此类产品在商店属于表现不佳的产品，但还需要考虑其市场表现，即在象限图中是市场赢家还是全面输家。对市场赢家的部分产品予以保留，对于全面输家，在挑出新品和缺货产品后继续对其进行分析。

4. 确保产品的多样性

为了确保删除的产品不影响品类的多样性，必须对品类按次品类、细分类进行深入分析，以从不同角度了解产品的贡献，从而对产品的取舍做出决策。

- 次品类单品排名。按次品类对产品进行分类排名，避免淘汰某个次品类的过多单品。例如，口腔护理品类在我国目前分为牙膏、牙刷、漱口水和专业护理产品四个次品类。漱口水是口腔护理品类中销售量暂时不高，但极具潜力的次品类，要适当地保留一些产品以保证该次品类在货架上的可见度，从而促进该次品类的销售。如果删除全面输家中的漱口水后，漱口水剩下的单品数只有三四个了，就要考虑暂时保留这部分产品或引进新品。

- 细分类产品排名。细分类是指根据消费者需求进行的分类。例如，护肤用品可按功效分为美白、抗衰老、滋润等；按目标市场进行分类可分为儿童/婴儿、男士和女士等。护肤用品细分类如图 8-5 所示。某些品类（如家具清洁和护理品）因消费者需求广泛而使细分变得复杂，而某些品类由于消费者对功能的需求较少，其细分也会比较简单。家具清洁和护理品类细分类如图 8-6 所示。按细分类进行排名后，要检查删除全面输家中的产品后是否对细分类有较大的影响。

- 按价格带、规格等其他指标进行排名，以从不同角度了解产品表现。

- 确定要删除的产品名单。在删除重复性产品时，如果某品牌大部分单品都被列入了淘汰名单，必要时就要考虑淘汰整个品牌，这样有利于提高整个供应链效率。

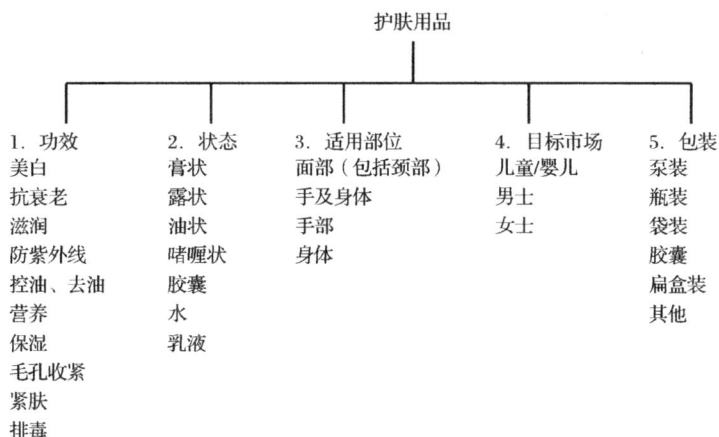

图 8-5　护肤用品细分类

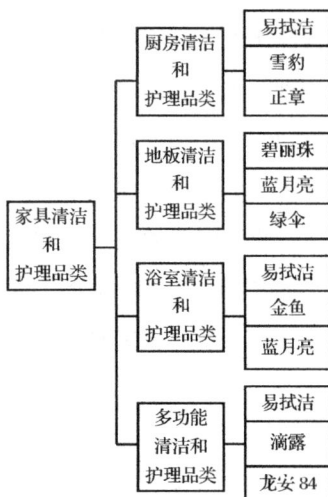

图 8-6 家具清洁和护理品类细分类

5. 考虑其他添加或删除单品的原则

- 消费者对产品的忠诚度。某些产品的销售量虽然不高，但是部分目标消费者对它却有很高的忠诚度，即一部分人习惯于购买这个产品，且轻易不会更换品牌。这部分人购买这个产品的同时也会在商店里购买其他产品。所以，可以考虑删除一些排名稍前而没有卖点的产品，保留忠诚度较高的单品以增加产品的多样性。产品的忠诚度数据可以从领导性供应商或专业调查公司（如尼尔森）处获得。

- 满足商店目标消费者需求。品类策略必须和商店策略一致，才能保证商店按既定目标快速顺利地前进。例如，某会员店的目标消费者为高收入的有车人群，其所有品类的产品组合都针对这部分消费者。该商店的服饰都是品牌货，食品区也有不少进口的产品，但其进口洗衣粉的销售不够好，面临被删除的命运。然而，为了满足整个商店购物群的需求，商店还是需要保留一些销售不是很理想的，却是针对商店目标购物群的产品，以增加目标购物群的满意度，强化商店形象。

- 区别于其他商店。区别于其他商店较为明显的例子是开发自有品牌。

- 品类策略的需求。品类策略有变化时，产品组合也需要跟着发生变化。例如，衣物柔顺剂品类的忠诚度很高，使用过的人大都会选择 2~3 升的包装。

但销售数据显示三个人中只有一个人曾经使用过衣物柔顺剂产品，因此零售商将该品类的策略定为增加产品的试用率。为了配合该策略，零售商应引进或适当地强化小规格的产品以利于消费者购买和试用。尽管以往的销售数据显示小包装规格产品的销售业绩并不好，但零售商也应保留一些小包装规格的产品以配合品类策略。

6. 引进新品

零售商可能没有销售某些市场上表现较好的产品，这时需要参考市场数据或竞争对手数据引进新品。将市场份额数据进行排名，检查市场上卖得好的前 20 名产品中是否有自己没有销售的产品。

因为不同的零售商有不同的策略，所以还需要针对次品类和细分类进行市场份额的排名，以挑选适合零售商的单品进行引进。例如，某零售商漱口水次品类发展缓慢，如果希望通过漱口水品类来树立专业口腔护理提供者的形象，就需要单独分析市场上漱口水产品的表现。

7. 确定产品组合名单

根据市场数据的分析确定产品组合名单。该名单中应包括删除单品名单、引进单品名单和建议销售单品名单。

8. 方案实施

方案在实施过程中，会遇到一些问题或障碍，品类经理必须在领导的支持下尽量按品类管理的原则执行。在实施过程中常见的问题是淘汰产品如何处理。

对淘汰产品的处理，建议如下。

- 能退货的产品尽量退给供应商。
- 不能退货的产品采用货架外陈列（堆头或端架）做促销，尽快清仓。有条件的零售商可以将这些产品调到其他门店销售。

9. 品类优化结果评估

建议每个月跟踪 80/20 集中度分析报表，每季度进行产品组合的回顾与调整。当同时引进的新品较多时，可调整品类优化时间，以及时更新牌面。要适当控制新品的引进速度，否则产品组合很快又会趋于不合理。表 8-1 可用于评估品类优化结果。

表 8-1 品类优化结果评估

评 估 项 目		实 施 前	实 施 后	变 化 指 数
消费者	缺货率			
财务状况	单品数			
	销售量			
	销售额			
	利润			
产出效率	销售量/单品			
	销售额/单品			
	利润/单品			
	库存天数			
	库存周转			

8.3 高效产品组合的案例

案例 1 重庆某连锁超市高效的产品组合

重庆某连锁超市高效的产品组合结果充分证实了产品的丰富并不等于产品的数量多，只要产品组合充分满足了目标消费者的需求，较少的单品数也能产生较大的效益。如表 8-2 所示，除了品类销售额、销售量和利润额的增加，高效的产品组合使零售商更好满足了消费者的需要，大大减少了缺货，使零售商对新品的评估和引进更加顺利与及时，也使零售商的各项资源都能得到更高效运用，如货架陈列、价格管理及产品供应等。

表 8-2 高效产品组合效果

城市	品类管理实施品类	品类单品数			品类销售额
		之前（个）	之后（个）	变化指数	变化指数
重庆	卫生巾	336	133	40	120
	牙膏	229	167	73	117

案例 2 某零售商酒类产品的产品组合

某零售商内部对因产品组合而减少产品种类持不同态度。虽然有人愿意尝试，但反对的声音也很多，认为品种少了一定会影响销售量。在这种情况下，该零售商决定做一些尝试，选择啤酒进行产品优化测试，选择白酒作为对比。

当地市场上的啤酒品牌不少于 30 个，单品不少于 200 个，采购部从中精选了品牌性强、口味适应广泛、功能性比较独特的 40 余个单品，使啤酒品类以较少量的产品仍然创造了 15% 的销售量增长。

再来看看作为对比的白酒品类。当地市场上的白酒品牌不少于 100 个，单品近 1000 个，门店从中选择了 150 个单品进行销售，但产品集中在少数几个品牌上，如泸州一个品牌就有 30 余个单品。过多的单品使门店订货无从下手，只能依据自己的专业知识订货，这就造成订货的局限性和片面性，从而导致采购与运营矛盾重重。另一方面，真正品牌性强、能够带来高销售量的产品毕竟是少数。所以，虽然白酒的产品数量很多，但销售量却并没有出现好转。

案例 3　某零售商头部护理品类的产品组合

1. 准备工作：明确品类的角色和数据准备

数据来源：商店 POS 数据；品类市场销售数据（如尼尔森的零售研究数据）。

数据格式：如表 8-3 所示。

表 8-3　数据格式

条形码	品名	厂商	品牌	价位	规格	销售量	进价	售价	毛利

注意事项：POS 数据的时间选取不能少于三个月。要剔除大宗购物数据。

大宗购物记录：如表 8-4 所示。

表 8-4　大宗购物记录

货号	产品名称	品牌	原进价	原售价	团购进价	团购售价	数量	团购日期	条形码	大宗号

2. 分析过程

产品细分类的分析。

单品数与销售额占比分析。

单品分析（80/20 集中度分析）。

确定淘汰产品名单。

市场赢家、市场输家分析。

手动调整，考虑其他因素予以保留部分单品。

得出单品优化结果。

各步骤的具体内容如下。

（1）产品细分类的分析

通过对供应商、品牌、次品类或品类细分类、价位进行分析，找出品类的主要业绩推动者。

供应商排名，如表8-5所示。

表8-5　供应商分析

	销售量排名	销售额排名	毛利排名		销售量排名	销售额排名	毛利排名
1	宝洁	宝洁	宝洁	6	韦氏	施贵宝	奥妮
2	联合利华	丽花丝宝	韦氏	7	广东熊猫日化	韦氏	施贵宝
3	丽花丝宝	联合利华	联合利华	8	高露洁	广东熊猫日化	远东
4	奥妮	奥妮	丽花丝宝	9	施贵宝	远东	高露洁
5	鹤壁天元	鹤壁天元	鹤壁天元	10	上海华银	高露洁	广东熊猫日化

品牌排名，如表8-6所示。

表8-6　品牌分析

	销售量排名	销售额排名	毛利排名		销售量排名	销售额排名	毛利排名
1	飘柔	飘柔	飘柔	6	奥妮	潘婷	舒蕾
2	夏士莲	舒蕾	韦氏	7	潘婷	风影	伊卡璐
3	舒蕾	海飞丝	力士	8	韦氏	奥妮	奥妮
4	海飞丝	夏士莲	海飞丝	9	拉芳	伊卡璐	索芙特
5	力士	力士	黛莉丝	10	黛莉丝	韦氏	棕榄

通过供应商和品牌排名，可以清楚地知道宝洁是洗发水销售量、销售额的重要贡献者，飘柔品牌在其中扮演了重要角色，韦氏在毛利上有突出贡献。

次品类或品类细分类分析，如表8-7所示。

表8-7　次品类或品类细分类分析

品类	单品数（个）	单品数占比（%）	销售量（瓶）	销售量占比（%）	销售额（元）	销售额占比（%）	毛利（元）	毛利占比（%）
洗发水	103	65	82 969	76	1 890 834	80	139 125	70
护发素/美发用品	56	35	26 076	24	466 715	20	60 951	30

占单品总数 65%的洗发水贡献了 80%的销售额和 70%的利润，效率较高，是头部护理品类的主力军。占单品总数 24%的护发素/美发用品只贡献了 20%的销售额和 30%的利润，有优化的机会，需要进一步做单品分析。

其他细分类分析略。

价位分析，如表 8-8 所示。

表 8-8　价位分析

	单品数（个）	单品数占比（%）	销售量占比（%）	每单品销售量占比（%）	销售额占比（%）	每单品销售额占比（%）	毛利占比（%）	每单品毛利占比（%）
中价位	97	60	70	0.72	75	0.77	77	0.79
低价位	25	17	13	0.53	8	0.31	13	0.52
高价位	37	23	17	0.47	17	0.46	10	0.28

中价位产品是商店主要的业绩贡献者且效率较高。高价位产品有较大的优化机会，需要进一步做单品分析。

（2）单品数占比与销售额占比分析

前面从厂商、品牌、价位及次品类或品类细分类等方面进行了分析，找出了销售较好的品牌，但是否这个品牌的所有产品都好销呢？答案是不一定。这就要通过单品数占比与销售额占比分析，了解单品数和销售额的关系，如图 8-7 所示。

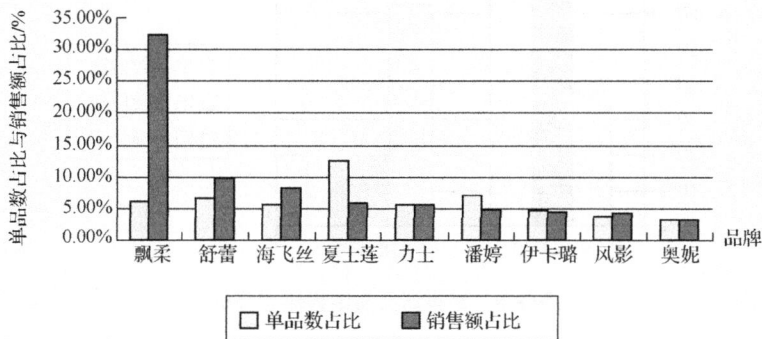

图 8-7　单品数占比与销售额占比分析

夏士莲的单品数占比为 13%，销售额占比为 6%，其单品数占比远高于销售额占比，也就是其较高的销售额是由更多的单品带来的，而且其中很可能存在滞销的单品。

（3）单品分析（80/20集中度分析）

6个厂商带来80%的销售量占单品数的23%：宝洁、联合利华、丽花丝宝、奥妮、鹤壁天元、韦氏。

10个品牌带来80%的销售量占单品数的29%：飘柔、夏士莲、舒蕾、海飞丝、力士、潘婷、韦氏、拉芳、风影、伊卡璐。

77个单品带来80%的销售量，44个单品带来80%的毛利率。

销售量好的单品中有毛利很低甚至负毛利的情况，需进一步进行分析。

具体单品信息略。

（4）确定产品淘汰名单

综合考虑销售量、销售额及毛利，对每个单品进行排名。

分配权重系数：销售量30%；销售额40%；毛利率30%。

根据95%的删除线确定淘汰名单。

（5）销售赢家与销售输家分析

销售赢家：6个品种（占总单品数的4%）。

销售输家：57个品种（占总单品数的36%）。

分析结果如图8-8所示。

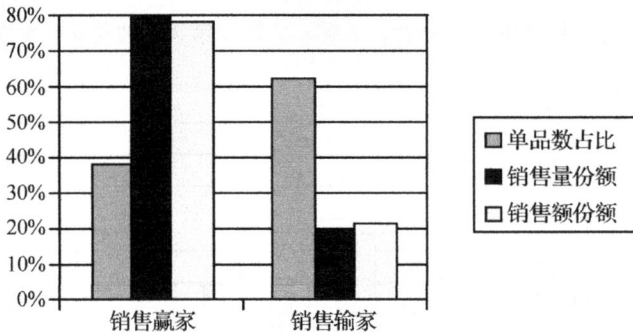

图8-8　销售赢家与销售输家分析

（6）手动调整，考虑其他因素予以保留的部分单品，考虑因素主要包括以下几个方面。

新品入场时间较短，有较大的潜力。

填补市场空白，无替代产品。

特殊原因缺货的产品。

（7）得出单品优化结果，如表 8-9 所示。

表 8-9　单品优化结果表

	单品 （个）	每单品贡献销售量 （瓶）	每单品贡献销售额 （元）	每单品贡献利润 （元）
优化前	160	522	11 892.04	875
优化后	132	684	13 987.58	983

品类战术之高效新品引进

9.1 高效新品引进的概念

高效新品引进（EPI），是 ECR 的四个重要效率策略之一，旨在高效引进有市场潜力的新品，并利用新品的推广及其促销活动来获取更大的利益。高效品种组合主要确定适合商店经营的品种目录，而高效新品引进则使得精简之后的经营品种组合的高效性得以保持。

9.1.1 为什么需要高效的新品引进

我国经济的发展和市场零售总额的不断增长，为产品供应商提供了广阔的发展空间。每年上市的新品不计其数，丰富的产品在为消费者提供更多选择的同时，也加剧了产品之间的竞争。2004 年，尼尔森公司对 32 个品类的 6 万个新品进行了跟踪，发现其中 1/4 的新品在上市一年后均宣告失败。对零售商而言，产品的极度丰富使买方有了更大的话语权，但同时也增加了产品选择的风险性。而新品选择的错误不仅会影响新品带来的额外生意增长和商店形象，还会导致现有产品组合的混乱和货架产出的降低。新品对零售商的吸引力无疑是巨大的，其原因有以下几个方面。

- 新品不仅能巩固零售商现有的生意，还可为生意带来新的契机。
- 供应商对新品投入的资源大部分用于其推广期间，如何利用好这部分投入推动生意增长对零售商至关重要。
- 随着零售市场竞争的加剧，新品已成为各零售商相互竞争的新焦点，特别是具有市场潜力的新品。
- 研究表明，那些首先引进有市场潜力的新品的零售商将保持该新品在未来市场的较高生意份额。
- 高效新品引进是维持高效品种组合的要素之一。某些零售商优化产品组合后又持续地大量引进新品，致使品种组合再次趋于混乱。

越来越多的零售商已意识到新品对商店的重要性，纷纷把新品作为商店和品类的重要策略。如何高效地引进有市场潜力的新品已成为零售商需要研究的一个重要课题。

9.1.2　高效新品引进的原则

1．数据化

对新品的需求及评估应以数据为基础，不能仅凭采购人员的喜好来决定。

2．以消费者为决策中心

充分了解市场数据、品类发展数据和消费者需求数据等，以判断新品是否是消费者需要的产品。

3．供应商和零售商协同合作

受新品失败影响较大的是供应商，因为供应商会投入大量的研发成本、制造成本、配送成本、推广成本和人员成本。某些新品的失败甚至会影响供应商的市场地位与长期发展。所以，供应商和零售商共同开发新品是未来的发展方向。供应商和零售商可以根据消费者购买数据和消费者调查数据等共同确定新品的方向，并在零售商的门店中做早期测试，以达到双赢的结果。

4．与高效的产品组合策略相结合

新品引进是产品组合的一部分，所以在引进新品时需要同时考虑基于品类策略的高效产品组合策略。例如，如果品类策略要求产品组合侧重于中档产品，那么在引进新品时就要有所考虑，不能引入大量低档产品或高档产品。

9.1.3　如何评估新品

评估新品是否会成功时建议考虑以下几个方面问题。

1．品类的特点

品类的特点包括品类角色、品类规模、品类差异化及品类策略等。

- 品类角色。品类角色不同，对产品组合的要求也会不同。例如，目标性品类要求产品要有广度和深度，对新品的需求量相对较大。

- 品类规模。品类规模指品类的市场容量、品类目前的单品数及品类在店内的货架空间。品类规模决定了一次引进新品的数量，如果引进新品太多，必然会影响产品组合的结构。

- 品类的差异化。众多的新品中，可以挑选一些特别的、能满足目标购物群需求的产品。例如，山姆会员店会刻意引进一些进口产品以满足高端购物群的需求。

- 品类策略。品类策略是能让零售商产生差异化的一环。机会点不同，零售商的品类策略就会不同，选品策略也理应不同。例如，某零售商牙刷价格的较大机会点是 1.7~3 元，而这一个价格点正是某品牌牙刷的强项。因此，该零售商此时引进的牙刷就应该是某品牌牙刷而不是其他品牌的牙刷。

2．产品的特点

符合品类特点的新品会很多，此时须进一步评估不同产品的特点。

- 产品的功能：产品在满足消费者需求方面有什么特点？

- 性能价格比：价格是否能被消费者接受？

- 消费者测试：产品试用效果如何？消费者如何评价？

- 盈利能力：产品是否有足够的利润空间？

- 销售潜力：根据该品牌或类似产品的表现预测其销售量。

3. 市场支持

新品的知名度和各种推广活动是带动新品被快速认知和快速购买的重要步骤。如果没有任何市场支持或活动配合，再好的店内支持所能达到的销售量也都是有限的。

- 媒体投入。媒体投入包括电视广告、户外广告和报纸广告等，这对快速提高产品的知名度是非常有效的。不少消费者在看了广告后会到商店里寻找该产品。
- 样品派发或消费者试用活动。对于新品，消费者由于不了解其特点和效果，在购买时往往会有顾虑。如果能在产品推出前向消费者派发一些样品或举办消费者试用及试吃活动，将会对新品推广产生好的效果。
- 消费者教育。对于一些功能性比较强或概念比较新的产品，需要有消费者教育活动做配合，以推动新品销售。例如，某除螨霜推出时，就配合做了"认识螨虫""螨虫危害"等的宣传，使不少消费者认识到除螨的必要性。
- 公关活动及专业协会认可。有影响力的公关活动或专业协会的认可都能提高产品的知名度和可信度，对推动新品的销售是非常有效的。例如，高露洁公司曾经在推出新品冰爽牙膏时，邀请形象代言人某知名歌手参加了在上海举办的新品发布会，并举办了该歌手的歌迷见面会，众多报纸、电视台和网站对此事争相报道，使高露洁冰爽牙膏的知名度得到了快速提高。

4. 店内推广活动

80%的购买行为是在店内做出的，所以店内的推广活动也至关重要。店内推广活动包括大型陈列、产品促销、店内演示、店内广告等。

5. 供应商表现及贸易条款

- 供应商以往三个月的店内销售业绩。
- 该（相关）品牌以往三个月的店内销售业绩。
- 供应商分销推广新品的能力。
- 付款期。

9.1.4   快速上架的重要性

因为引进时机的不同和执行速度及质量的差异，不同零售商从新品中的获益是不同的。图 9-1 显示了新品快速上架的重要性。所谓快速上架，即进货后迅速以较好的展示效果在店内出现。快速上架使该零售商在第一个星期便达到了新品销售的高峰，而普通上架到第四个星期才获得较大的销售份额。两条线之间的差距便是生意的损失。目前，大供应商通常要求产品推出七天后上架。零售商要想做得比竞争对手好，不仅上架速度要快，店内执行也要迅速配合。

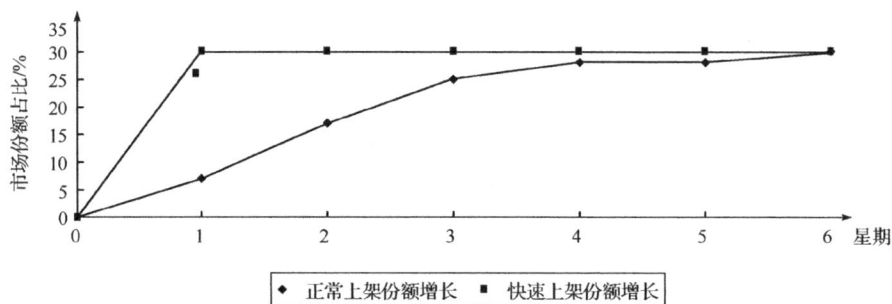

图 9-1   新品快速上架的重要性

9.2   高效新品引进的操作方法

1．机会评估

- 收集并整理信息及数据。
- 根据新品评分标准给新品评分（品类的特点、产品的特点、市场支持、店内推广活动、供应商表现及贸易条款）。
- 根据评分结果确定新品引进的规格。

2．制订执行计划

- 确定货架摆放方案。
- 确定新品定价。
- 确定该新品引进时的助销方案。
- 确定后勤、下单、分销时间。

3．确定衡量新品引进是否成功的指标

新品引进是否成功的衡量指标除了销售额、利润等财务指标，还应包括执行效率方面的指标。执行效率方面的指标包括以下几个方面。

- 新品存活期。该产品从引进到销售份额降到0.1%以下的时间或零售商从引进到淘汰它的时间。
- 新品引进时机。引进新品的时间距离供应商推出该产品时间的天数。
- 订单效率。确定引进新品到新品订单发出的天数。
- 新品上架速度。新品到货后到分销到各门店的天数。

4．汇总成新品引进方案传递到相关部门

5．执行计划

6．定期回顾

新品上架后要每周监控其销售情况，绘制其销售趋势曲线。如发现问题，需及时调整。三个月后，对该新品进行一次全面的评估，新品引进效果评估表如表9-1所示。新品应该带来额外的生意增长，而不是"吃掉"其他产品的生意，所以需要同时对品类的生意状况进行分析。

表 9-1　新品引进效果评估表

评 估 内 容		第 1 个 月	第 2 个 月	第 3 个 月
财务指标	新品销售量			
	新品销售额			
	新品利润			
	销售量份额			
	销售量份额平均值			
执行效率指标	新品存活期			
	订单效率			
	引进时机			
	上架速度			
品类	品类销售量			
	品类销售额			

9.3　高效新品引进的案例

案例 1　零售商 A 的高效新品引进

1．商店背景

在没有接触到 EPI 之前，商店盲目引进大量的新品，造成货架空间不足，畅销产品及利于商店形象的产品没有足够的空间展示，缺货现象严重。特别是在销售高峰期，缺货的单品数高达 31%，给商店的销售量带来 21% 的损失，给商店利润带来 12%的损失。虽然商店也在尝试进行产品的优化，但源源不断的新品涌入，给货架造成了非常大的压力，影响了货架上产品的正常表现。

鉴于此，零售商 A 成立了专门的新品引进小组，在日化品类开始 EPI 的试点。

2．新品小组成员

总经理一人，业务副总经理一人，业务部部长一人及业务员三人，配送部部长一人及业务员三人，财务部部长一人，分店店长三人。

3．产品评定

每周二进行新品的登记，周四开会讨论，产品评估标准参照 EPI 评分表加上适合自己商店的条款。产品评估标准的主要衡量指标包括供应商表现、产品表现、是否属于断档产品、促销力度、影响力、销售量、利润、是否属于目标性和针对性品类。

4．确定新品引进方案

如果产品合格，将准许其进入卖场，并给予其三个月的测试期。新品引进方案的具体执行计划如下。

新品小组同意进入→业务部制定价格→IT 部设置产品信息→业务部下订单给配送中心→配送中心下订单给客户→业务部将陈列配置图下达分店→送货至每个分店→入场→销售→IT 部进行为期三个月的销售量观察并将每月总结抄送新品小组成员。

5. 结果

EPI 实施后有效地缓解了货架的紧张程度，尤其对于某些货架非常紧张的品类（如纸品），在实施EPI后，卖场货架陈列整齐，易于消费者选购。EPI实行后，各项指标相比以前都有了很大的改善，如表9-2所示。

表 9-2　EPI 实施效果

项　　目	之　　前	之　　后	提　　高
缺货率（%）	31	6	25
新品上架速度（天）	13	9	4
利润损失（%）	12	3	9
销售量损失（%）	21	7	14

6. 推广

基于日化品类的理想效果，零售商 A 决定将 EPI 推广到所有的食品品类和非食品品类，并在执行 EPI 前，对产品组合进行了优化，以确保新品有一个可以充分发挥的空间。EPI 推广结果如表 9-3 所示。

表 9-3　EPI 推广结果

	原来单品数（个）	现在单品数（个）	减少的比重（%）
食品	11 003	8 901	20
非食品	3 521	2 876	19
总　　计	14 524	117 771	19

优化产品组合并执行EPI后，食品销售量增长了11%，利润增长了8%；非食品销售量增长了17%，利润增长了9%。

第 10 章

品类战术之高效产品陈列

10.1　高效产品陈列的概念

走在稍大一点的超市里，人们可能会看到精美的店面陈列和布置——气派、醒目，充满了美感和艺术性。它们在给人们带来享受和赞叹的同时，也让人们感受到了浓浓的商战气息。

"渠道扁平化"是市场竞争导致的一个必然趋势。目前，大型消费品供应商几乎无一例外地将竞争触角延伸到了零售终端。因此，良好的产品陈列不仅可以方便和刺激购物者购买，还可以借此提高企业产品和品牌的形象。本节将从货架的作用、产品陈列需考虑的因素等方面来介绍产品陈列的方法与技巧。

10.1.1　货架的重要性

货架对于零售商及供应商来说都很重要。一般来讲，商店中 80% 的产品是经货架出售的，而 76% 的产品是经冲动购物的方式销售出去的。也就是说，货架对购物者的吸引力会直接影响到产品的销售情况。

10.1.2　货架在商店中的作用

货架是商店的重要资源，其基本功能是陈列产品，使购物者可以自助购物。但随着零售业的不断发展，零售技术也在不断进步，如何让货架更好地吸引购物者已成为产品销售的主要经营技术和卖场规划的核心内容，货架所起的作用已远远超越了存储货物本身。从购物者进入商店开始，货架的规划和陈列便开始影响购物者了。好的货架规划与陈列能引导购物者看到他们需要的品类，并站到该品类货架前，从而成为购买该品类的购物者，货架的作用如图 10-1 所示。

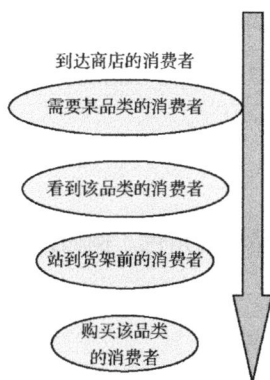

图 10-1　货架的作用

货架在商店中的作用包括以下几个方面。

1．帮助购物者了解产品

货架的基本作用是陈列产品，而不是堆放产品。所以，货架陈列需要讲究一定的科学性与艺术感。例如，牙膏盒横向陈列的效果比竖直陈列和端头向外更利于购物者了解产品；洗衣粉全部竖起来陈列可能会站不住，但如果全部层叠堆放，购物者便看不到主要信息面，很难了解产品，所以可以考虑在层叠堆放的洗衣粉外面一层放一包竖直陈列的洗衣粉，以便购物者了解产品信息。

2．方便购物者购买

方便购物者购买是对货架陈列的进一步要求。随着现代市场经济的发展，购物者的购物行为越来越理性，对购物环境、购物体验的要求也越来越高。因此，顺应购物者需求的货架陈列必然会得到购物者在产品购买上的回报，而不方便购物者购物的货架陈列必然会带来购物者满意度的降低。婴儿用品品类、早餐食品品类等新概念品类都是从方便购物者购买的角度出发开发出来的。

3．引导购物者购买

货架陈列是零售商品类策略的体现，应该引导购物者购买商店希望销售的产品。例如，利用知名品牌提升客流量，利用产品的连带购买提升客单价，利用新品指引提升利润等。

4．刺激购物者购买

由于 76% 的购买行为属于冲动性购买行为，因此货架陈列的生动化及信息的刺激将有助于购物者完成购买行为。例如，醒目的特价牌、新品指示牌、货架上的教育信息、绿色的蔬菜陈列区等。

5．突出品类的角色

品类货架的大小应该反映品类的角色。例如，目标性品类的货架数应该多于常规性品类和便利性品类。

6．代表商店的形象

货架及其上面陈列的产品是零售商与购物者进行沟通的主要手段。货架的设计、货架间通道的宽度和产品的陈列方式都传递着零售商的价值观及其在购物者心目中的形象。例如，家乐福的货架设计和陈列方式在业界是可圈可点的：人性化的货架、宽敞的购物空间、金黄色的熟食柜台、明亮的货架灯光、鲜红色的肉品柜布置⋯⋯这些都营造出"开心购物家乐福"的形象。

货架陈列不仅影响商店的销售量和客流量，还影响购物者对商店的满意度和认知度，以及商店的长期生存与发展。因此，货架布局和陈列要以顺应购物者需求为基础，配合商店的目标和品类的目标进行适时的调整与改变。

10.1.3　陈列产品时需要考虑的因素

传统的货架管理方式主要是凭借管理者的经验和感觉，有按与供应商的关系来分配货架的，有按包装大小来陈列产品的，也有按产品包装颜色来陈列的。但所有这些都不是以数据为基础的货架管理方式。

货架是零售商的重要资源，除了储存产品，它还是零售商与购物者沟通的主要手段。货架能够向购物者传递零售商的价值取向，展示零售商的销售策略，指引品类的发展趋势，引导购物者的购买行为，因此陈列产品时需要考虑一些理性的因素。通道费在我国普遍存在，在确定陈列时，可适当考虑、综合计算其投入产出。但如果像某些零售商那样，按厘米售卖货架，就本末倒置了。陈列产品时需要考虑的因素包括以下几点。

1. 品类角色

品类角色与陈列位置有着密切的关系。例如，目标性的品类代表着商店的形象，起着吸引客流的作用，所以其需要有非常高的立方空间分配，并且需要陈列在显眼、易见的地方，如表 10-1 所示。

表 10-1　品类角色与陈列位置

品 类 角 色	陈 列 位 置
目标性	非常高立方空间分配
常规性	高立方空间，高客流的地方
季节性/偶然性	一般立方空间，一般客流的地方
方便性	低立方空间，商店剩余位置

2. 磁石理论

为了引导购物者逛完整个卖场，消除卖场中的死角，可以在卖场的某些地方放置能吸引购物者目光的产品，形成卖场中的磁石。典型卖场中磁石点可分为以下四种，磁石配置图如图 10-2 所示。

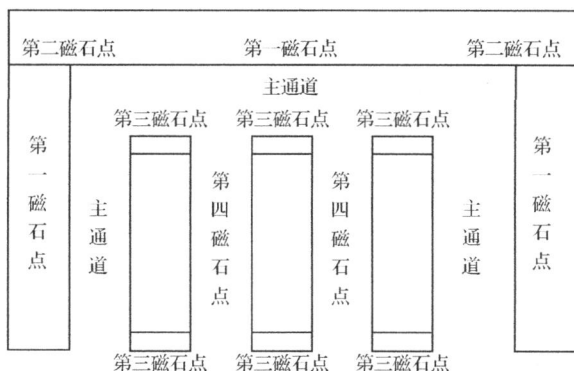

图 10-2　磁石配置图

（1）第一磁石点

第一磁石点位于卖场中主通道的两侧，是购物者必经之地，也是产品销售的主要部分。此处应布局目标性品类，即购买量大、购买频率高、大多数购物者随时需要、又时常购买的产品。

（2）第二磁石点

第二磁石点位于主通道顶端，通常处于卖场最里面的位置。第二磁石点陈列的应是能引导购物者走入卖场最里面的产品。一般应配置部分新品，因为购物者总是不断追求新品。把新品布置在第二磁石点，就可以将购物者吸引到卖场最里面。其次，可以配置部分季节性产品。另外，还可以配置一些华丽明亮的流行产品和时髦产品来弥补第二磁石点位置偏暗的缺点。

（3）第三磁石点

第三磁石点指的是陈列货架两端的位置，即端架位置。端架是与卖场中购物者接触频率较高的地方，同时也是主货架的末端。因此，布局在第三磁石点的产品，必须是能刺激购物者、留住购物者的产品。通常可用于陈列特价产品、高利润产品、季节性产品、新品和购买频率高的产品等。

（4）第四磁石点

第四磁石点位于卖场中副通道的两侧，这是一个在长长的陈列货架中可以吸引购物者注意的位置。可以利用助销工具、大的排面等来突出这个区域，以达到吸引购物者目光的目的。

3. 产品的相关性

在众多的品类中，有些品类或产品在购物者使用或需求方面有较强的关联性。如果将这部分用途相关、目标购物者一致的产品或品类摆放在一起或相邻陈列，则很容易刺激冲动性购买和连带销售，从而提高购物者在商店的客单价。例如，将剃须刀与须后水相邻陈列，婴儿纸尿裤和婴儿湿纸巾就近摆放，洗衣粉和衣物柔顺剂陈列在一起。产品相关性可以通过购物篮分析或购物者调查获得。

在满足了关联程度较强的品类相邻陈列后，还可以考虑在某些品类中进行二次陈列以达到刺激冲动性购买和连带销售的目的。沃尔玛就非常擅长做二次陈列，店内随处可见用于关联产品陈列的"老鼠条"或小型挂式陈列工具。例如，毛巾货架上放着牙刷的挂条，沐浴露货架上挂着沐浴球等浴室用品。支撑这一决策的是沃尔玛强大的数据系统，在沃尔玛的数据系统中，甚至可以知道购物者在购买一瓶洗面奶时，同时购买了哪些日化类产品和食品。

产品的相关性信息不仅可以用于陈列方面的决策，同时还可以支持促销活动的设计。有名的啤酒与婴儿纸尿裤联合促销便是一个经典案例。如果不看数据，很少有人会将啤酒与婴儿纸尿裤联系在一起。但在某零售商数据系统中的购物篮数据显示，很多购买婴儿纸尿裤的购物者同时会买上几瓶啤酒。原来该商店婴儿纸尿裤的购物者中不少是爸爸，他们在下班的时候被妻子要求买一些纸尿裤回家，而爸爸在买纸尿裤时也没忘记犒劳一下自己，顺带就买了一些啤酒。据此，该零售商推出了成功而经典的纸尿裤与啤酒的联合促销。

4．购物者的购买决策树

购物者的购买决策树就是购物者在购买产品时考虑品牌、功能、价格等的先后次序。购物者的购买决策过程帮助我们决定不同品牌、不同功能的产品如何在货架上陈列才能方便购物者购买产品。不同的品类可能会有不同的购买决策树，有些品类的购物者会优先考虑功能，有些品类的购物者可能会优先考虑包装大小，而有些品类的购物者则会首先想到品牌。品类的购买决策树需要进行购物者调查。在第 16章会有关于购买决策树调查的方法介绍。妇女卫生用品的购买决策树和个人清洁护理产品的购买决策树，如图 10-3 和图 10-4 所示。

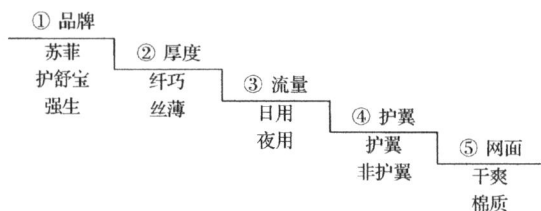

图 10-3　妇女卫生用品的购买决策树

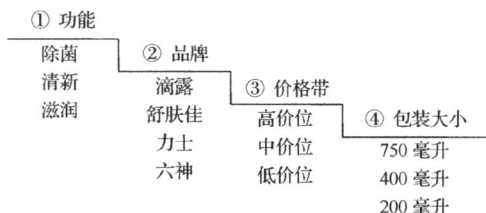

图 10-4　个人清洁护理产品的购买决策树

5. 公平货架原则

量度货架空间的方法有三种（见图 10-5）：平面空间、面积空间和立体空间。对产品尺寸相差较大的品类建议使用面积空间量度方法，如袋装薯片和罐装薯片；对货架层板间隔较宽，每个层板可以放多层产品的货架，如现购自运商店，建议使用立体空间量度方法；大多数情况下，产品的尺寸如果相差不大，建议使用平面空间量度法。在实际应用中，平面空间量度法往往被简化为线性长度量度法。因为每个层板一般放一层产品，即使放多层产品（如牙膏），产品高度上的差别也可以忽略不计。

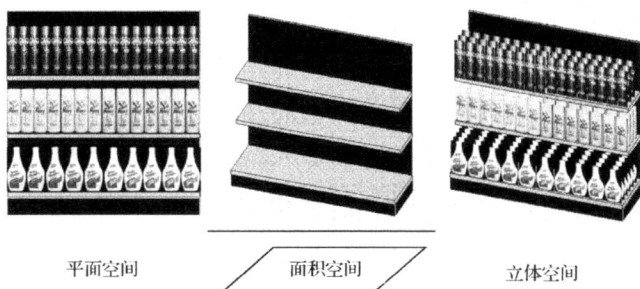

平面空间　　面积空间　　立体空间

图 10-5　量度空间的方法

购物者购买决策树告诉我们品类各种细分类应如何陈列。那么，细分类中的每个单品应该放多少面位呢？传统的方法是凭感觉、凭感情或租用货架。品类管理提出了基于数据的科学的货架管理方法，即公平货架原则。公平货架是"按劳分配"在货架管理上的体现，即产品的货架空间是根据产品的表现（销售额、销售量、利润）来分配的。以平面空间量度法为例（见图 10-6），货架上有三个产品：某品牌超感白牙膏、全效牙膏和草本美白牙膏，它们平均分配货架空间，各占 1/3 的货架，然而它们之间的销售量却是不等的。假设超感白和全效的销售量是一样的，都等于草本美白的 1/4。这会造成什么样的结果呢？当草本美白销售完时，超感白和全效只销售了 1/4。此时，如果草本美白不补货，就会缺货，造成销售损失。供应商和零售商对补货时间或补货量都有一定的要求，如要求最小订单量，这在无形中就加大了缺货的可能性。当超感白和全效货架上的产品销售完时，草本美白已经缺货三天或补过三次货了。如果采用公平货架原则，即以产品表现来分配货架空间，就可以避免这样的情况，如图 10-7 所示。由于超感白和全效销售量只有草本美白的 1/4，所以其货架空间也只有草本美白的 1/4。此时，三种产品同时销售完，同时进行补货，而且补货周期由以前的一天变为两天。公平货架不仅可以有效减少缺货，而且还可以提高运作效率。

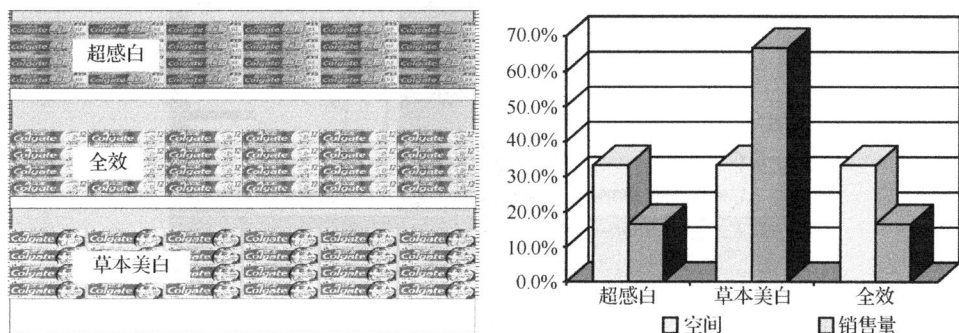

图 10-6　平面空间量度法样例

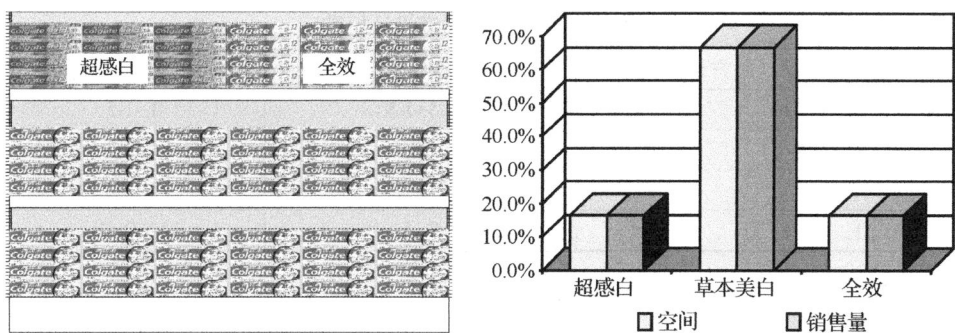

图 10-7　公平货架原则

6．陈列产品时需要考虑的其他因素

（1）通道与客流方向

通道是指商店内货架与货架之间的间隔，客流方向是指购物者在通道内的流动方向。通道的设计要能引导客流，方便购物者走动和购物。购物通道宽敞，主副通道安排合理，可以使购物者停留更久并留下舒适、愉快的购物经历。对小超市而言，通道的宽度必须能够容许两个人并排走过，即至少要有 0.9 米宽。对大一些的有手推车的卖场，通道的宽度必须能够容许两辆手推车交会而过，也就是说，最少要有 1.8 米宽。宽阔的走廊能增加货架的视野广度，从而更充分地利用每一层货架板，通道宽度对比如图 10-8 所示。

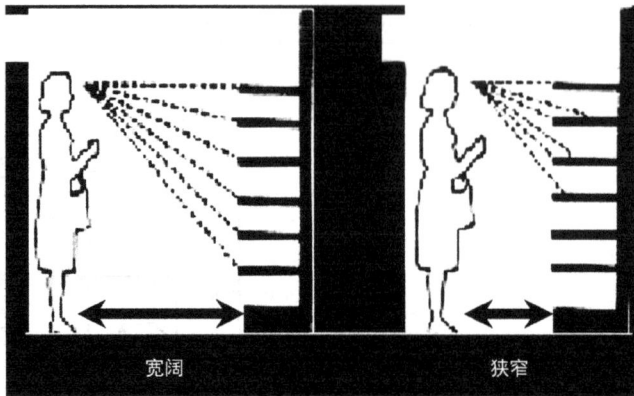

图 10-8　通道宽度对比

卖场的通道设计可以参照表 10-2 所示的标准。

表 10-2　卖场的通道设计标准

卖场面积（平方米）	主通道宽度（米）	副通道宽度（米）
1000 以下	1.5~1.8	1~1.5
1000~2500（含）	2~2.5	1.5~2
2500~5000（含）	2.5~3	1.8~2
5000 以上	3~5	2~2.5

（2）横向与纵向陈列

货架的长度对产品横向或纵向陈列会有一定的影响。货架短时，纵向摆放不适合，否则产品会摆放成一个一个的细条，量感不足。而大卖场的货架通常比较多，不适合做横向陈列，否则购物者要走完多个货架才能看完所有的品牌，此时采用纵向陈列不仅显得产品丰富，也方便购物者选购。

（3）最佳陈列位置

购物者的腰部到视平线的位置是最佳陈列位置。在我国，较为合适的高度对男性而言为 85cm~135cm，女性为 75cm~125cm；一般的高度，男性是 70cm~85cm 和 135cm~145cm，女性是 60cm~75cm 和 125cm~135cm；比较不方便的高度，男性为 60cm~70cm 和 145cm~180cm，女性是 50cm~60cm 和 135cm~165cm；而 60cm 或 50cm 以下和 165cm 或 180cm 以上是不适合售卖产品的位置，建议作为库存位置。

10.2　高效产品陈列的操作方法

设计一个好的货架陈列需要从以下几个方面着手。

- 商店分类。该品类在门店中的重要性是否有所不同？可以分成几种类型来管理？
- 品类位置。品类在店内的位置怎样？相邻的品类应该是什么？是否要多处陈列？
- 品类大小。该品类需要占据店内多大空间？
- 陈列原则。产品如何在货架上陈列？
- 产品面位。品牌、分类、单品应该占据多大位置？
- 助销工具和 POP。该品类需要特殊的助销工具和 POP 吗？
- 自有品牌。自有品牌如何陈列？

1．商店分类

由于各门店的业态不同及所处商圈不同，品类在门店的重要性也有所不同。例如，某零售商有 350 间便利店，其中位于商业区的门店烟酒、饮料卖得很好；位于居民区的门店调味品、早餐食品卖得不错；而位于工业区的门店日化产品销售比重较大。因此，在设计货架陈列之前，必须对门店进行分类，确定各品类在不同类型门店的资源投入。商店分类的方法有以下几种。

（1）根据品类销售额进行门店分类

品类在门店销售额的占比从某种程度上反映了该商圈内购物者在该品类的消费比例，即该品类对零售商门店的重要性。某品类在一些门店的销售额占比可能比较低，但销售额较大，对此该品类门店也不可忽视。因此，可以同时考虑销售额占比和销售额两个指标来进行门店分类。例如，某便利店以口腔护理产品销售额占比 3% 和销售额 3 000 元为标准将门店分成了三个类型。

- A 类店：销售额占比>3%，或销售额占比>2%且销售额>3 000 元。
- B 类店：销售额占比 2%~3%，或销售额占比>3%且销售额<3 000 元。
- C 类店：销售额占比<2%。

（2）根据品类角色进行门店分类

按品类角色划分的标准对门店的品类进行分类，品类角色为目标性的属于一种门店类型，品类角色为常规性的属于一种门店类型，品类角色为便利性的属于一种门店类型。

（3）根据目标购物者进行门店分类

通过市场调查找出门店的目标购物者，包括他们的年龄、收入、教育程度、家庭人数等。目标购物者类似的门店归为一种类型。但该方法需要对每间门店的目标购物者都有清晰的了解，需要经过长时间的数据积累或者较大规模的市场调查。例如，某零售商根据目标购物群的不同将门店分为以下三种。

- A 类店：目标购物者为居民区主妇。
- B 类店：目标购物者为工业区工人。
- C 类店：目标购物者为商业区流动购物者。

（4）按品类的畅销单品进行门店分类

购物者的喜好会从他们购买的产品上表现出来。对各门店某品类的单品按销售量进行排名，将前 10~20 名产品比较相似的门店归为一种类型。该方法需要从数据的角度寻找品类的目标购物者，但数据量比较大。

门店分类根据门店个数的不同可以有所增减，最好不要超过 10 个，否则管理上会有很大难度。对相同类型的门店需要有统一的货架配置，以利于货架排面的定期调整和货架装饰性项目的执行。例如，沃尔玛购物广场所有门店的口腔护理品类都是 7 节 1.2 米长的货架，家乐福大卖场的口腔护理品类也几乎都是 7 节 1.3 米长的货架，这也使总部的策略能够更容易实施到门店。

2．品类位置

品类位置主要考虑品类角色与货架的关系。目标性品类要放在显眼的位置，即第一磁石点，以达到吸引客流的目的；便利性品类可以放在靠近目标性品类的地方，以达到促进购物者连带购买的目的。

类似的位置在商场内有很多，所以在确定品类位置时，还需要考虑品类间的相关性。例如，洗面奶、润肤霜品类旁可以考虑放置美容辅助品，如眉钳、粉扑等，而美容辅助品往外延伸，可以配置头部饰品，而头部饰品旁可以考虑放置洗发护发产品。

3．品类大小

确定品类位置后要考虑该品类应该配置的货架数量。以下几个指标可以作为评定标准。

（1）品类销售占比

销售占比高的品类，应该分配较多的货架。

（2）品类角色

目标性品类由于单品数相对较多且需要强化其在购物者心目中的形象，可以适当多分配一些空间。

（3）品类发展趋势

有些品类发展趋势很好，年增长率较高。从未来投资的角度考虑，可以适当多分配一些空间。

（4）包装大小

某些品类，如膨化食品、纸品等产品体积较大，会占用较大的空间。

4．陈列原则

货架陈列原则是指品类内部的产品在货架上应该遵循的摆放规则。购物者购买决策树是必须考虑的一个因素。以前，家乐福在我国销售洗发水、香皂、卫生巾、口腔护理品类等都根据国外购物者的购买习惯按功能进行陈列。这不仅导致飘柔洗发水在洗发水货架上多处出现，也给对产品不够熟悉、对自身需求的了解不够深入的我国购物者带来了很多不便。后来，家乐福根据我国购物者的购买行为调查，先后改变了洗发水、香皂、卫生巾等的陈列原则。随后，其口腔护理品类也由按功能陈列改为按品牌陈列。

陈列原则还包括价格顺序、大小包装的摆放原则、是否有最小面位限制等。

5．产品面位

每个品牌或单品应该放多少个面位需要参照公平货架原则，即货架空间分配应以产品表现为基础。产品表现可以参照多个指标以平衡零售商对产品不同角度的需求。例如，销售额 40% 的权重，销售量 30% 的权重，利润 30% 的权重。不同指标的权重可以根据该品类的角色和策略来制定，如果该品类的策略是提升利润，那么利润的权重可以稍高。但产品表现的参照指标也不能太多，否则就失去了重点。待基本的分配方案确定后，可适当考虑一些其他因素（如营业外收入）进行微调。

6. 助销工具和 POP

助销工具和 POP 是用于辅助产品销售的。长货架中的第四磁石点便是靠助销工具和 POP 来实现的。如图 10-9 所示的口腔护理品区中的儿童用品区，特殊的分隔板和新品展示区吸引了购物者的目光，从而也推动了儿童口腔护理品的销售。

图 10-9　助销工具

助销工具和 POP 是为品类策略服务的，而不仅是为了美化某销售区域。所以，助销工具放在什么地方，POP 上传递什么样的信息，都需要从品类策略的需求出发。

7. 自有品牌

自有品牌是零售商区别于竞争对手和提高利润的重要武器，自有品牌从选品到陈列都会得到特殊的对待。为了提高销售量，商店往往会将自有品牌放在畅销品牌旁边，借助畅销品牌的人流量提升自有品牌的可见度和知名度。某些零售商甚至会规定自有品牌的最小面位数。例如，家乐福要求自有品牌陈列在销售第一的品牌旁边，并且每个单品占据 6~12 面位。

在根据前面六步设计好货架陈列后，要依据自有品牌的特殊需求将自有品牌加入陈列图中。

明亮整洁的卖场、轻松舒适的购物环境，相互配合的灯光、音响和摆设，为购物者营造出一样安心、愉悦的购物氛围。

陈列变化后，必须跟踪主要指标的变化，以客观地评估陈列改变对生意的影响。这些评估指标包括财务指标（销售额、销售量、利润）和效率指标（货架上库存天数、平均米效①、缺货率）。

10.3　高效产品陈列的案例

案例 1　某零售商高效的产品陈列

某零售商对其产品陈列流程和原则进行了系统规定，形成了公司的产品陈列流程图，如图 10-10 所示。

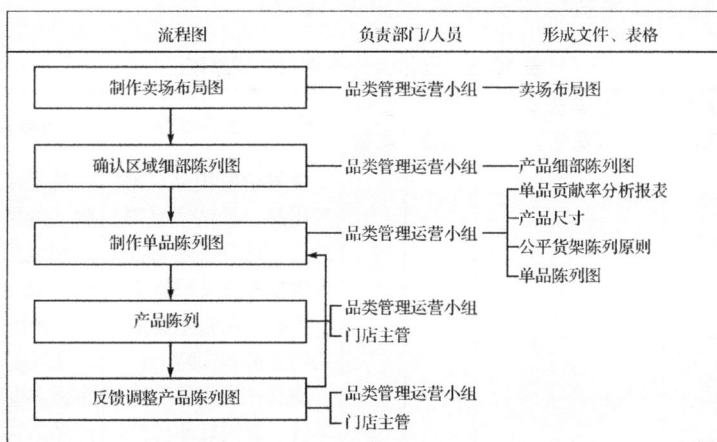

图 10-10　产品陈列流程图

1. 产品陈列流程说明

流程名称：正常陈列流程。

适用范围：各大中小型综合超市门店进行产品陈列的活动。

使用单位：各门店采购部、运营部进行产品陈列时使用。

使用时间及周期：

——产品陈列流程初次导入时。

——开新店做单品陈列图时。

——每三个月调整卖场陈列时。

---

① 详见附录 C.1。

——单品删减引进、产品缺断货、季节性调整及节假日做促销调整排面时。

流程使用工具：

——单品贡献率分析报表。

——卖场产品细部陈列图。

——产品外包装尺寸统计表。

——公平货架陈列原则。

流程产出：单品陈列图。

2. 日化组公平货架陈列原则（见表10-3）

表10-3　日化组公平货架陈列原则

品类名称	小分类名称	货架选型（毫米）	陈列道具	货架层数	产品配置基本原则	产品陈列基本原则
洗发护发用品	一般洗发水、多合一洗发水、特别护理用品、护发素、其他护发用品	彩妆形象柜。双面基架：1200×900×1600。双面基架：1200×1200×1600	层板	5层	洗发护发用品、整发用品、洗浴用品等产品，可以设立彩妆形象柜和洗发护发中心等亮点配置来刺激购物者的购买行为；洗发护发用品等高单价、高周转率的产品可配置在卖场入口处或主通道上，使购物者进入卖场就开始购买产品；洗发护发用品、整发用品、洗浴用品等可集中配置在一个相同的区域内以明确其主题性；在区域配置上可将洗发护发用品、整发用品、洗浴用品等属性接近的产品配置在相邻的区域内，以突出其关联作用	洗发水应先按品牌、规格、颜色、外包装形状大小的顺序陈列；一般洗发水、多合一洗发水、护发素通常做垂直陈列以突出产品的量感；洗发水、护发素、特别护理等用品可做分组陈列，将其集中陈列在同一区域，形成同一销售主题，增强感染力；洗发水可与护发素及其他护发用品等做关联性的搭配陈列；其他护发用品在同一个区域中，可根据产品外包装的尺寸做横向陈列或纵向陈列

续表

品类 名称	小分类 名称	货架选型 （毫米）	陈列 道具	货架 层数	产品配置基本原则	产品陈列基本原则
洗浴 用品	香皂、药皂、洗手液、沐浴露、浴后用品、消毒水、妇女清洗液、洁面乳	彩妆形象柜。 双面基架： 1200×900×1600。 双面基架： 1200×1200×1600	层板	5层	先按功能陈列（如除菌、滋润、清新等），再按品牌相关陈列	按品牌、产品外包装形状的顺序陈列； 香皂、药皂可根据其产品的外包装做纵向陈列，不仅可以让购物者不用移动就能看完整个货架，还可以最大限度地控制空间大小，但其最小陈列面应为 90 厘米以上； 沐浴露、洗手液、洁面乳等可做关联性陈列
口腔 清洁 用品	牙刷	双面基架： 1 200×900×1 600	挂钩	5~7 层	在区域配置上，口腔用品可与剃须用品陈列在相同的区域，如牙刷牙膏类目标性、周转性高的产品一般配置于卖场入口处或主通道的阳面	按品牌、规格的顺序陈列； 牙膏可根据外包装的形状做横纵结合式陈列； 牙刷通常做吊挂式陈列； 牙膏、牙刷还可与剃须用品、香皂、洗手液等做关联性陈列
	牙膏、附属用品	双面基架： 1 200×900×1 600。 双面基架： 1 200×1 200×1 600	层板	5层		
剃须 用品	剃须刀、须泡、须后水、组合装	双面基架： 1 200×900×1 600。 双面基架： 1 200×1 200×1 600	挂钩 层板	5~7 层	剃须刀类目标性较强的产品可放置于货架深处	按产品的形状、价格顺序陈列； 剃须刀一般做吊挂式陈列； 其他产品根据外包装形状可做垂直陈列或横纵陈列

第 11 章

品类战术之高效定价

11.1　高效定价的概念

价格竞争是一种十分重要的营销手段。一个合适的价格，能有效地帮助企业实现自身的经营战略和目标，有效吸引消费者并维持其对企业的忠诚度；一个不合适的价格，不但不能吸引消费者，还有可能会对企业的盈利产生影响。因此，价格必须和营销组合中的其他因素密切配合，才有利于扩大销售，提高企业的整体效益。

随着我国零售业的高速发展及对外资零售限制的逐步解除，我国零售业的竞争也趋于白热化。为应对竞争，不少零售商纷纷加入价格战的行列，1 元惊爆价与 2 元惊爆价的标语随处可见，零售商的价格竞争如图 11-1 所示。激烈的价格竞争使零售商获得了短期的生意增长，但同时也为零售商的长期利益带来了隐患。据中国连锁经营协会调查，零售商的毛利率在逐年下降。如何制定合理有效的价格、如何使零售商持续稳定发展，已成为零售商目前亟待解决的问题。在探讨如何进行高效定价之前，零售商需要问自己两个问题。

- 应该采用什么样的价格策略？
- 自己在消费者心目中的价格形象是怎样的？

图 11-1　零售商的价格竞争

1. 价格策略

目前市场上主要存在三种价格策略：天天平价、高低价格和每日合理价格。天天平价的代表是零售巨头沃尔玛，高低价格的代表是另一国际性零售商家乐福，每日合理价格适用于药店或卖场中的高值品类与便利性品类。

天天平价是指商店每天以低价出售所有的产品，并且价格稳定，价格水平介于竞争对手的常规价格和促销价格之间。天天平价有利于控制库存，提高零售商销售预测的准确性，增加消费者对商店的信任度，而且天天平价策略比高低价策略更容易降低成本，因为天天平价策略大大减少了促销活动及由此带来的宣传、赠品、人员、运营等费用。沃尔玛因实行天天平价策略，在广告媒体上的花费不到销售额的1%，而采用高低价策略的凯马特为2.5%。天天平价的基础是天天低成本，为了达到天天低成本，沃尔玛在全球范围内直接采购最"便宜"的产品，并且通过集中采购使"便宜"的产品更"便宜"，通过信息管理技术降低物流成本。这一切措施使沃尔玛的运营成本大大低于行业平均水平，如表 11-1 所示，这是天天平价的重要保证。但天天平价也有其局限性。例如，天天平价的单一性和固定性不利于刺激消费者的随机购买欲望和拓展新的购物群，不利于促进季节性、时尚性较强的产品的销售。

表 11-1　沃尔玛的运营成本与行业平均成本占比

	沃尔玛（%）	行业平均（%）
进货成本占产品总成本比例	3	4.5~5
管理费用占销售额比例	2	5
产品损耗率	1.2	3~5

　　高低价格是将价格设置在高于或低于天天平价的水平，常规产品的价格设定在比竞争对手高的水平，但促销产品的价格设定在低于天天平价的水平。高低价格的适用条件要比天天平价宽松得多，它不要求零售商有较强的成本控制能力和持续保持低成本的能力，所以高低价格在我国的应用面很广，我国几乎所有的零售商都在学习家乐福的高低价格模式。高低价格的优势在于灵活运用促销手段，在不同时间采用不同的价格，所以高低价格比天天平价更容易细分消费者，更容易刺激消费者的购买欲望，但其对零售商运营能力的要求也更强。例如，高低价格要求零售商能够及时调整价格，快速组织促销产品，快速改变产品陈列。如果运用不当，如虚假打折、促销产品备货不足等，很可能会导致消费者的信任度下降。

　　每日合理价格是指价格长期维持在一个稳定合理的水平，主要适用于商店中一些高值的品类，如香烟、化妆品等，以及便利性品类，如鲜花、蜡烛等。这些品类的价格与市场一致，有时会做一些非价格性的促销，如赠品、会员日等。

2．价格形象

　　正如人有自我和他我之分，价格策略也有零售商想建立的价格形象和零售商在消费者心中的价格形象之分。为什么某零售商制定的绝对价格已经比其他零售商的价格低了，消费者仍然觉得该零售商的产品价格很高呢？Diller Model 价格形象模型很清楚地说明了这一问题。因为零售商在消费者心目中的价格形象是由多方面因素构成的，绝对价格低只是其中的一个影响因素，Diller Model 价格形象模型如图 11-2 所示。

　　零售商在消费者心目中的价格形象是由价格优势、性能价格比（简称性价比）和价格诚信度三方面综合作用形成的。价格优势是指同一种产品在价格上的优势，如销售价格、促销价格等。性能价格比是指消费者是否认为物有所值。例如，消费者明知大卖场的生鲜食品价格比菜市场贵一些，但由于大卖场有舒适的环境、质量更好的生鲜食品等原因，仍然有消费者愿意到大卖场购买生鲜食品。价格诚信度是指价格的可信度，如价格的稳定性、明确的价格标示等。例如，价格牌写的是 10 元产品，但结账时却要支付 12 元，或宣传某产品价格很低，但在店里这种产品常常没有货，这些都会影响消费者对价格诚信度的评价。在日化品类做的一个消费者调查显示，性能价格比的影响力占 43%，价格优势的影响力占 40%，价格诚信度的影响力占 17%。可见，不少零售商所信奉的"旗舰产品决定一个商店的产品价格是否更低"的观点需要改变了。三个指标对不同品类的影响力会有所不同。例如，粮油食品的价格优势的权重会较高，而美容化妆品的性能价格比权重会较高。当然，至于不同指标的权重到底是多少，需要经过消费者调查来确定。

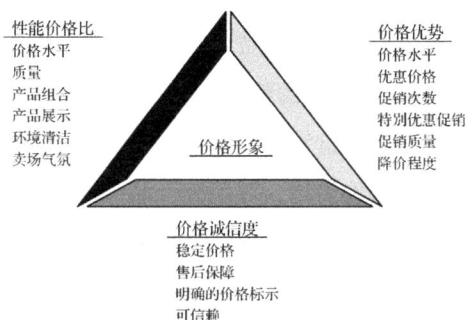

性能价格比
价格水平
质量
产品组合
产品展示
环境清洁
卖场气氛

价格优势
价格水平
优惠价格
促销次数
特别优惠促销
促销质量
降价程度

价格形象

价格诚信度
稳定价格
售后保障
明确的价格标示
可信赖

图 11-2　Diller Model 价格形象模型

3．价格信息的传递

　　家乐福采用高低价格策略，很多国内零售商也学习家乐福采用高低价格策略。但为什么大多数消费者仍然觉得家乐福产品价格更低呢？这是因为家乐福价格信息传递起了很大作用。除了店内醒目的黄底红字特价牌和店门口大大的特价产品信息栏，家乐福还将入口处或手扶电梯旁的黄金位置用于特价产品的宣传，什么是清仓产品，什么是折价产品……让消费者一进店就产生"家乐福，价更低"的印象，价格信息传递如图 11-3 所示。

图 11-3　价格信息传递

4．价格与品类角色的关系

品类角色是品类管理的灵魂，处处影响决策过程。价格的制定也不例外。品类角色与价格的关系如表 11-2 所示。

表 11-2 品类角色与价格的关系

目标性品类	常规性品类	季节性/偶然性品类	便利性品类
竞争性的价格； 常见价格策略： 高低价格和天天平价	接近竞争对手的价格； 常见价格策略：高低价格	接近竞争对手的价格； 常见价格策略：高低价格	非煽动性的价格； 常见价格策略：每日合理价格

目标性品类代表商店的形象，是消费者在该商店的首选品类，其价格必须有竞争性。例如，家乐福的生鲜和百佳的熟食，其敏感产品的价格一定比其他零售商低，大部分产品需要采用天天平价策略。而对于常规性品类，其价格与竞争对手接近就可以，大部分产品不用低价销售，对敏感产品可采用高低价格策略以刺激购买和建立商店低价形象。对于季节性品类或偶然性品类，因其在旺季时已经获取了一定的利润，季节一过，降价清仓是必然的结果，所以适用高低价格策略。便利性品类是商店的补充性品类，是为了满足消费者一次购足的需求而销售的，其价格往往不敏感，不用采用煽动性价格，每日合理价格策略是其比较适用的价格策略。

品类角色与价格的关系可以深入到次品类，甚至是次品类中的品牌，以帮助零售商获取更多的利润。例如，口腔护理品类中的牙膏、牙刷、漱口水及其他口腔护理产品也可以采取不同的价格策略。64%的消费者会只买牙膏，即牙膏类似于目标性产品，其毛利率可以适当调低。而牙刷的购买频率较牙膏低，其价格敏感性也较小，类似于常规性产品，其毛利率可以偏高。漱口水和其他口腔护理产品的销售量很小，类似于便利性产品，可以采用每日合理价格策略以维持较高的毛利率。如果将此概念深入到次品类中的品牌，将更有利于零售商毛利率的提升。例如，飘柔洗发水是洗发水的旗舰品牌，毛利率应该较低；而潘婷、沙宣等类似于常规性产品，毛利率可以调高。同样的概念可以继续深入到次品牌，如飘柔去屑和飘柔黑发，甚至单品。这就是品类管理被称为零售业的全面质量管理或精细化的零售管理模式的原因。

11.2　高效定价的操作方法

价格的种类很多，有海报产品价格、临时变价产品价格、每日低价产品价格、清仓产品价格等。在这里主要探讨品类的系统定价方法。品类的系统定价有以下几个步骤。

1．明确品类的角色，制定品类毛利率

商店要确立其价格形象，并不意味着所有的品类都要低价销售。品类的角色不同，其毛利率也不同。

2．明确次品类、品牌、单品的角色，制定其毛利率

在我国，大部分的卖场都想建立低价的形象。但低价形象并不意味着全面低价和所有产品低毛利。对不同的产品采取差异化毛利率策略，既能保证零售商较高的利润，又能起到强化价格形象的作用。被人们称为"价格破坏者"的美国"超级市场之父"迈克尔·卡伦在创新零售业态的同时，也创造了一种新的定价方法，即差异化毛利定价法。他的做法：27%的产品按进价出售，18%的产品加价 5%出售，27%的产品加价 15%出售，剩下 28%的产品加价 20%出售，所有产品的平均毛利率维持在9%左右。对不同的次品类、品牌甚至单品，定价也可以参考差异化毛利率定价法。传统定价方法和品类管理定价方法如表 11-3 和表 11-4 所示。

表 11-3　传统定价方法

次品类/品牌/单品	成　本　价	毛利率（%）	建议零售价（元）
A	5	10	5.5
B	3	10	3.3
C	25	10	27.5

表 11-4　品类管理定价方法

次品类/品牌/单品	成　本　价	毛利率（%）	建议零售价（元）
A	5	5	5.3
B	3	15	3.5
C	25	25	31.3

产品定价的深入程度因品类角色不同可以有所不同。对于目标性品类和常规性品类，因其对商店的贡献较大、重要性较高，产品定价可以做得比较深入，如细分

到单品层面。但对于便利性品类，产品定价深入到次品类或品牌层面就足够了。

3. 检查产品价格带

零售商应该有自己的目标购物群，产品选择要以满足目标购物群为主。但除了目标购物群，零售商还拥有其他的消费者。为了尽量多地吸引消费者，零售商需要完善自己的价格带，尤其是目标性品类。例如，某零售商的目标购物群是高收入人群，但其产品不能只有高值产品，必须要配以部分中低档产品以吸引更广泛的人群，同时还要强化"便宜"的价格形象。例如，酱油的价格只有5元、8元是不够的，还需要引入3元、4元的产品。但如果产品的价格带出现以下情况，就需要进行调整了。例如，16.8元—18.5元—19.6元—20.9元—21.3元—22.4元—24.5元—25.7元—26.3元—27.1元—29.0元—31.4元—35.2元，这样的价格设定太繁杂，容易让消费者感到迷惑，也无形中给零售商带来了管理的难度和运营成本的上升，因此不如将其改为：16.8元—18.5元—21.3元—25.7元—29.0元—35.2元。

4. 使用定价技巧

定价的技巧很多，如尾数定价法、整数定价法、成本定价法、竞争定价法，不少国内外专家对此有深入的研究。例如，在美国，市场专家们认为，5元以下的产品，价格尾数定为9比较合适，而5元以上的产品，价格尾数定为5比较合适。在我国，某些市场营销人员认为，价格尾数定在7比较容易被消费者接受。不论哪种定价方法，都有其优点，也有其缺点。只有根据产品特性、消费者心理和商店定位等进行综合考虑，才能定出更适合商店的价格体系。在此介绍其中的三种定价技巧。

（1）"神奇数字"定价法

"神奇数字"定价法是指利用消费者心理错觉进行定价。多用8或9等"神奇数字"对产品进行定价。例如，30元左右的产品定价为28元或29元，既让消费者觉得吉利，又让消费者觉得价格低了一个档次（是20多元而不是30多元），从而产生购买冲动。例如，上面案例中的价格16.8元—18.5元—21.3元—25.7元—29.0元—35.2元可以进一步调整为16.8元—18.8元—20.9元—25.8元—28.9元—34.9元。

（2）敏感产品与冲动产品的定价

有调查显示，消费者仅对商场中部分产品的价格有印象，他们通常能记住的产品价格不超过20个。消费者容易记住价格的这部分产品被称为敏感产品。敏感产品通常是指那些购买频率高、使用量大、畅销的、价格的微小变化就能带来销售量明显变化的产品，如生鲜、包装食品和部分日化产品。对这部分产品可以适当调低毛利率。而那些计划性购买较弱、品牌性不强、可比性较弱、消费者不太容易记住其价格的产品，其购买行为的产生多半是因为店内的促销或陈列的诱导。这部分产品被称为冲动产品，对这部分产品的定价可适当提高。

（3）线性定价法

线性定价法是指同一品牌、同一功能、同一包装规格的产品采用同一个价格。品类管理一方面呼唤精细化的管理，另一方面也希望降低无效率的投入。线性定价法一方面便于消费者选择产品，另一方面也降低了零售商的运营成本。例如，200毫升的去屑功能和黑发功能的飘柔洗发水都采用一个价格，消费者在选择时便不会因为类似的产品却有不同的价格而感到迷惑，从而影响购买决策。零售商也从管理36 种价格转为管理 9 种价格，这大大简化了零售商的价格体系，从而提高了运营效率，降低了出错的概率，线性定价法如表 11-5 所示。

表 11-5　线性定价法

品　牌	包　装 （毫升）	功能分类 （种）	不同单品、 不同价格 价格数量（种）	同一品牌、同一功能、 同一包装、同一价格 价格数量（种）
飘柔	200	4	4	1
	400	4	4	1
	750	4	4	1
潘婷	200	4	4	1
	400	4	4	1
	750	4	4	1
海飞丝	200	4	4	1
	400	4	4	1
	750	4	4	1
总　计		36	36	9

5. 制定品类价格并在电脑系统中进行维护

众多的价格仅靠人工来管理是不现实的，而且很容易出错。因此，制定好价格体系标准（规则）后，必须在电脑系统中进行维护，让价格体系标准来管理复杂的价格体系。

6．定期回顾价格体系的合理性

市场是在不断变化的，如果品类角色、品类策略等发生了变化，价格体系标准也必须随之变化。但由于规则是属于战略层面的，所以其也不宜经常变化，通常6~12 个月做一次回顾就可以了（与品类角色、品类策略、品类评分表同步）。但由于竞争跟价、促销等原因，难免会因价格没有及时调回而发生混乱，所以在做产品优化时可以检查一下价格的合理性。例如，是否存在线性定价，是否存在大包装的单位价格低于小包装的单位价格。

11.3　高效定价的案例

案例 1　某知名零售商的差异化毛利定价方法

某零售商将品类产品分成了四个大类，并进一步将每一大类细分成三个小类，并对不同的小类制定了不同的毛利标准。这样的定价标准使价格管理者一目了然，在实行系统管理而非经验管理的同时，也为零售商带来了更多的利润，某零售商差异化毛利定价法如表 11-6 所示。

表 11-6　某零售商差异化毛利定价法

产 品 分 类	产 品 细 分	毛利率（%）	产品数占比（%）
前 30%产品	A1（敏感产品）	2~5	8
	A2	10~12	6
	A3	15~17	16
次 20%产品	B1	20~22	8
	B2	23	6
	B3	25	6
后 50%产品	C	27~30	50
季节性产品	D	旺季时参照 A1，非旺季时参照 B 或 C	—

案例 2　某零售商（简称 A 零售商）的系统定价方法

1．发掘机会

A 零售商以经营社区超市为主，与竞争对手相比，该零售商拥有较高的渗透率，也就是说更多的被调查者有在该店购物的经历，但其消费者忠诚度相对其他零售商较低。在分析其妇女卫生用品品类时也发现了同样的问题，A 零售商的机会如表 11-7 所示。

表 11-7　A 零售商的机会

零　售　商	市场份额（%）	渗透率（%）	忠　诚　度	消 费 指 数
A 零售商	10.82	35.03	26.33	117.36
B 零售商	11.37	31.85	28.85	123.66
C 零售商	10.83	23.47	39.14	117.90
D 零售商	10.45	29.79	30.96	113.31
E 零售商	9.86	27.48	28.13	127.47

通过对消费者的进一步调查挖掘出背后的原因。消费者认为 A 零售商卫生巾品类做得较好的地方有以下几个方面。

我需要的妇女卫生用品，在店里总是有售。

有多种卫生巾可供选择。

在这家店买妇女卫生用品不用担心有假货。

很容易在货架上找到我要的妇女卫生用品。

消费者不满意的地方有以下几个方面。

这家店里的妇女卫生用品不是每天都保持低价。

同样的妇女卫生用品在这家店里卖得并不便宜。

这家店里的妇女卫生用品不是非常的物有所值。

因此，妇女卫生巾品类消费者忠诚度不高的主要原因在于价格形象。

2．制定价格策略

由于 A 零售商是以社区店为主，所以价格形象的建立应该以强化"物有所值"为主，改善价格优势为辅。具体操作包括提供更多、更好的服务，加强"物有所值"信息的传递，同时调整敏感产品的价格以改善"产品价格贵"的形象。

3．实施方案

（1）按次品类设计毛利水平

2001 年，妇女卫生用品中卫生巾是主要产品，卫生护垫处于快速增长阶段。卫生巾的销售量约为卫生护垫的 3 倍。所以，消费者对卫生护垫的价格相对不太敏感，可以设定较高的毛利率。A 零售商考虑到市场竞争水平和品类的角色，将卫生巾的平均毛利率定为 19%，卫生护垫的平均毛利率定为 25%。

（2）将次品类进行细分，设计次品类中细分类的毛利水平

将次品类中的单品按销售量进行排名，并按一定的比例分为三类，即 A 类、B 类和 C 类。对不同的细分类设定不同的毛利水平，如表 11-8 所示。

表 11-8　设定细分类毛利水平

分类	单品个数（%）	单品占比（%）	目前毛利率（%）	建议毛利率（%）
A类	32	20	22.3	15~20（护垫 20）
B类	95	60	23.3	20~25（护垫 25）
C类	31	20	25.4	30~35（护垫 35）

（3）结合市场调查结果确定 A 类中的敏感产品

A 类产品中的主要品牌有苏菲、护舒宝、娇爽、唯尔福、安尔乐和洁婷，针对这些品牌中的畅销产品的价格进行市场调查，敏感产品价格调查如表 11-9 所示。

表 11-9　敏感产品价格调查　　　　　　单位：元/包

品　　牌	产 品 描 述	A零售商	B零售商	C零售商
护舒宝	护舒宝倍爽夜用护翼 10 片装	9.36	9.80	11.87
	护舒宝丝薄夜用护翼 10 片装	16.42	13.48	15.05
苏菲	苏菲干爽网面夜用 5 片装	7.35	6.97	7.74
	苏菲棉质网面夜用 5 片装	9.25	8.55	9.10
安尔乐	安尔乐柔爽网面夜用 5 片装	6.60	6.10	5.67
娇爽	娇爽干爽网面夜用护翼 5 片装	6.43	5.28	5.82

对敏感产品定价需要参考竞争对手价格，但同时要考虑产品以往的定价及销售情况。这样一方面避免盲目跟价（竞争对手价格很可能也有错误的地方），另一方面能抓住更合适的价格点，带来更好的生意结果和利润结果。以护舒宝丝薄日用护翼 5 片（透气型）为例，其价格在一年中不断上调，销售量不断下降（春节前除外），当其价格达到 6.6 元时，销售量几乎为零。价格为 5.91 元时，销量是平均值的 2.5 倍，但毛利与平时持平。此时，尽管某竞争对手的价格为 6.5 元，但我们仍建议 A 零售商定价为 6.3 元（毛利率 15.3%）。

（4）在电脑系统中维护品类价格

4. 向消费者传递价格形象

在海报中开辟专栏突出卫生巾品类对消费者的价值（如更亲密的呵护）。

在食品区域派送传单，利用食品区的高客流量传递卫生巾品类有礼品派送的信息。

5. 定期进行价格体系回顾（见表 11-10）

表 11-10　价格体系回顾

次　品　类	目前毛利率（%）	建议毛利率（%）
妇女卫生用品	23.7	20
卫生巾	23.7	20
护垫	23.9	25

案例 3　电子价格标签开始在我国零售业应用

2012 年 10 月，被 CCTV 等上百家媒体誉为"国内首家未来超市"的安徽乐城超市在合肥开业。这家超市是国内第一家全面普及使用电子价格标签的超市，这些标签全部通过无线接收信号，可使价格与服务器 / POS 机同步更新，防止出现人为错误。

电子价签在欧洲零售业市场相对普及，已经使用了 10 年，在提高管理效率的同时，还大量节省了人力。我国零售业发展迅速，门店多，产品更多，在市场需求、竞争瞬息万变的当下，门店产品价格的调整频率也在不断加快。这一方面加大了门店员工的工作量，同时也在无形当中加大了价签产生错误的概率。以一家单品数为 1.5 万个的大卖场为例，涉及变价的单品数要在 4 000 个以上，加上相当一部分单品有好几个陈列位置，所以需要打印、更换的价签量往往高达上万个，而且新旧档期的产品价签更换工作只能在闭店后进行，每次新档期价签更换都需要加班到深夜，甚至凌晨。即使价签检查得再认真，也难保万无一失，因此促销越多的商店，就越容易发生因价品不符而被消费者投诉的情况。

以一家单品数为 1 万个的传统中型卖场为例，其整个变价系统每年的成本支出至少要在 6 万元以上，加上相关人员工资及因此增加的工作量，实际成本可能还要更高。每天更换价签够一个人的工作量，一个人一个月工资就要 5 000 元，一年成本 6 万元。技术手段替代人工，不但可以解决企业的当务之急，同时很多员工也无须再做变价的相关工作，工作量因此有所减轻，这也体现了企业对员工的关怀，而且从长远讲这也节约了成本。

电子价签系统操作起来非常简便，门店有一个数据接收器与总部相连，该数据接收器会将总部发出的产品变价信息在第一时间通过无线信号传递到安装在货架上的电子价签显示屏上，既准确快捷，又节约人力，为消费者营造了一个相对高端的购物环境。

电子价格标签的具体优点有以下几点。

迅速完成整个卖场变价，完全替代人工，一次按键即可完成整个卖场的价签变价。

总公司可以完全掌控每个价签每次的价格和促销信息变更。

准确又准时的价格管理系统，完全避免消费者价格欺诈投诉。

随着技术的进步，电子标签延伸为"实时电子看板"，完成了进、销、存各方面的管理功能。

实时显示库存信息，辅助盘点工作。

显示更多产品相关信息：除价格以外的信息，如显示产品信息、保质期提示、库存等信息，为销售人员提供了快速支持，为消费者提供了更好的服务，提升了门店形象。

绿色环保：替代纸价签，实现无纸商店；不用电池，真正实现了绿色环保。

第 12 章

品类战术之高效促销

12.1 高效促销的概念

12.1.1 什么是促销

如今的商场和超市，到处都能看到如火如荼的促销活动。在这些促销活动中，引人注目的及商家喜欢用的促销方式便是打折销售。这里所说的打折是指商家为了吸引消费者购买而主动降低价格进行销售。消费者对价格非常敏感，价格在产品同质化日趋严重的今天，对消费者的决策起着重要的作用。所以，打折几乎成了促销的代名词。不可否认，打折这种促销方式对吸引消费者注意力、促进短期销售有着很好的效果，但打折也是一把双刃剑，其在促进销售的同时，也损害了商家的长期利益。

那么，到底什么是促销呢？顾名思义，促销是指在商业活动中，商家通过各种方式将产品或服务的有关信息在市场上传播，帮助消费者了解产品、认识产品，使消费者对产品产生兴趣，进而刺激其购买欲望，从而采取购买行动的系列活动。所以，促销不只是指打折，常见的促销方式还有店内陈列、促销员介绍、店外宣传活动、消费者教育、主题促销等。

1. 店内陈列

一般情况下，零售商经营着几万种产品，如何才能将希望消费者购买的产品凸显出来呢？店内陈列可以帮助提高目标产品的可见度，引起消费者的注意，从而促使其产生购买欲望。店内陈列又分为货架上陈列、货架外陈列、端架陈列。从总体上来讲，货架外陈列可见度较高，易于强化形象，所以比较有利于产品的销售，如图 12-1 所示。由于货架外陈列讲究量感，其大多是直接将产品堆放在地上进行陈列，所以又叫地堆或堆头。端架位于主货架的端头，一般靠近通道，所以也是不错的展示位置，端架陈列如图 12-2 所示。但消费者调查显示，80%的产品仍然是从主货架上售出的，所以主货架的陈列仍然不容忽视，如图 12-3 所示。好的主货架陈列能带来持续稳定的生意增长。

图 12-1　货架外陈列

图 12-2　端架陈列

图 12-3　主货架陈列

　　货架外陈列多数用于海报产品、打折产品等伴随着价格优惠的产品，但货架外陈列并不只限于这些。例如，沃尔玛的化妆品区域曾经放过玉兰油面膜、洗面奶的堆头，其价格与正常价一样，但由于堆头突出了该产品，让更多的消费者注意到了该产品，其销售量也得到了很大的提高。除此之外，新品的推荐往往也可以采取货架外陈列，这样的方式不仅突出了商店时尚潮流的形象，同时还可以在产品价格不敏感期从新品身上获取了更多利润。

2．促销员介绍

　　促销员介绍有利于商家产品的推广，尤其是一些新品、高值品或使用需要引导的产品。促销员介绍如图 12-4 所示，高露洁公司在推出捷齿白美白液时便使用了促销员，这为该产品销售量的快速提高做出了很大的贡献。但店里有太多的促销员也不是好事。某些商店里促销员比消费者还多，这些促销员不时对消费者购物的干扰，会让消费者产生反感，促销员之间的摩擦和相互诋毁也会让消费者产生不快。因此，对于店内促销员的管理是非常重要的。

图 12-4　促销员介绍

3．店外宣传活动

　　店外宣传活动是指有一定主题、规模较大、需要较大场地才能举办的活动，如黑人牙膏举办的玩具车大赛、内衣公司举办的模特秀、沃尔玛的嘉年华、好又多的可爱宝宝评选活动等。这种促销方式主要用于零售商的形象宣传、供应商的新品上市和一些主题活动。雅芳公司在推出其新款口红时，除了聘请某影视明星作为嘉宾主持，还聘请了一些身穿口红样式服装的模特在商店旁边路上行走，吸引了不少人的目光，店外宣传活动如图 12-5 所示。店外宣传活动聚集了客流，营造了气氛，扩大了产品的知名度，很受零售商欢迎。但由于其费用较高，近几年有收敛的趋势。

图 12-5　店外宣传活动

4．消费者教育

消费者教育主要用于推广新品的功能或口味，改变消费者的使用方式等。常用的消费者教育方法有店内演示、免费试吃、灯箱文字宣传、产品使用手册派送等。店内演示用于一些功能比较有特点的产品。例如，某品牌洗衣粉有卓越的去污能力，这个能力消费者仅从陈列在货架上的产品本身很难感受到，为此宝洁公司设计了一个店内演示活动：将墨汁、青菜汁、油污等倒在一块洁白的布上，放入加了该品牌洗衣粉的水中，一分钟不到，污浊的布便洁白如初。对于这样的产品，店内演示比打折促销更能刺激消费者的购买欲望。免费试吃主要用于食品，消费者可以事先感受产品口味再决定是否购买，如图 12-6 所示。

图 12-6　免费试吃

灯箱文字宣传、产品使用手册派送等消费者教育活动也被越来越多的零售商所使用。这些教育资料能引导消费者选择产品，增加品类的消费量，并为消费者提供了购物以外的价值。家乐福比较擅长消费者教育，店内的各种灯箱宣传和免费取阅的各种资料不仅提升了家乐福的形象，还为品类总体消费量的增加和家乐福未来的竞争优势奠定了基础，如图 12-7 所示。

图 12-7　消费者教育

5．主题促销

主题促销即以各种特殊节日或季节为主题进行促销。在促销期间，商店中所有的陈列、装饰均与此主题相关。例如，圣诞节期间，商店里除增加了不少圣诞礼品外，整个商店都用圣诞树、有圣诞标志的 POP 进行装饰，商店还让员工扮演圣诞老人或圣诞姐姐派发小礼品，营造了浓厚的圣诞氛围。

主题促销除了可以利用一般节假日，零售商还可以选择专属于自己的特殊日子，如周年庆、十店同庆等。在进行主题促销时，零售商必须考虑目标市场的大小（如新婚市场可能不够大）、产品的可选择性（如越南产品节可能产品数太少），以及促销产品与促销主题的相关性（如美国产品节应尽可能选择美国公司的产品）等。

12.1.2　什么是高效促销

目前市场上的促销活动很多，无论是供应商还是零售商都将促销活动作为增加销售量的重要手段。据统计，零售业在促销上的花费已达到销售额的 15%左右。供应商每月推出的促销活动不断增多，零售商的海报也越印越厚，店内运营人员疲于各种促销活动的换挡与陈列。然而大部分的促销活动并没有达到供应商和零售商的预期效果，不少促销活动甚至是低于成本在运作。据我国 ECR 协会统计，在促销活动上的投入有 38%是有机会节省的。大量的低效率促销活动的存在迫使供应商和零售商开始追求促销的质量而不仅仅是数量。那么，什么是高效促销呢？

高效促销需要具备以下特点：

- 达到促销目标；
- 增加忠诚消费者；
- 增加销售量；
- 系统成本最低。

1．达到促销目标

促销目标按照时效可划分为短期促销目标和长期促销目标。

促销目标根据零售商品类策略的不同会有所不同，它不仅是销售量的提高，还可能是购买该品类人数的增加、品类客单价的增加、品类连带购买数量的增加等。销售量和利润是最终目标，在评估促销效率时，更应该关心的是达到促销目标的过程和方法，如图 12-8 所示。零售商的市场份额是由渗透率、忠诚度和花费量指数综合作用的结果。零售商在不同时期的机会点会有所不同，其促销目标也会不同。例如，如果商店某段时间的问题在于渗透率低，那么这段时间商店和品类促销的主要目标是增加来客数。如果商店渗透率不错，希望能增加消费者忠诚度，那么这时促销的目标便是增加消费者到商店的拜访次数或增加消费者的每次购买量。促销目标不同，采用的促销方法也不同。例如，如果促销目标是增加消费者每次购买量（客单价），采取的方法就不应是特价时段，而应是促销大包装或捆绑销售等。

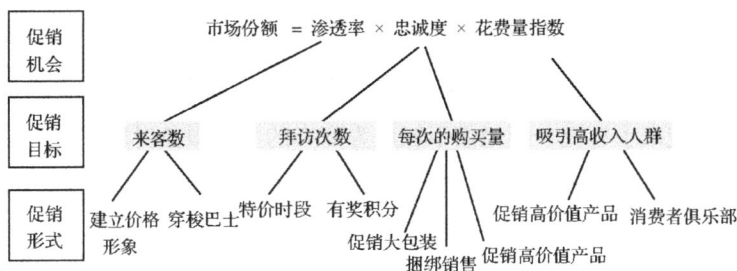

图 12-8 达到促销目标的过程和方法

市场份额：零售商或其某品类的销售额占市场（某区域或某城市）整体容量的百分比。

渗透率：在某时间段内曾到商店购物或购买某品类的家庭户数占该商圈总家庭户数的百分比。

忠诚度：本店的消费者在本店的某品类的总花费金额与本店的消费者到本地所有商店的某品类方面的总花费金额之比。

花费量指数：零售商或其某品类的消费者的平均花费相比于市场（某区域或某城市）平均花费的指数。指数大于 100 表明该零售商的消费者消费能力高于市场平均水平；指数小于 100 意味着零售商的消费者消费能力低于市场平均水平。

促销目标不同，评估的指标也会不同。例如，提高来客数的评估指标是客流量的增加。如果简单地用销售量去评估，便会因目标不明确而迷失方向。要想客观地评估促销是否达到促销目标，首先必须对促销目标有深刻的认识。

2．增加忠诚消费者

促销是为了回馈消费者，从而增加他们对商店的忠诚度。所以，对目标购物群的把握是至关重要的。很多零售商并不知道本商店的目标消费者是谁，或者只知道目标消费者是家庭主妇。而大部分卖场、超市的消费者都是家庭主妇，那么到本商店购物的家庭主妇和到其他商店购物的家庭主妇有什么不同呢？她们的不同表现在所处的年龄段、收入、教育程度、家庭人数等方面。在市场不断细分的今天，商店的目标购物群也需要细分。一切促销活动应该以吸引、满足目标购物群为核心。

当今消费者的选择太多，忠诚消费者越来越难以获得。面对不断涌现的超市免费购物车，消费者也打起了小算盘。邮箱中各个商店的海报越来越多，通过对这些海报简单分析，便可制定一张高效的购物路线图。例如，星期一乘 A 零售商的免费购物车去 A 商店买桶花生油，星期二乘 B 零售商的免费购物车去 B 商店买袋洗衣粉，星期三乘 C 零售商的免费购物车去 C 商店买点水果等。对零售商而言，这部分消费者为商店带来了客流，但他们不能成为商店的主要服务对象。促销结束后，消费者满意度应该增加，有更多的人愿意到该商店购物，更多的人愿意将他们的购物资金花费在该商店，这样的促销才是成功的促销。

3. 增加销售量

促销的目标是让品类健康成长，而不是仅仅为了促销周期内销售量的增加。所以，理想的促销结果：促销期间生意大幅度增长，促销期后生意比促销前更上一层楼，品类销售的增加如图 12-9 所示。否则，促销便只是销售量的重新组合而已。

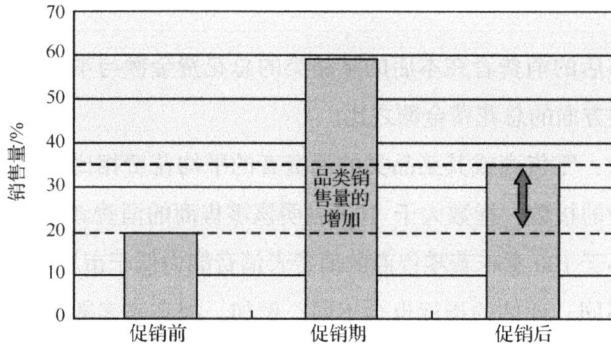

图 12-9　品类销售量的增加

品类销售量的增加可能来自以下几个方面。

- 来自消费者对该品类的认同。例如，圣诞节巧克力促销后，消费者对巧克力的喜好程度增加，从而增加了对巧克力这类产品的购买。

- 来自消费者对该商店的认同。例如，零售商在圣诞节期间营造了很好的购物氛围，巧克力别出心裁的陈列和促销活动让消费者觉得在这间商店购物非常愉快，从而增强了选择这间商店购物的意愿。

- 品类中子品类的连带性购买。例如，商店里牙膏牙刷产品的联合促销和陈列促进了牙刷小分类的销售，从而促进了口腔护理品类的生意增长。

- 品类使用量的增加。例如，商店中不断传递的每次应使用 2 克牙膏，每三个月应更换一次牙刷的教育信息增加了消费者对牙膏和牙刷的使用量，从而增加了品类的销售量。

4．系统成本最低

高效促销的结果应该是系统成本最低的。促销的目标主要是为了获取高于不做任何促销的正常经营时的利润增长。除了新店开张、自我保护等特殊时期，促销都是以获取更多利润为出发点的，而不是高成本的投入。否则，亏本的促销还不如正常的经营。

12.2 高效促销的操作方法

促销是品类管理中非常重要的战术之一，也是需要提高效率的战术之一。在我国，目前存在的促销缺陷不是促销的数量，而是促销的质量。那么，如何提高促销的成功率呢？除了需要明确促销目标、了解高效促销的评估标准，还要清楚促销的设计流程和逻辑思维过程，促销流程如图 12-10 所示。

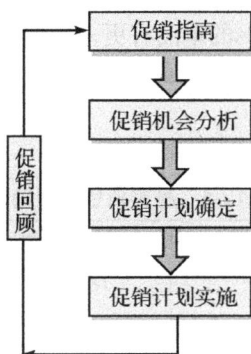

图 12-10 促销流程

12.2.1 促销指南

促销指南是指在设计促销前需要了解的一些基本信息和原则，包括供应商的促销策略、零售商的促销计划、品类角色和品类策略等。

1．供应商的促销策略

随着我国零售环境的变化，供应商对不同业态零售商的服务和策略也有所改变，具体表现在对大卖场、超市、便利店等会提供不同的产品和促销品供应。对某些足够大的零售商，供应商甚至会提供客户化的营销方案。但对同一业态的零售商，大部分供应商会采用相同的促销方案。所以，对零售商而言，必须清楚供应商在某季度、某月有什么样的促销安排。

2. 零售商的促销计划

每个零售商都有自己的全年促销计划或某时间段的促销计划。一些大型零售商甚至在年初就会和主要供应商分享自己的促销计划并寻求供应商在促销产品上的支持。例如，1 月第一档海报的主题是快乐新年，第二档海报的主题是欢乐派对，2 月第三档的主题是漂亮主妇……供应商根据零售商的促销主题提供促销单品建议，零售商整合所有供应商的建议后形成自己的促销选品方案。

3. 品类角色

品类角色不同，促销的要求也会不同。对目标性的品类来说，可以选择较多的品种进行促销，以强化目标性品类的形象及其对消费者的吸引力。而目标性品类内部，也需要进行细分，如前 30%的单品有更多的促销机会。对便利性品类来说，没有必要经常促销，如书籍、CD、鲜花等很少会被零售商选作海报产品。品类角色与促销的关系如表 12-1 所示。

表 12-1　品类角色与促销的关系

目　标　性	常　规　性	季节性/偶然性	便　利　性
高频率 多种方式	一般频率 多种方式	按季节或时间需要 多种方式	较少促销

4. 品类策略

品类策略不宜经常变动，建议每年回顾一次，每半年进行一次微调。品类策略是目标，促销是实现品类策略的方法之一。所以，在设计促销前，采购人员和相关供应商都应该有一致的目标，即清晰的品类策略，产品的选择和促销方式都应为品类策略服务。例如，洗发护发品类的策略是提高系统性购买，即鼓励消费者买洗发水的同时购买护发素。因此，该品类在促销时就应考虑如何实现这一策略，是否在每次促销时都尽量考虑到洗发水和护发素的关联性，是否尽量将洗发水和护发素同时在堆头上陈列等。

12.2.2　促销机会分析

促销机会分析是利用以往促销数据，寻找目前和未来的促销机会。促销机会分析包括三个方面：商店的机会、客户的机会和品类的机会，如图 12-11 所示。

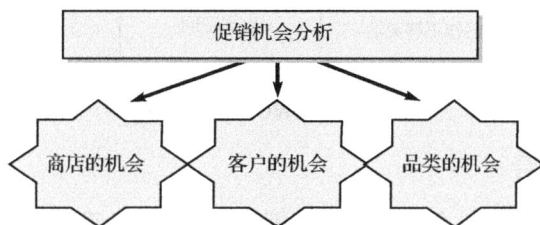

图 12-11　促销机会分析

商店的机会和客户的机会都是零售商总体策略层面的研究，只有品类的机会属于品类层面。对于品类经理，了解商店总体策略是非常必要的。如果他不了解商店的目标，那么其在品类上的各种策略和操作很可能会与商店的目标南辕北辙，从而会造成品类间的内耗。

1．商店的机会

商店的机会是指整个商店目前的目标和发展方向以及商店的强项、弱项分析。不同零售商处于不同的发展阶段，其机会点也可能不同，有些零售商的机会点在于增加客流量，有些零售商的机会点在于提升消费者忠诚度。而达到目的的方法有很多，零售商需要根据自己的优势和劣势来选择自己的营销策略。例如，沃尔玛的优势在于低成本和高效的供应链，为了提升消费者忠诚度，沃尔玛可以采用以天天低成本为基础的天天平价策略。而另一零售商虽然不具备沃尔玛的优势，但在生鲜方面做得非常好，独有的蔬菜生产基地和定点采购系统确保了该零售商生鲜的鲜度与低成本，因此该零售商可以通过强化与消费者息息相关的生鲜品类来提升消费者对整个商店的忠诚度。SWOT 分析模型如图 12-12 所示。

| 优势
蔬菜生产基地
定点采购 | 劣势
日化、家居
用品成本稍高 | 来自内部 |
| 机会
沃尔玛门店
运作不够灵活 | 威胁
外资有更大的
发展空间 | 来自外部 |

图 12-12　SWOT①分析模型

2. 客户的机会

消费者就是"上帝"，但并非所有的消费者都是"上帝"。分析客户机会的目的就是找出真正的"上帝"，即目标消费者。在众多的消费者中，有些是偶然消费者，即他们偶然路过商店或听说商店有吸引自己的某种产品的时候才会来商店购物，这部分消费者可能每年只会来商店几次。而有些消费者每周或每两周都会来商店购物一次，将他们的大部分消费都花在了该商店。这些消费者就是我们要寻找的忠诚购物群，即目标购物群。据统计，吸引一个新的消费者要比维护一个旧的购物者多花费 5 倍的投入。因此，明确目标消费者是非常重要的，只有当确定了促销受众以后，商店的促销才能做到有的放矢、箭无虚发。

在我国，由于市场竞争的激烈和消费者的成熟度不够，商店的忠诚度普遍偏低。据尼尔森公司调查，我国 80%的消费者会选择三家以上的零售商购物。零售商的平均忠诚度不到 10%。那么，商店的目标购物群为什么还会选择其他商店购物呢？零售商的促销方法能否强化他们在本店的购物呢？通常来讲，消费者同时会选择其他商店购物的理由有便利、一次购足、价格、布局、质量/可信度、服务、情感等。

（1）便利

目标消费者偶尔会为了便利的需求，而选择在社区或附近的商店购物。

（2）一次购足

目标消费者有时会到产品齐全的地方一次性购买一两个星期的产品，甚至包括服饰等产品。

---

① SWOT 分析通过对优势、劣势、机会和威胁加以综合评估与分析，得出结论，然后再调整企业资源及企业策略，以达成企业目标。SWOT 分别代表 Strengths（优势）、Weaknesses（劣势）、Opportunities（机会）、Threats（威胁）。

（3）价格

低价格虽然不是我国消费者的首要需求，但由于某些零售商的周年庆等大型促销活动，目标消费者也会前往购买。

（4）布局

购物在我国同时也被当成一种娱乐、一种放松心情的方法。所以，目标消费者有时愿意选择购物环境好的地方，如百佳、北京华联的 BHG。

（5）质量/可信度

尽管我国的大卖场、超市越来越多，但百货公司的超市仍然有一定的市场。除了顺带购买，其产品的质量及可信度也是一个重要的因素。例如，百货公司超市的奶粉价格往往高于其他超市，但某些消费者愿意多花费一些钱来换取"放心"。

（6）服务

消费者对某些产品有购买以外的需求，如免费染发、免费送货上门等。一袋米从大卖场搬回家比较辛苦，而小区内的超市比大卖场一袋贵一两元，但可以免费送到家。而这一服务会吸引部分目标消费者偶尔转换购物场所。

（7）情感

由于生日贺卡或其他某种经历，消费者会对某家商店产生一定的感情。即使购物不太方便，也会偶尔选择在这个商店购物。例如，生活在广州的北京人对开在广州的北京王府井有深厚的感情，他们会为了一包炸酱面的干黄酱选择某周末去王府井购物。

了解了目标消费者同时选择在其他商店购物的原因后，零售商就可以采取一定的营销手法来满足其目标消费者的需求，从而避免他们转换购物地点。另一方面，零售商还必须了解造成目标消费者偶尔转换购物商店的因素的比例。虽然客观上不可能要求目标消费者百分之百地只在本商店购物，但是如果转换的比例在逐步升高，零售商就有失去目标消费者的危险，此时就需要引起重视。

3．品类的机会

通过品类评估可以清楚地知道品类的机会点在哪里，是应该增加消费者拜访次数，还是应该增加消费者每次购买量？是牙膏次品类的销售有问题，还是牙刷次品类低于市场的增长？是牙刷的促销频率太低，还是消费者需要改变对牙刷购买频率的看法？在了解了品类的机会后，还需分析促销的机会，即过去的哪些促销活动和操作方法能帮助解决品类的问题。在分析促销机会时，需要考虑三方面的问题：品类的促销敏感性、品类的促销方式、促销单品选择。

（1）品类的促销敏感性

不同的品类对促销的反应是不同的。通常来讲，消费量增加机会大的品类促销弹性较高，消费量增加机会小的品类促销弹性较低。例如，食品的敏感性通常比杂货要高。同时，还需考虑品类对消费者的重要性。同是食品，熟食、包点、饮料对消费者的重要性会高于巧克力、薯片和曲奇饼。对消费者越重要的品类，其促销的敏感性会越强。例如，饮料促销所带来的销售增长会高于薯片促销所带来的销售增长，如图 12-13 所示。消费量增加机会大的促销品类可以触发消费者的使用，从而带来品类消费量的增长，所以该品类销售量增加的空间相对较大。而品类消费量增加机会小的产品的销售量主要来自对竞争对手生意的拦截和消费者因促销而进行的库存囤积。多数促销会带来消费者在品牌间的转换，所以销售量增加的空间相对较小。

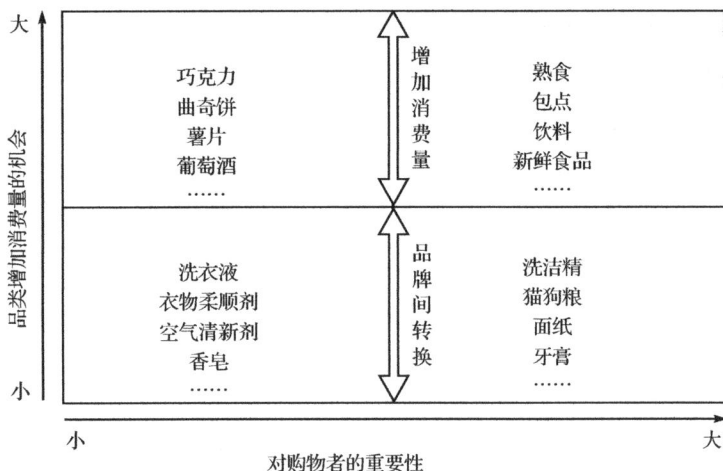

图 12-13　品类对促销的敏感性

（2）品类的促销方式

促销方式是指促销的操作方法，包括降价、赠品、抽奖、主题活动、积分、大型陈列、店内演示、免费试吃等。几种常用促销方式的特点如表 12-2 所示。

表 12-2　几种常用促销方式的特点

促销方式	优　点	缺　点
降价	见效快 强化商店低价形象 操作方法简单	不利于建立商店忠诚度 有损品牌形象
赠品	赠品来源广泛 有吸引力的赠品能大幅度提高销售	赠品不佳影响销售 赠品不佳会带来高库存 非捆绑性赠品增加运作成本
抽奖	可针对目标市场进行促销 强化现场气氛	不一定能大幅度提升业绩 需较多的媒体宣传 需促销人员配合
主题活动	加深消费者印象 提升商店知名度 增加客流量	需动用较多的人力、物力 需较多的媒体配合
积分	提高客单价 增加消费者忠诚度 创造商店的差异化	活动时间较长，消费者耐心有限 赠品选择不一定能满足消费者需求

不同品类对不同促销方式的反应是不同的。例如，薯片等休闲食品做货架外陈列的效果好过降价促销，化妆品更适合做特别展示，食品较适合用免费试吃的方法。到底哪一种促销方式更有利于某品类的发展，可以通过表 12-3 进行分析、积累和总结。

表 12-3　品类的促销方式分析

促销方式	品　类				
	洗发护发	口腔护理	妇女卫生用品	洗涤用品	休闲食品
快讯					
降价					
堆头					
降价+堆头					
端架					
端架+降价					
店内演示					

（3）促销单品选择

品类内部各个单品对促销的敏感性也是不同的。由于促销最终都会落实到单品，所以必须对过去促销过的单品进行分析，根据其促销弹性来判断哪些单品是适合做促销的。某些零售商要求采购人员只能选择排名前 30%的单品上快讯，以确保销售的增长和库存的降低。图 12-14 显示了不同产品的促销敏感性。

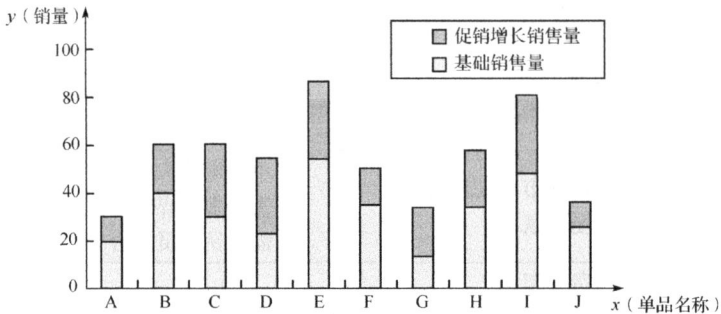

图 12-14   不同产品的促销敏感性（%）

由于促销的目的不仅是短期销售量的提高，还包括推荐新品、强化形象等长期目标，所以促销单品的选择有时也不能只看促销弹性。例如，重要的新品推出时，可以给它提供较好的位置和额外陈列以促进其销售，这样不但能获取较高的利润，还能树立零售商的"时尚"形象，并为未来的销售增长埋下伏笔。又如，由于过去的操作不当等原因，某些高值牙膏目前的销售不够好，但品类的策略是提升客单价、引导消费者购买高值产品，促销时就应适当地给这部分高值产品一些展示的机会。

不同品类对促销方式的需求会有所不同，品类内部不同单品对促销方式的敏感性也会不同。所以，有条件的零售商需要对单品进行深入分析。例如，沙宣护发素和沙宣洗发水做礼品装销售的销售增长会好过简单的降价促销。某单品的促销方式与促销弹性如图 12-15 所示。

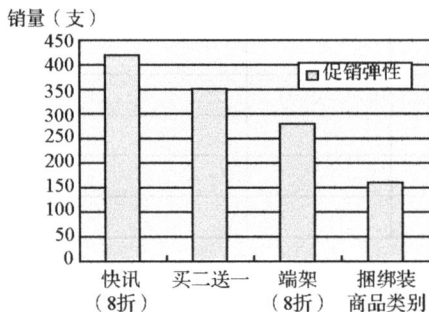

图 12-15   某单品的促销方式与促销弹性

满足条件的促销单品可能较多，在确定促销单品时要善于取舍。同一期促销活动不建议有相近的产品出现，以免效果相互抵消。图 12-16 中所示的促销单品的选择就避免了这一问题。该期快讯中选择了一支售价 11.20 元的 A 品牌牙膏和一支售价 2.6 元的 B 品牌牙膏。这两款产品针对的是不同的消费者，所以能有效地推动两款产品的销售。

图 12-16　促销单品的选择

12.2.3　促销计划确定

经过对商店机会、商店目标购物群、品类机会和以往促销活动的分析，促销方案的雏形已经浮现出来了。其实，即使是同一种促销方式，也可以有创新的地方：有可能是延续以前的某些促销方法，有可能需要经过头脑风暴进行创新。例如，水果的货架外陈列。通常来讲，零售商都会将香蕉放在堆头上售卖，而菲律宾某零售商却将它挂在假树上销售，如图 12-17 所示。小小的变通让消费者感到眼前一亮，产生了额外的惊喜与购买的冲动。

图 12-17　促销的创新

制订促销计划时，为了确保促销方案与品类策略相配合，必须要求采购人员将促销方案与品类策略的关系在促销计划书上描述出来。即促销计划书不能仅仅包括做什么产品的促销，还应包括促销的形式、时间、价格、地点，以及促销投入、促销好处，如表 12-4 所示。

表 12-4　促销计划书

促销目的（品类策略）					
活 动 细 节		促 销 1	促 销 2	促 销 3	促 销 4
促销计划	促销产品				
	促销方式				
	促销时间				
	促销价格				
	陈列地点				
促销投入	活动成本				
	人员要求				
促销好处	定量				
	定性				

　　在促销设计中还有一个重要的环节是促销信息的传递。商店设计的促销活动如何让消费者了解、认同并产生购买行为呢？为此，零售商必须认真考虑与消费者的沟通与交流方式。与消费者沟通的方式很多，如邮寄到家中的快讯、店内 POP、醒目的价格签、促销人员介绍等。这些方式被很多零售商所熟知并采用，但最终的实施效果却因一些细节问题而大相径庭。如图 12-18 所示的两款快讯，其对消费者的影响一定是不同的。左边的产品堆积太多，很难让消费者产生深刻印象。而右边的快讯设计清晰明快，能让消费者很快抓住重点，从而对该商店产生"物美价廉"的印象。

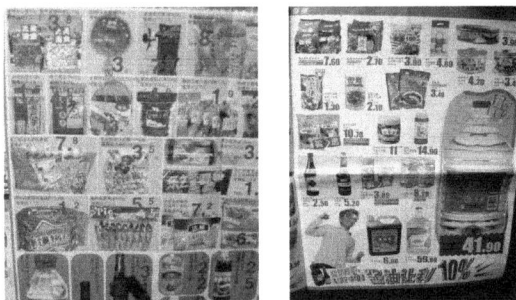

图 12-18　快讯沟通

与消费者的沟通必须清晰、细化，以避免由于消费者对文字的理解不同而产生不愉快的购物经历。例如，现在"买一送一"的促销活动，经常由于零售商的沟通问题而产生投诉，从而导致消费者对这种促销形式产生抵触情绪。促销细节的沟通如图 12-19 所示，图中促销信息传递就比较清楚，零售商直接将赠品的图案印在快讯上，一目了然，增加了消费者的购买信心。表 12-5 总结了常见宣传手段的优缺点和建议。

图 12-19　促销细节的沟通

表 12-5　常见宣传手段的优缺点和建议

宣传手段	优　　点	缺　　点	建　　议
快讯	内容详细，针对性强，效果明显，成本低	局限于部分消费者	多用于提高消费者忠诚度，提高客单价
报纸广告	覆盖面广，易于提升商店形象	无针对性，成本高	多用于新店开张、大型庆典时提高知名度，增加客流量，较电视、电台广告更适合零售商
电台广告	较易覆盖学生、老人、司机等群体，成本较低	覆盖人群有限	选择某些电台做一些有针对性的广告
电视广告	覆盖面广	无针对性，成本高	多用于新店开张、大型庆典时提高知名度，增加客流量
灯箱路牌广告	针对性强	地点固定，内容不能经常更新	可在商圈内做一些形象宣传
商店外的大型条幅	针对性强，刺激购买	到达商店的部分消费者才能看到，信息有限	多用于开业、促销以及一些节日，吸引客流量
店外大型活动	吸引消费者驻足，活跃气氛，刺激现场购买，提升商店形象	成本高，仅对促销品牌产生直接影响	大型节日或换季时商店组织有利于提升整体形象的活动，周末及节日供应商组织活动以活跃气氛，刺激购买

续表

宣传手段	优　　点	缺　　点	建　　议
车身广告	流动性好，能对乘坐该线路的乘客及该线路经过地方的消费者产生直接影响	局限于部分消费者，内容不能经常更新	多用于新店开张、大型庆典时提高知名度，增加客流量
各种形式发放的传单	针对性强，内容详细，成本低	有效性差	商店大型活动宣传、新品推荐等有较多信息需要传递时较有效

12.2.4　促销计划实施

实施是促销中非常重要的一步。再好的促销方案如果不能很好执行，前面所有的工作都只能是纸上谈兵。促销执行涉及的部门比促销分析、促销设计阶段要多，包括门店备货、市场部制作 POP 等促销工具，储运部分货和运输，甚至财务部付款以释放信用额等。所以，良好执行的基础是良好的沟通。如果执行者并不清楚该工作的重要性及细节，很难想象他们能像促销方案设计者那样认真、愉快地去执行。促销沟通函是一个很好的沟通方式。在促销沟通函中应包括以下几方面的内容。

1．品类的机会

品类的发展潜力、发展方向。

2．零售商的机会

零售商在品类、次品类、分类、小分类的机会。

3．品类策略

该品类在未来 6~12 个月的发展方向。

4．促销计划

一段时期内该品类的促销计划。

5．主要好处

实施该促销计划为零售商所带来的定量的和定性的利益。

6．促销计划实施要求

实施促销计划需要各部门的配合。这部分应该非常具体，包括促销带来的主要变化，各部门的注意事项等。

12.2.5　促销效果评估

促销效果评估是促销工作的一个重要步骤，但因其评估过程比较烦琐和评估频率较高，往往被很多供应商和零售商所忽略。促销对人力、物力和财力等各种资源的需求量都很大，促销的效率低下必然带来销售量和利润的损失，甚至有可能带来消费者满意度的降低。促销工作要长期有效进行下去，就必须对历次活动进行总结。只有通过评估总结了解各次促销活动的效果、成功与不足，才能不断地提高促销的效率，形成健康良性的循环。

一般来讲，促销的效果评估有以下几种方法。

1．前后比较法

这种方法是将促销活动之前和之后的评估促销的主要指标进行比较，测评效果。促销效果评估表如表 12-6 所示。

表 12-6　促销效果评估表

		目前状况	目标	促销后	增长率
品类	品类客流量（人）				
	购物篮有该品类的比例（%）				
	客单价（元）				
	销售量（个）				
	销售额（元）				
	毛利率（%）				
	毛利额（元）				
促销单品	促销弹性				
	销售额（元）				
	销售量（个）				
	销售成本（元）				
	利润（元）				

促销效果评估表因品类的策略和促销目的不同会有不同的侧重点。零售商应根据自身情况来确定适合自己目前状况的促销效果评估表。

2．市场调查法

企业组织有关人员进行市场调查分析确定促销效果的方法。这种方法尤其适合评估促销活动的长期效果。市场调查的项目包括促销活动的知名度，消费者对促销活动的认同度，销售增长（变化）情况，企业形象的前后变化情况。

3．观察法

这种方法是通过观察消费者对促销活动的反应，从而得出对促销效果的综合评价。观察的内容包括参加竞赛与抽奖的人员、优惠券的使用情况、赠品的偿付情况等。这种方法相对简单，而且费用较低，但结论易受主观影响，不够精确。

12.3　高效促销的案例

案例 1　某零售商（简称 A 零售商）妇女卫生巾品类的促销方案设计

1．品类角色

妇女卫生巾在该店的品类角色是常规性偏目标性，应采取一般频率和多种促销方式，如表 12-7 所示。

表 12-7　品类角色的促销方式

目　标　性	常　规　性	季节性/偶然性	便　利　性
高频率 多种方式	一般频率 多种方式	按季节/时间需要 多种方式	较少促销

2．商店的机会

A 零售商有较高的渗透率，但较低的忠诚度导致了 A 零售商的低市场份额。A 零售商目前的主要机会是提高消费者忠诚度，即让消费者在该商店花费更多的钱，商店的机会如表 12-8 所示。

表 12-8　商店的机会

零　售　商	市场份额（%）	渗透率（%）	忠　诚　度	消　费　指　数
A	8.26	84.39	9.56	102.38

续表

零　售　商	市场份额（%）	渗透率（%）	忠　诚　度	消 费 指 数
B	9.90	73.34	13.03	103.55
C	9.34	85.16	10.82	101.38
D	6.15	47.38	12.64	102.78
E	5.56	58.42	8.92	106.74

3. 客户的机会

该商店成功地吸引了收入在 2 001~3 000 元和 3 001 元以上的高收入购物群，但这部分群体在该商店的消费量仍有提高的机会，客户的机会如表 12-9 所示。

表 12-9　客户的机会

人口收入统计（元）	占城市总家庭户（%）	占城市消费（%）	市民消费指数	占该商店总家庭户（%）	占该商店消费（%）	消费者消费指数
600 以下	5.36	3.65	68.05	3.89	2.48	63.84
601~1 000	12.56	9.70	77.24	11.30	7.22	63.90
1 001~1 500	16.58	13.60	82.01	16.75	13.83	82.58
1 501~2 000	17.48	17.36	99.33	17.46	19.08	109.32
2 001~3 000	25.94	27.88	107.49	27.51	29.41	106.93
3 001 以上	22.08	27.81	125.95	23.09	27.96	121.09

4. 品类的机会

与商店的购物群不同，妇女卫生巾品类更多地吸引了中等收入的人群，这部分人在 A 零售商处的消费高于市场水平。而商店成功吸引来的 2 001~3 000 元和 3 001 元以上的高购物群却不在 A 零售商处购买卫生巾。这说明妇女卫生巾品类没有很好地满足商店目标购物群的需求，品类的机会如表 12-10 所示。

表 12-10　品类的机会

人口收入统计（元）	占城市总家庭户（%）	占城市消费（%）	市民消费指数	占该商店总家庭户（%）	占该商店消费（%）	消费者消费指数
600 以下	4.96	5.92	119.30	3.61	1.89	52.25
601~1 000	13.00	13.01	100.04	14.49	12.59	86.89
1 001~1 500	15.21	13.30	87.45	12.95	11.13	85.96

续表

人口收入统计（元）	占城市总家庭户（%）	占城市消费（%）	市民消费指数	占该商店总家庭户（%）	占该商店消费（%）	消费者消费指数
1 501~2 000	19.42	21.46	110.49	19.41	27.16	139.90
2 001~3 000	25.09	24.09	96.00	23.36	25.05	107.22
3 001 以上	22.32	22.24	96.61	26.17	22.18	84.75

5. 促销机会分析

A 零售商在妇女卫生巾品类更多地选择了较低档的纤巧类卫生巾做频繁促销，其促销次数占到所有促销的 **65%**，促销分配如表 12-11 所示。在对品牌和单品的分析中也发现了类似的情况，即 A 零售商将更多的促销资源放在低值产品上。促销资源的分配在客观上造成了卫生巾品类对中等收入家庭的吸引，从而失去了商店的目标购物群。

表 12-11   促销分配

细分	促销次数（次）	销售量（包）	销售额（元）	毛利（元）	毛利率（%）	单品毛利（元）
丝薄	83	8 973	65 978	5 772	9	0.64
纤巧	319	48 188	397 229	27 734	7	0.58
超薄	90	13 335	112 959	24 746	22	1.86

6. 促销方案建议

- 高效的促销单品选择。增加卫生护垫、丝薄类卫生巾和知名品牌卫生巾的促销频率，改变妇女卫生巾品类不能吸引商店目标购物群（高收入家庭户）的现状。促销单品一次不可太多：一方面，会浪费资源，影响毛利；另一方面，门店难以给予足够的支持（如堆头陈列），影响效果。
- 促销信息的有效传递。制作部分妇女卫生巾品类宣传工具，如宣传手册、货架插板、挂旗、品类指示牌等，建立该品类温馨、物有所值的形象。

案例 2   促销活动效益评估案例

某品牌洗发水在某商场举办了为期两周的促销活动。促销的内容包括降价（由原价 23 元降到 19 元）、促销广告和产品展示。销售数据如下。

- 促销期之前（四周）的平均每周销售量为 1 000 瓶，单价为 23 元。
- 促销期间（两周）的销售量为 4 000 瓶，单价为 19 元。
- 促销期后（两周）的平均每周销售量为 1 100 瓶，单价为 23 元。
- 促销广告、产品展示等成本为 800 元。
- 产品的成本为每瓶 16 元。
- 制造商提供的产品折扣是销售量的 10%。

从以上资料中，可以粗略地计算出促销的获利情况，结果如下。

1．如果不举办这次促销

销售收入=1 000×2×23=46 000（元）；

销售成本=16×1 000×2=32 000（元）；

销售利润=46 000−32 000=14 000（元）。

2．促销期间

促销期间的销售收入=4 000×19=76 000（元）；

促销期间的销售成本=4 000×16×（1−10%）=57 600（元）；

促销期间的销售利润=76 000−57 600=18 400（元）。

3．促销活动的成本

促销活动的成本为 800 元，包括促销广告、产品展示等费用。

4．促销影响期（两周）

促销影响期的销售收入=1 100×2×23=50 600（元）；

促销影响期的销售成本=1 100×2×16=35 200（元）；

促销影响期的销售利润=50 600−35 200=15 400（元）。

5．促销活动的利润

促销活动的利润=促销期间的销售利润+促销影响期的销售利润−促销活动的成本−没有举办促销活动的利润，即：

促销活动的利润=18 400+15 400−800−14 000=19 000（元）。

从以上分析可以看出，这次促销活动非常成功，不仅带来了销售期间的利润增长，同时带来了促销后生意的持续增长。

案例3　快讯及快讯陈列原则

快讯促销贯穿超市的整个销售过程，其本质是沟通信息、赢得信任、激发需求、促进购买和消费。其最终目的是实现集客，扩大销售。因此，快讯产品的选择必须围绕快讯主题进行。以下是某超市制定的快讯产品选择原则及评估原则。

1. 快讯产品的选择原则

- 原则上不做新品快讯，但在新品引进评估中已同时上报促销计划及有费用支持的视情况予以安排店内或DM促销。
- 原则上不做滞销品快讯，但可酌情安排店内促销。
- 根据每月5日、15日、25日IT部提供的销售量、销售额80/20分析报表产出DM的主力产品明细，占销售量和销售额80%的产品是快讯的核心力量。但应考虑以下因素从20%主力产品明细中剔除干扰因素和虚假现象。

　　——某些切货、甩货或非正常销售商品在短期内销售额可能很高，但这种虚假升值不能成为20%主力产品的依据。

　　——某些销售好、DMS（平均每日销售量）值一贯高的产品，由于资金、配送不到位，造成短期供货不足，销售额下降，这种虚假降值产品需要改善销售环境的可选为20%主力产品。

　　——某些销售好、DMS值一贯高的产品，由于陈列、促销配合原因造成销售下降，需要改善销售环境的可选为20%主力产品。

- 快讯产品要做到品类相对均衡，根据各个品类单品占比确定各品类合理快讯单品数。
- 快讯产品可按相应主题进行选择。
- 快讯产品必须保证合理利润，低毛利快讯酌情安排，严禁做负毛利快讯。

2. 快讯评估

在销售过程中要随时跟踪快讯表现，并随时做相应改进。IT部在每档快讯开始后的第8天、第15天提供快讯销售报表，采购部根据报表填写快讯销售分析周报表。根据以下因素评估快讯，改进销售环境，总结经验，吸取教训。

- 陈列是否合理，是否按快讯卖场陈列图陈列？
- 送货是否准时，数量是否充足？

- 促销活动与促销人员是否积极配合，是否有利于促进销售？
- 促销产品选择正确与否？
- 总部到门店的各个环节配合状况如何？
- 促销主题与创意是否简单明确，是否抓住了消费者的需求和市场的卖点？
- 快讯本身的有效性如何？

第 13 章

品类战术之高效补货

13.1　高效补货的概念

1．高效补货的定义

高效补货是以高效率的方式，在正确的时间提供正确的数量并将正确的产品运送到正确的地点。换句话说，高效补货是用较低的成本将正确的产品迅速补充到货架上，同时保持适量的库存以满足每家商店的需求变化，从而减少缺货，维持较高的客户服务水平，满足消费者的需求。高效补货是利润增长的重要源泉，也是赢取竞争的重要保证。

高效补货贯穿于整个供应链的始终，从供应商的原材料供应、生产，到零售商货架上产品的及时供应，以及最终的产品销售结算，高效补货都是高效消费者回应（ECR）及品类管理的重要组成部分，产品供应链如图 13-1 所示。

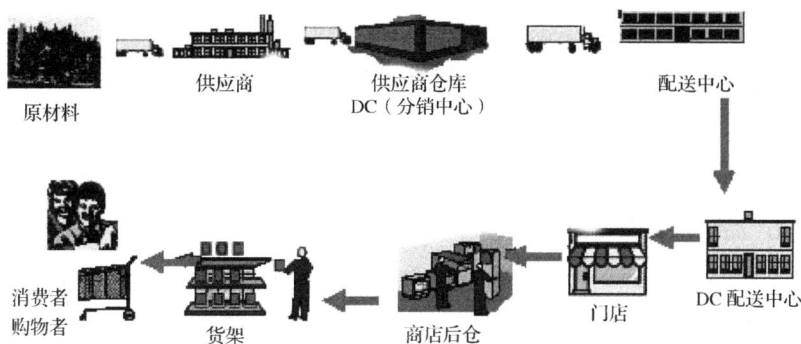

图 13-1 产品供应链

2. 高效补货的重要性

据统计，每年通过 ECR 及品类管理节省的成本中，高效补货策略所带来的成本节省占 40%，是收益较大的策略之一。而高效的定价与促销占 38%，高效的产品优化组合占 14%，高效的新品引进占 8%，ECR 节省如图 13-2 所示。

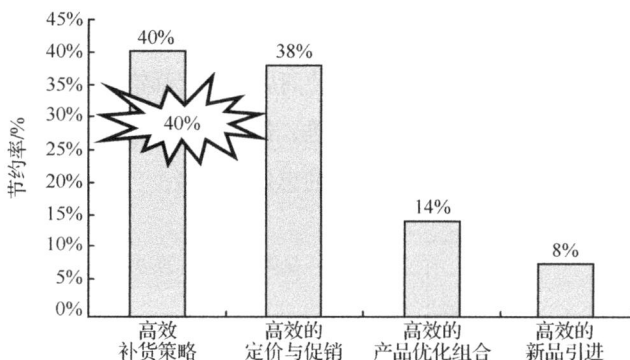

图 13-2 ECR 节省

供应链的总库存包括在仓库中、在途配送及在货架上的库存。以动销较快的洗发护发产品品类为例，供应链的总体库存天数统计结果：表现较好的 20% 的零售商是 18~30 天，其次的 40% 的零售商是 30~60 天，其余 40% 的零售商是高于 60 天。高库存不仅会减少流动资金，增加经营成本，还会减慢市场的反应速度，增加由于产品过期、残损等导致的损失。因此，降低库存天数已成为零售业迫切需要解决的问题之一。

在供应链库存成本居高不下的同时，商店的热销产品缺货率却高达 40%。到现在为止，全球每年为了减少缺货造成的损失，付出了巨大的努力。2001 年，据罗兰·贝格咨询公司的缺货研究表明，即使在供应链效率较高的美国，其平均产品的缺货率都高达 7.6%，而这导致企业每年都会失去至少 3%的销售额。目前，我国零售企业的现状也不容乐观。2003 年中国连锁经营协会与罗兰·贝格咨询公司合作开展的中国产品缺货率调查显示：零售企业平均缺货率在 10%左右，而一些动销快、消费者经常购买的产品的缺货率更加严重。周转较快的 25%的产品占了产品缺货率的 40%。13 个品类的缺货每年给零售商的每家门店带来的潜在销售损失将近 100 万元。如果所有门店都达到调查中较好的产品在架率，那么每家门店每年可以平均增加 640 万元的销售额。

缺货往往会给供应商和零售商带来难以弥补的损失。据罗兰·贝格咨询公司的调查，缺货给零售商带来的潜在损失为 52%。37%的消费者会因为商店缺货而到别的商店购买同一个单品（6%的消费者立即离开商店去别处购买，31%的消费者会到另一家店购买同一个单品，但继续在该店购买其他产品），这就将生意拱手让给了竞争对手，这是商店的损失；48%的消费者会购买别的品牌，这是生产厂家的损失；另外，还有 15%的消费者暂时先不买，这就使商店和厂家都错失了这次良机，缺货对零售商的影响如图 13-3 所示。更为糟糕的是，缺货促使消费者到竞争对手的商店购物，使这部分消费者有机会成为竞争对手的忠诚消费者。

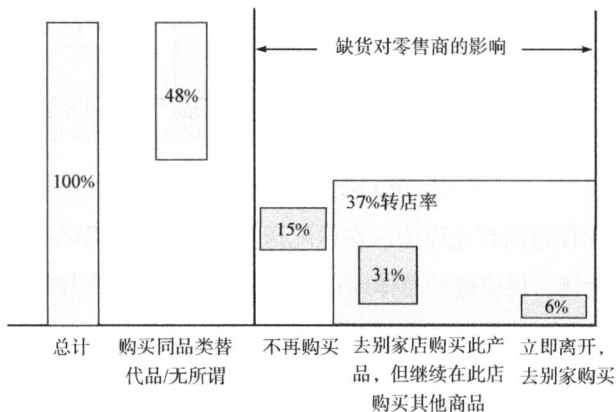

图 13-3　缺货对零售商的影响

资料来源：1 000 份消费者调研问卷，罗兰·贝格分析。

目前，国内供应商与零售商之间发生的一些摩擦很多是由供货和补货问题导致的，如零售商抱怨供应商供货不及时、供应商抱怨零售商服务不到位等会引起断货。事实上，供应链中约有 70%的缺货发生在货物从供应商的工厂出来之后到终端货架的各个环节中，这是由补货管理不当造成的。香港以行业为单位开展的缺货率调查分析发现：2/3 的缺货是由于零售商运营引起的，1/3 是由供应商造成的。但是缺货对双方造成的损失各占一半。因此，高效的补货对供需双方都有着极为重要的意义。

3．高效补货的目标

高效补货的目标是以尽可能小的库存成本更快地满足消费者的需求。达成此目标需要在正确的时间、提供正确的数量，并将正确的产品送到正确的地点。各环节的具体衡量指标如下。

- 正确的产品：货架上单品的分销率、新品上架率、订单品种满足率、促销费用高效使用及促销结果衡量、保持合理的库存结构。
- 正确的地点：尽可能低的货架缺断货率、送货准确率。
- 正确的数量：订单准确率、订单品种满足率、数据一致性、销售预测准确率、车辆满载率、库存记录准确率、库存控制目标、产品数据准确率、供应商数据准确率、消费者数据准确率、残损率、失窃率。
- 正确的时间：订单送货准时率、库存天数、补货时间。

13.2 高效补货的操作方法

1．高效补货的主要原则

原则 1 选择合适的方式和路径，以尽可能低的费用和尽可能小的风险，按质、按量、准时地将货物从供应方送到需求方手中。

原则 2 根据效率至上原则，努力寻求成本和业绩之间较为合适的平衡点。

2．高效补货业务流程（见图 13-4）

- 订单获取：收集及更新产品信息，根据客户需求、库存数据信息和产品的价格、促销计划等生成订单信息，明确订单的间隔及要求，订单产生，订单处理。

- 发运过程：产品装运、发票单据，检查产品供应，指定运输商，收货确认，产品发运。

- 收发货：收货准备，送货到分店、产品签收，对未满足订单（退货、拒收、短少与残损处理）的及时续补，衡量指标如运输商的评估指标、到货及时率、货物完整率、订单满足率。

- 财务结算：明确付款流程，对账、确认数量、金额及差异、单证相符，及时结算应收账款，发票更改，发票准确率衡量。

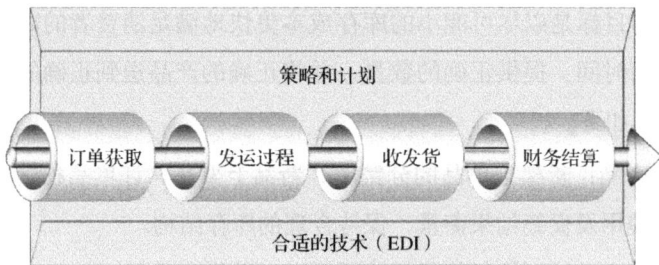

图 13-4　高效补货业务流程

　　高效的订单获取，是初级的补货业务流程的核心，我国目前还处于初级阶段。目前，国际上高效补货的技术有很多，如 VMI（供应商管理库存）和 CMI（联合管理库存），这两种技术在全球范围内获得认可，并被消费品行业的许多知名企业所采用。根据我国的现状，全国供应链过程管理和控制标准化技术委员会建议 VMI/CMI 项目按下述几个阶段实施。

　　阶段一　共享库存和销售数据。与贸易伙伴共享库存和销售数据，提供建立正确支持 CMI 和 VMI 的预测模型的基础。共享库存和销售数据将大大改善贸易环境，增加数据透明度，从而增加双方预测的准确性。

　　阶段二　CMI 和 VMI 都属于连续补货程序（CRP）范畴。

　　阶段三　CPFR（联合计划、预测和补货）突出了贸易伙伴间的联合行动。它遵循以下原则。

- 以消费者需求为中心，定位于价值链的增值。

- 贸易伙伴共同管理消费者需求预测，协同计划。

- 贸易伙伴共担风险，以消除供应过程中出现的问题。

研究表明，业务流程成本的 80% 以上是因为贸易伙伴间非标准化连接和专有化流程造成的，流程的标准化使得贸易伙伴对消费者的反应速度和信息传递具有可视性和可预见性。高效连续补货不仅是补货，它还关系着企业的策略和计划，以及贸易伙伴们合适技术的运用，如 EDI（电子数据交换）、产品编号等标准化技术，从而实现实时数据采集、需求分析和实现集成化管理。达到高效补货的高级阶段绝不是一个企业所能完成的，它需要工商之间相互信任、相互沟通，以及贸易伙伴们的不懈努力。

3. 高效的订单获取操作方法

建议订单是有规律的，可以通过科学的公式计算得出。建议订单与库存控制目标密切相关，公式如下：

$$建议订单=ICO（库存控制目标）–有效库存$$

$$有效库存=现有实物库存+在途库存–销售承诺$$

➥ 例 1　某家商店对"必扑"30 夜持续驱蚊电热蚊香液套装（送加热器）7 天订货一次，其分销商送货时间为 2 天；该店的"必扑"30 夜持续驱蚊电热蚊香液套装平均每天销售量为 2 箱，同时该店设定安全库存天数为 3 天。估计"必扑"30 夜持续驱蚊电热蚊香液套装缺断货水平为 25%。商店仓库现有库存"必扑"30 夜持续驱蚊电热蚊香液套装为 4 箱。昨天商店用电话订购了 9 箱，并将于明天到货；今天早上有一集团购买客户向该商店预订了 8 箱的"必扑"30 夜持续驱蚊电热蚊香液套装。今天应该建议补多少箱货？

答案：ICO 天数=订单间隔+送货时间+安全库存天数=7+2+3 = 12（天）

ICO 箱数=ICO 天数×预测每天销售量= 12×2÷（1–25%）= 32（箱）

有效库存=现有实物库存+在途库存–销售承诺=4+9–8 = 5（箱）

建议订单=库存控制目标（ICO）–有效库存= 32–5 = 27（箱）

建议订单公式中各指标的定义和计算方法如下。

（1）库存控制目标（ICO）

库存控制目标是指零售商为满足持续的需求而控制的理想库存总数量。库存控制目标的制定建议根据过去 8 周平均每周销售量计算。计算公式如下：

$$ICO 天数=订单间隔+送货时间+安全库存天数$$

$$ICO 箱数=ICO 天数×每天销售量预测$$

例 2 某家商店对"泰诺"感冒药的需求是 7 天订货一次，分销商送货时间为 2 天；该商店的"泰诺"感冒药平均每天销售量为 0.5 箱，同时该店设定安全库存天数为 7 天。那么，感冒药在该商店的库存控制目标是多少？

答案：ICO 天数 = 7+2+7 = 16（天）

ICO 箱数 = 16×0.5= 8（箱）

（2）安全库存天数（SID）

完全库存天数是指零售商为满足波动的需求而在未来销售预测中添加的保险库存天数。影响安全库存天数的因素包括促销库存、季节影响、价格调整、提前购买等。计算公式如下：

安全库存=过去 8 周销售量的标准偏差

例 3 某零售商过去 8 周的销售量如表 13-1 所示，请计算其安全库存。

表 13-1　某零售商过去 8 周的销售量

周	1	2	3	4	5	6	7	8	平均
销售量	10	8	10	8	10	8	10	8	9
偏差	1	1	1	1	1	1	1	1	1

答案：安全库存 =（|10–9|+|8–9|+|10–9|+|8–9|+|10–9|+|8–9|+|10–9|+|8–9|）÷8=1

（3）每天销售量预测

每天销售量的预测要考虑到以往货品的缺断货水平。计算公式如下：

每天销售量预测=以往每天销售量÷（1–平均缺货率）

例 4 某家商店过去 8 周的滴露洗手液"滋润倍护 500 毫升送 250 毫升补充装"销售量为 84 箱。由于种种原因，造成这家商店的滴露洗手液"滋润倍护 500 毫升送 250 毫升补充装"在过去 8 周中缺断货水平达 15%。请问，滴露洗手液"滋润倍护 500 毫升送 250 毫升补充装"每天销售量预测是多少？

答案：以往每天销售量=84÷（8×7）=1.5（箱）

每天销售量预测=1.5÷（1–15%）=1.76（箱）

（4）缺货率

缺货率用于衡量终端缺货的程度，即脱销率。当单品的可用库存为零，或者低于一定数量，或者系统定义单品的销售额在过去平均值的 x% 范围内时，可定义为缺货。香港 ECR 协会将货架上有的产品定义为有货，将货架上没有的产品定义为缺货；将完好的产品定义为有货，将缺损的产品定义为缺货。缺货率的计算公式如下：

$$某规格产品的缺货率=缺货天数÷卖货天数×100\%$$

$$缺货率=缺货的单品数÷总销售单品数×100\%$$

缺货率还包括货架缺货率、门店缺货率以及配送中心缺货率。总之，企业需要统一的缺货率定义、统一的衡量基准及统一的行动来避免缺货的产生。衡量缺货率指标的目的是用来衡量客户服务水平，缺货率越低，则客户服务水平越高。缺货率可以从多个方面进行衡量，非常重要的一点就是从消费者满意度方面进行衡量。也就是说，衡量缺货率时要关注消费者能不能在商店的货架上找到他们要买的东西，而不是关注物流过程中或配送中心有没有货。

13.3　高效补货的案例

案例 1　降低 50% 的不合理库存：降低 50% 缺货率

亚洲 ECR 大会自 2001 年开始提倡的"降低 50% 的不合理库存：降低 50% 缺货率"活动效果明显，高效的补货平均减少了供应链总费用的 2.8%。以 2003 年亚洲 ECR 大会上宝洁公司和上海联华超市分享的"50：50"实践为例，双方高效补货的合作使原来 12.7% 的缺货率（其中 80% 的是带来前 20% 销售量的 A 类产品）降低到 3% 左右，原来 70 天的库存天数（其中有的产品是 300 天的库存天数）降低到 35 天左右。带来的生意结果：商店销售量平均提高了 20% 以上，宝洁的产品利润也提高了 50%。

案例 2　订货模式的改变

订货间隔越长，ICO 天数就越多，对库存的需求也就越高。在条件许可的情况下，零售企业应该尽量缩短订货周期，鼓励"少吃多餐"的订货方式。订货的周期越短，每次订货的库存总量就会减少，每次对库存的投资相应也会减少。某零售商原来每周订一次货，对库存和资金的压力较大。经过分析，该零售商决定将订货间隔改为 3 天。结果，库存马上得到了改善。

原来库存天数=2 天在途库存+7 天库存+2 天安全库存=11 天库存

现在库存天数=2 天在途库存+3 天库存+2 天安全库存=7 天库存

案例 3   客户化的高效补货模型

1. 背景情况

零售商 A 具有较好的流程控制补货，但由于进行三期系统的转换，导致部分产品严重缺货。可能的原因包括以下几个方面。

- 分店采购人员忘记向总部下配送申请单。
- 分店由于系统原因（如没有达到一定的销进比）没有向总部下配送申请单。
- 分店的库存记录数据不准确，在货架实际缺货的情况下，系统显示有较大库存而没有下配送申请单。
- 总部收到分店的配送申请单，但由于缺货、库存记录有误或其他系统原因而不能生成调拨单。

另一方面，由于客户系统实行销进比的补货方式进行补货管理。而利用销进比进行补货主要考虑由近期销售量决定补货数量，而较少考虑库存，这就容易导致总体库存较高或缺货。

2. 解决方案

经过与客户讨论，双方确定根据缓冲库存管理理论设立新的客户化的高效补货模型：临界库存管理。目标是减少缺货的同时降低库存。具体方法是在电脑系统的支持下，设立新的临界库存的补货方法。

- 进行品类管理，先确定各品类公平合理的货架空间，再据此确定各品类的货架容量。
- 根据以往销售记录、货架容量和补货周期设定库存上限和下限。
- 当货架库存降到库存下限时，系统会自动补货，并使库存总量达到库存上限。

据此，货架库存会保持在一个合理的水平。

3. 优缺点

临界库存管理的优点是运用缓冲库存管理理论，经过较为简单的逻辑计算，产生科学的建议补货量，从而防止缺货、控制库存。

临界库存管理的缺点是没有全面考虑季节、促销和价格变动等因素，在受这些因素影响时，建议补货量不够精确，需要进行一定的手工调整。

4. 穿过式配送

如果零售商的全部门店实行了临界库存管理方法，而该零售商的货架容量较大，便有很大的机会在配送中心进行穿过式配送，即各门店根据临界库存补货模型产生建议补货量后，采购总部进行汇总直接向供应商下总订单。供应商据此订单送货到配送中心后，再由配送中心即刻送到各门店，而不在配送中心储存。此方法可以进一步降低零售商的总库存。

众多成功实践表明，高效的补货加强了 POS 系统的信息利用，优化了物流的集成管理，大大降低了产品的装运和损耗，减少了重复的环节和活动，降低了库存及相关费用。

第 14 章

品类实施

14.1 实施品类管理

品类实施使品类管理从理论转入实践，品类实施的好坏将直接影响到品类管理的成功与否。品类管理往往是一个跨部门的过程，其特点尤其表现在实施阶段，所以跨部门的自上而下的共识与理解是非常关键的一环。只有这样，才能使传统的低效率的合作得以改变。每个企业在实施品类管理时都会基于众多因素而采取不同的方法，品类管理的实施通常要与企业的特定环境相适应。虽然不同的企业实施品类管理的细节可能存在不同，但都应该包括以下几方面内容。

1. 检查现有的企业目标等内容

检查现有的企业目标、经营策略、组织结构和操作流程，客观地评估企业实施品类管理的能力，预估可能存在的问题。如果必要，应修正或重新制定企业目标、经营策略、组织结构和操作流程。

2．与各部门项目成员的沟通

在各部门项目成员的支持下，由项目经理（通常是品类经理）主导品类的评估过程和品类方案的设计过程。除了定期的例会，品类计划实施前需要召集所有项目组成员对整个计划进行回顾和调整，对不同的部门进行分工并落实责任人。

3．与项目委员会的沟通

在品类管理的每一个主要阶段（如策略确定阶段、战术设定阶段）都需要与项目委员会进行定期的沟通，以持续得到领导层的认同与支持，并对项目计划书进行必要的调整或得到领导的某些授权，以使品类管理能顺利地进行。品类管理计划完成后，需要召开一个项目汇报会，将品类管理的方案和实施计划向项目委员会做预先汇报。

4．与各部门相关人员的沟通

各部门项目成员对品类管理方案的理解并不意味着该部门所有相关人员的理解。例如，运营部经理作为项目成员理解了自己部门的职责和行动计划，但并不能保证所有的门店店长都清楚地知道：应该做什么，为什么要这样做。因此，在品类计划实施前，品类经理需要召集所有的参与人员进行品类管理的培训并就品类管理行动计划进行全面介绍。只有当实际操作人员也清楚品类管理的意义和对自己的影响后，他们才会像品类经理一样热衷于品类管理。例如，某零售商原计划在八间门店同时试点品类管理，但由于各门店相关人员的不理解与抵触，店内调整迟迟不能到位，最后不得不局限于两家比较配合的门店先期执行。

5．设立奖励计划

品类管理是一种全新的、科学系统的零售解决方案。有人将它比作零售业的全面质量管理，也有人将它比作零售业的变革。人们对新生事物的接受往往不是一蹴而就的，其间会面临各种各样旧势力的阻碍与挑战。在这种情况下，对于不怕各种阻力、勇于变革的人员应该给予一定的认同与鼓励，以推动品类管理计划的实施。

6．设立独立的稽查小组

有奖励，也要有惩罚。变革的早期，往往有人对新的变化不能理解，甚至进行阻挠，而品类管理计划不可能等到所有人都理解之后再实施。在这个时候，就需要采取一些强制办法。稽查小组的职责便是按品类管理项目组的要求巡查各门店的执行情况。品类管理项目组依据稽查小组的巡查结果考虑是否对品类管理方案进行调整和改进，或对执行不力的门店给予关注和警告。

14.2　实施品类管理的潜在障碍

1. 为了短期利益而放弃长远利益

由于品类管理的操作方法会影响到各方面的利益分配，如采购部与门店在陈列方面的矛盾，因此可能招来利益受损者的阻碍。如果企业不能很好地解决这些矛盾，就必须暂时放弃长期利益。另外，品类管理是一个基于新的管理方法操作流程的改变，但不是一剂解决销售量的特效药，所以不可能短期内看到效果。实施者需要有一定的耐心，至少给品类管理 3~6 个月的表现期，不能因为一时的不理想而放弃。

2. 供应商与零售商的利益冲突

供应商和零售商的获利领域不同，对衡量成功的指标也会各有侧重。但品类生意的增长不能单纯依赖合作品类管理的供应商，而作为品类领队的供应商也不能为了自身生意而刻意削弱其他供应商的利益，供应商和零售商双方应在品类生意增长基础上寻求双赢的结果。品类管理是以品类为经营单位，以满足购物者需求为目的的管理方法，所以购物者应该成为供应商和零售商共同关注的核心。把购物者价值作为评价成功与否的共同标准将有利于供应商和零售商合作关系的持续发展，从而获得"三赢"的结果。

3. 供应商的选择

供应商选择不当很可能造成品类管理的半路夭折。对于刚开始进行品类管理的零售商，供应商的选择尤其重要。因为品类管理试点的成功一方面能给整个商店的推广带来信心，另一方面会为零售商培养品类管理的首批人才。因此，在选择品类领队时，需要考虑以下几个方面的问题。

（1）供应商的渠道发展战略

供应商处于不同的发展阶段，其渠道策略也会有所不同。只有当供应商的现代渠道比重达到一定程度时，其在现代渠道上的投入才会加大。现代渠道的充分发展是品类管理滋生的土壤。也只有这个时候，供应商才会考虑投入品类管理专职人员。从宝洁、高露洁、强生、箭牌等公司的发展轨迹也能看到这样的规律。

（2）供应商对零售商的策略

当现代渠道发展到一定阶段时，供应商也有可能因为其零售商战略的不同而选择不同的零售商管理方法。例如，有些供应商会因为沃尔玛总部的要求增加一个专门负责沃尔玛品类管理的人员，但其服务仅限于产品优化与陈列，并没有上升到战略性品类管理的高度，所以也不会推广到其他零售商。又如，有些供应商在现代渠道的生意比重很大，但其生意的发展并不依赖现代渠道的投入，而是依赖医院或孕妇等特殊渠道的早期投入，所以也暂时不会考虑在品类管理上的投入。

（3）供应商的组织策略

品类管理属于战略性投入，而战略性投入的效果需要较长的表现期。对于以短期销售量为导向的供应商来说，如果没有一个清晰的长期发展战略，很可能会影响其品类管理人员的稳定性，以及在零售商品类管理合作上的人员投入与时间投入，从而影响品类管理的实施。

（4）供应商的品类管理能力

品类领队不一定是该品类的排头兵，但必须是该品类的领先者。只有品类的主要提供者才有能力投入更多的资源进行消费者调研、购物者调研、品类发展趋势的研究和管理方法的创新。

4．公司管理层的关注程度

供应商和零售商在进入品类管理领域时就应该意识到，实施品类管理往往会导致一些根本性的调整。所以，公司管理层应持续关注品类管理的进展，而不仅仅是在品类管理立项时的一两句口号或象征性的一两次会议，公司管理层在品类管理上的态度将会直接影响其实施效果。供应商管理层的关注将有利于保证品类经理获得足够的资源和支持，如多功能小组在执行、储运、促销等方面的支持。零售商管理层的持续关注将有效激励项目组成员将项目坚持到底的信心。

但是，公司管理层的关注程度也不能过于深入。品类管理的授权是非常重要的。如果品类经理没有充分的决策权力或者管理层总是根据自己的喜好对品类管理决策进行修改，这也会影响品类管理的客观性和实施效果。

5. 品类经理中央控制与门店的灵活性

许多零售商同时经营多种业态的门店，即使同种业态的门店在商圈特点和购物者喜好方面也会有所不同。较为普遍的微观销售方法是分组式营销，即根据门店特性和购物者组成将门店分成不同的组，每组采用相同的产品组合、空间管理、定价策略和促销策略。由于这样的做法使品类计划显得较为复杂，于是某些零售商让门店来决定空间管理和定价方法。

为了使门店工作人员能做出以事实为依据的决策，他们必须要拥有一定信息，也就是说通常要以标准报告的形式向他提供品类和单品层面的销售、成本和利润数据。要帮助门店人员理解数据和做出决策，还要对他们进行培训，满足以上这些要求的资金和时间成本是很大的。这样做的另一个缺点是，将决策权交给门店将降低品类经理的控制力和影响力。

与许多其他项目一样，零售企业必须平衡品类经理中央控制的复杂性与门店的灵活性之间的关系。

14.3　某超市品类管理实例分析

14.3.1　背景介绍及施行整体概况

某超市是外资超市，2008 年通过收购进入我国市场，因为是通过收购的方式进入，所以急需对原有的产品进行梳理和管理，以适应自己的产品定位。另外，该超市在本国执行品类管理多年，取得了良好的效果。所以，我国区的总经理决定，由战略企划部负责，从 2010 年开始开展我国区的品类管理项目，以实现对产品的精细化管理。

整个项目从 2010 年 9 月开始计划，到 2011 年 9 月结束，为第一阶段。由公司成立专门的品类管理小组，协同采购、运营、战略部等部门，完成了南北干货、卫生巾等 13 个品类的产品优化和货架优化工作，并纵向拓展到北京所属门店。从 2012 年开始，因为采购已经在过去一年实践中逐步掌握了品类管理的分析方法和流程，所以公司决定改变推广模式，由采购部负责推行自己的品类，每年不少于 5 个，进行横向的扩散，这为第二阶段。

品类管理作为公司的一项基本的产品战略，目前已经融入该企业采购管理的基本工作中，同时取得了良好的效果。该超市的品类管理项目，是零售商自己主导的品类管理，为品类管理的发展开辟了另外一条道路。

品类管理的实施过程如下。

（1）成立品类管理项目委员会

2010 年 9 月，由公司总经理出任项目委员会的委员长，对整个品类管理项目进行自上而下的推动，并指派一名专职的项目经理负责整个项目的实施。其他如编码管理部、运营部、商务部等 7 个职能部门作为项目小组成员，也指定部门的专门人员加入品类管理项目小组，各自的分工职责如下。

1）项目委员会

- 对项目范围、质量、时间和成本方面的变化做出批示；
- 对生意和技术上的解决方案做出批示；
- 确保资源到位，解决项目中出现的问题；
- 负责与项目总负责人和项目其他人员之间的沟通；
- 关注项目进度，参加每月例会。

2）项目经理

- 负责项目方案的制订、执行和评估；
- 负责任务分配，关注项目成员的到位情况；
- 控制项目进度，解决出现的问题，每月向项目委员会汇报项目进程。

3）职能部门的项目成员

- 负责支持项目经理安排职能部门内部的沟通；
- 品类管理涉及职能部门的工作支持，包括数据和专业部分；
- 控制项目进度，解决出现的问题，每月参加品类管理会议。

品类管理项目架构如图 14-1 所示。

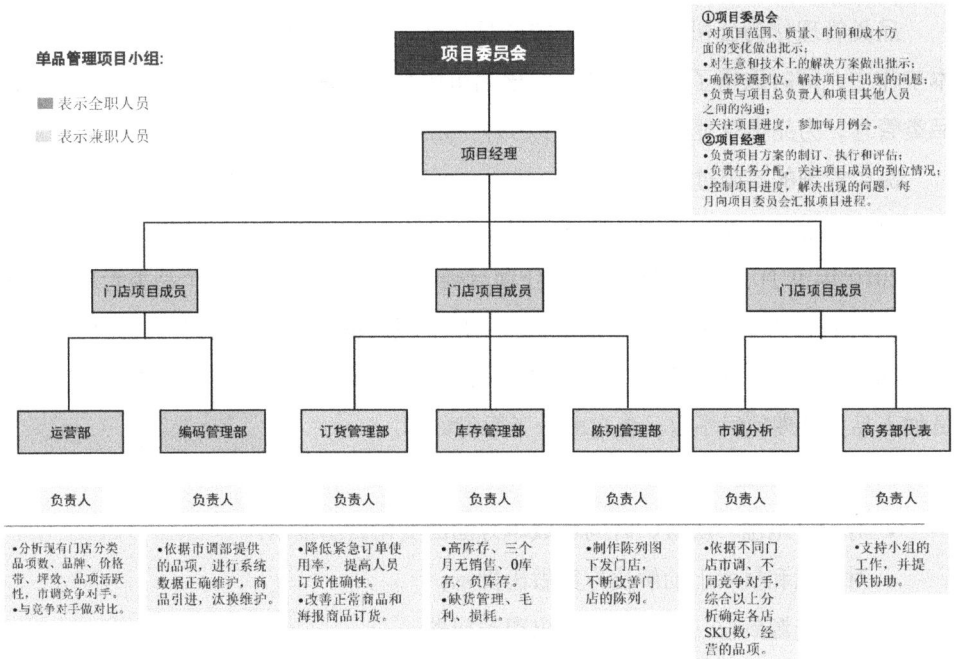

图 14-1　品类管理项目架构

（2）拟定品类管理实施计划

为了确保项目能够顺利完成，品类管理小组拟定了详细的实施计划，把任务进行了分配。首先，进行跨品类分析，找出对超市销售、毛利及市场增长率较为重要的品类。然后，将选定的品类进行品类界定和品类角色的确定，并把这些品类的实施时间进行排程。每个品类实施大致分为三个阶段，第一个阶段为收集数据和市调阶段，第二个阶段为数据分析阶段，第三个阶段为实施阶段。

在品类管理施行前，对第一期项目涉及的项目组成员和采购部进行品类管理理论方面的培训，使大家对品类管理的理论基础和施行流程能够认识和了解，并为下一期工作的展开奠定基础。

（3）界定品类与品类角色

通过对原有产品组织表的大中小分类进行界定，发现大分类过粗、小分类又过细，所以按中分类作为品类的基本单位。根据购物者研究及品类的定义，对有些分类进行调整，如洗发水与护发素有很强的连带购买关系，必须划分到一个品类之内，同时对各个品类也进行了品类角色的确定。

现有的产品结构有生鲜、食品、百货 3 个大部门、40 个大分类、278 个中分类、908 个小分类、1748 个细分类、3 万个单品，要根据跨品类分析法，从中找出对超市影响较大的品类。

跨品类分析法就是要计算重要性指数，重要性指数又分三部分构成。

- 对购物者的重要性，根据品类的购物频率进行排名（40%）；
- 对零售商重要性贡献率进行排名（销售额 60%+毛利额 40%）；
- 对市场的重要性品类增长率排名（20%）。

重要性指数 =销售额排名×年增长排名×市场占有率排名

最后加权得分，并且进行排序，就可以找到非常关键的品类。例如，在百货部门中，卫生巾品类的总得分为 84.72 分，总排名为第 11 名，是对百货部生意有重要影响的品类。跨品类分析表如表 14-1 所示。

表 14-1　跨品类分析表

大类名	中分类号	中分类名	销售排名分数（分）	毛利排名分数（分）	交易次数分数（分）	销售增长率分数（分）	总分（分）	排名（名）
卫生用品	304	卫生巾	22.12	11.70	36.42	7.24	84.72	11
个人洗护	312	美容用品	22.57	15.64	35.52	4.14	82.01	18
洗护	341	洗涤剂	23.28	14.39	37.16	3.47	81.78	20
个人洗护	308	护发	23.73	12.84	34.78	4.59	80.52	23
内衣	558	女内衣	18.09	13.79	24.33	7.54	71.28	60

（4）现状评估及潜在机会分析

针对竞争对手各选择一家竞争门店，由运营部组织人员对相应的品类进行详细的市调，包括品项数与品牌数、价格带、货架数和投影面积等的详细情况，并和自己的品类进行对比，找出不同点和差距。然后，对现有品类的数据进行分析，并和采购部一起对品类策略及发展目标进行研究和制定。为了客观分析，选择了两家门店作为实验对象，一家为施行门店，一家为对比门店。在取得成功后，再推行到其他门店。

卫生巾品类与竞争对手的比较及该品类的品类评分表，如表 14-2 至表 14-5 所示。

表 14-2　品项数与品牌数对比表

分　类	品　项　数			品　牌　数		
	商店	竞争店	差异	商店	竞争店	差异
卫生巾	237	135	102	21	12	9
护垫	62	49	13	14	8	6
卫生棉条	3	3	0	1	1	0

表 14-3　价格带对比表

分　类	价　格　带			规　格		
	商店	竞争店	差异	商店	竞争店	差异
卫生巾	1.4～27.5	4～12.9	−2.6	1～40	1～34	
护垫	2.5～14.2	1.5～26	1.5	6～80	20～80	14
卫生棉	12～15.82	9.8～12	2.2	16～16	16～16	

表 14-4　货架数和投影面积对比表

分　类	货　架　数			投　影　面　积		
	商店（1.2m）	竞争店（1.3M）	差异	商店	竞争店	差异
卫生巾	8	7	1	9.6	9.1	0.4
护垫	1	2	▲1	1.2	2.6	▲1.4
卫生棉条	0.2	0.3	▲0.1	0.2	0.39	▲0.19
促销区	—	—		19.2	10.8	8.4

表 14-5　品类评分表

	评估指标	目前水平	目　　标	目标对目前指数
购物者	客单价	10.42	11.5	1.0
	购物频率	11 217	12 338	1 121.7
销售	销售额	719 038	790 942	71 904
	坪效	280	307.7	28.0
利润	毛利率	8.0%	9.0%	1%
	毛利额	57 490	71 184	13 694.6
有品牌	销售额	23 763	26 139	2 376.3
	毛利率	30%	33%	3%
	占比	3%	3.6%	0.3%
供应链	存天数	49	40	−9

根据以上分析，我们对卫生巾这个品类有了基本的认识，同时也对以下几个方

面进行了确认。

- 卫生巾分类，设定为公司的常规性品类。
- 卫生巾及护垫的品项数对比竞争店太多，应该适当删除重复品项。
- 卫生巾减少 1 个货架的陈列，护垫增加 1 个货架的陈列。
- 卫生巾分类增加分类压条，方便购物者查找，加强关联性陈列。

（5）按品项优化流程进行品项分析

由信息部调出 6 个月的品类销售数据并进行整理，按照品项优化的格式要求对这一期间产品的销售量、销售额等进行排名。从产品结构、价格带两个方面分析品牌的品项数和销售额的贡献率，利用鱼骨图等分析方法进行分析。

品牌品项数和销售额的对比分析，如图 14-2 所示。

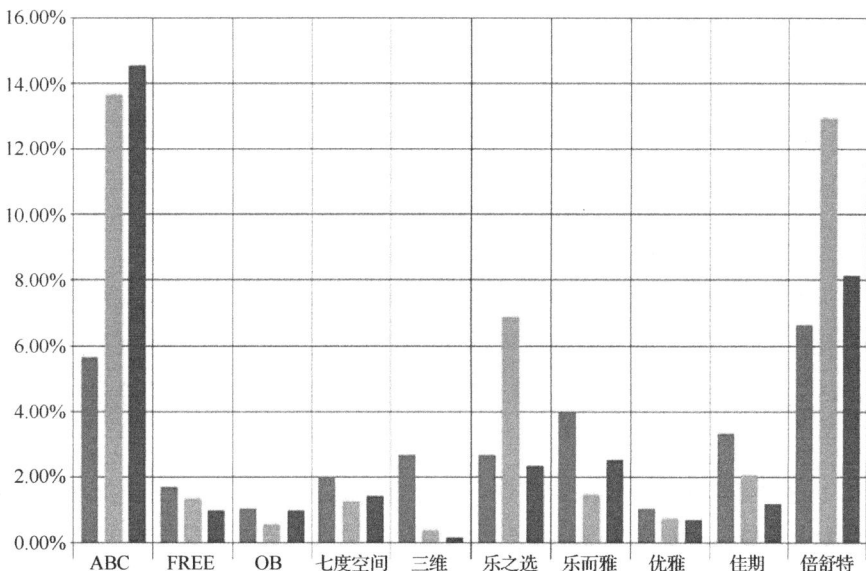

注：每个品牌从左至右的柱状图分别表示品牌数（%）、销售量占比（%）、销售额占比（%）。

图 14-2　品牌品项数和销售额的对比分析

品牌分析表是以品牌为单位，从表中可以看出，ABC 项数占比远远少于销售量和销售额的占比，说明该品项状况良好；但三维品牌正好相反，说明该品项产出率低，应删除低效率品项。

对于价格带的分析如图 14-3 所示。

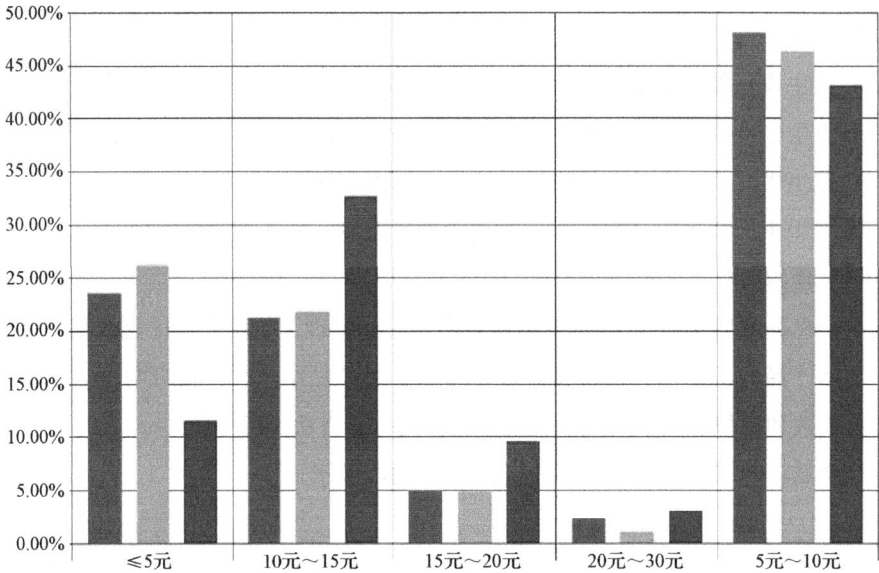

注：每个价格带从左至右的柱状图分别表示品种数（%）、销售量占比（%）、销售额占比（%）

图 14-3 价格带分析

从价格带分析表中可以看出，5元～10元是较为畅销的价位，而20元以上的销售表现不是很好。在产品筛选时，应尽量保留中价位的产品。

品类管理小组在对产品进行数据分析的基础上，排除了考虑市场赢家、商店输家，以及一些季节性因素和陈列因素导致的低销产品，按权重为销售量 50%、销售额 30%、毛利额 20%的比重确定了最终的品项优化建议，提出了删除和引进产品的清单，并对自有品牌开发及品类品项数等提出了其他建议。

以上建议再与所属分类采购部进行充分讨论后，确定了最终的删除及引进品项清单。品项优化结果如表 14-6 所示。

表 14-6 品项优化结果

区分	总 SKU	建议保留	占比	建议删除	占比
卫生棉条	3	3	100%	0	8%
夜用	92	78	85%	14	15%
护垫	62	52	84%	10	16
日夜混用	18	12	67%	6	33%
日用	127	107	84%	20	16%
总计	302	252	83%	50	27%

（6）确定排面数，根据优化结果制定电子陈列图

根据门店现有货架数据与竞争对手的陈列数据对比，以及公平货架原则及公司制定的陈列原则标准，测量品类产品的平均宽度，计算该品类的最大陈列 SKU 数，并根据销售占比对每个品项牌面进行规划，由公司的空间陈列部的陈列原则进行货架图的制作。电子货架图如图 14-4 所示。

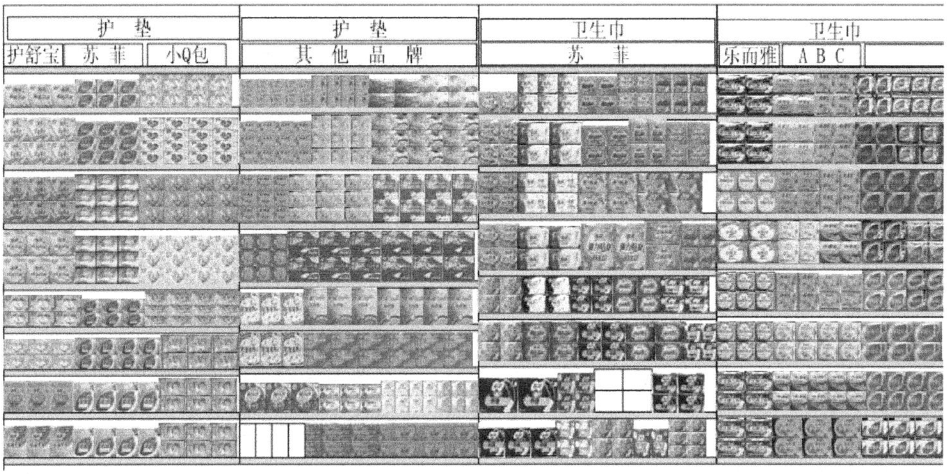

图 14-4　电子货架图

（7）货架优化

门店按照品类管理小组提供的电子货架图进行了调整。每个产品重新调整了陈列面和位置，同时还设置了独立的促销区和新品陈列区，对于新到的产品一律先陈列在新品区，而不打乱原有的陈列结构。

调整重点：护垫由原来的 1 个货架，调整为 2 个货架,依据公平货架原则品项数占比和货架数占比达到相当水平，同时也参考了竞争对手门店的货架占比情况。货架调整陈列对比如表 14-7 所示。

表 14-7   货架调整陈列对比

区分	调整前	调整后
照片		
借鉴	缺点：拥挤	公平货架原则： 从 1 个货架调整为 2 个货架

经过调整，护垫类的品项数占比和货架数占比基本相当，陈列调整对比分析如图 14-5 所示。

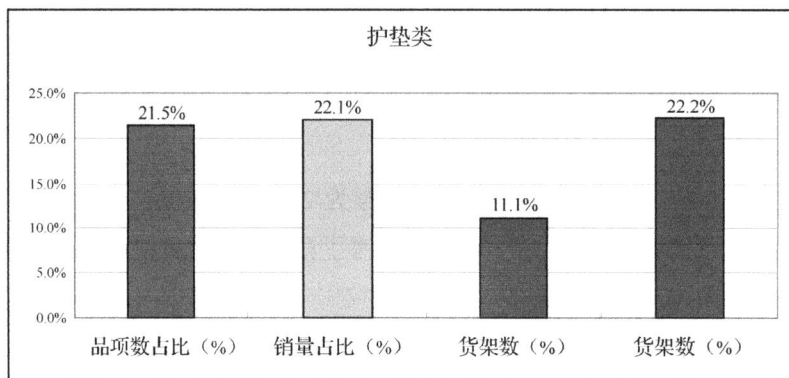

图 14-5   陈列调整对比分析

（8）跟踪调查

实施期间，运营督导对排面及缺货情况进行检查，并记录缺货原因与到货日期，同时对陈列前后的陈列配置进行拍照存档，每月对上月的资料进行分析总结。

通过 3 个月的销售追踪，可以看到在施行门店，卫生巾的销售量增长了 17%，棉条类的销售量增长了 106%；在对比门店，整个卫生巾品类的销售量也有了 21%的增长，同时毛利也有了 20%以上的增长。销售结果追踪如表 14-8 所示。

表 14-8　销售结果追踪

区分		销售额（元）				毛利额（元）			
分类		卫生巾	护垫	棉条	合计	卫生巾	护垫	棉条	合计
施行门店	总计	208 478	38 693	3 279	250 450	18 943	3 610	411	22 964
	差异	30 652	4 043	1 687	36 382	5 279	1 207	243	6 729
	增长	17%	12%	106%	17%	28%	33%	59%	29%
对比门店	总计	60 992	11 221	653	72 866	5 553	1 109	82	6 743
	差异	11 671	1 080	95	12 847	1 630	14	12	1 629
	增长	24%	11%	17%	21%	29%	1%	15%	24%

（9）实行推广

根据施行门店和对比门店的实施情况，把其他门店进行门店分级，分为大中小店，并安排日期导入。完成品类项目的门店主管对推广门店的陈列进行现场指导和帮助，最终完成了超市北京地区所有门店品类的执行。

（10）流程固化

根据以上全面的品类管理项目实施流程，公司提出了品类管理的施行流程，指出了每个步骤施行的负责人、分工、完成时间及衡量标准，制定了标准流程并下发全公司。其他的 12 个品类都按照此流程进行快速复制。

14.3.2　品类管理的经验总结

（1）公司高层的支持，各部门协调一致

品类管理要想取得成功，不仅需要得到公司高层的支持，还要与信息部门、企划部门、运营部门、采购部门等多个部门协调一致才能成功，任何一个环节的错误都可能导致计划失败。

（2）对促销人员的管理

促销人员对品类管理的影响很大，如果对促销人员管理不当，那么促销可能会把排面拉大，或运用各种促销手段把销量在短期内提升，导致数据分析失真。

（3）对新品陈列的关注

对新品的陈列要给予格外关注，最好设立一个新品陈列专用货架，使新品能够较快地找到陈列的位置，并且防止其他旧品挤占它的位置，使新品有一个适当的过渡期。

（4）注重培训

品类管理要注重培训，只有大家统一认识，才能步调一致，从而取得更多人的支持，使品类管理能够顺利推进。

第 15 章

品类回顾

15.1　品类管理实施结果回顾

实施品类管理的最终目的是更好地服务消费者，获得消费者的认可并使自己的商店成为他们购物的主要场所。最终的表现指标是品类销售额、销售量和利润等关键绩效指标（KPI）的上升，所以品类回顾是所有参与人员较为关心的一个环节。品类回顾一方面是对所做工作的总结，另一方面也是下一步行动计划的起点。品类回顾的衡量指标主要是品类评分表中的内容。但分析方法有所讲究，建议在进行品类回顾时考虑以下几方面的问题。

1．测试门店的选择

为了避免结果的偶然性，测试门店最好选择 2~3 个。如果只选择一个，结果会受该店所处环境变迁、竞争环境变化等众多因素的影响，可能不具代表性。例如，深圳某门店的目标购物群是有车人士，大部分消费者会开车前往购物。但受油价上涨和广东持续缺油两个多月的影响，商店生意骤然下跌，这在无形中削弱了参与人员对品类管理的信心，使品类管理评估的难度增加。

2．对比门店的选择

用简单的测试门店与非测试门店直接对比并不客观。例如，测试门店多数会选择生意趋于稳定且开业一年以上的商店，而非测试门店中含有新店或竞争环境较好的门店，因此直接对比会削弱品类管理的效果。有条件的话，建议选择 1~2 个生意规模相似、所处商圈类似的门店作为对比门店。

3．评估方法

评估方法最好包括横向评估与纵向评估。横向评估是指与对比门店进行比较，纵向评估是指门店自身的比较，如测试品类与商店其他相关品类的比较。

4．市场调查

因为品类管理的终极目标是消费者满意，所以除了进行定量的业务指标评估，还应该进行简单的市场调查。市场调查包括消费者调查和相关员工的调查。通过对消费者的调查可以清晰地了解品类变化对消费者的影响和消费者的满意程度。对相关员工的调查可以帮助认识品类管理对运营效率的提高并间接了解其对消费者的影响。例如，某商店理货员反映，实施品类管理后上货的次数从每天三次减少到每天一次；某采购人员反映，实施品类管理后订单频率从每周三次减少到每周两次，而库存天数却降低了。

15.2　品类管理的潜在效益

品类管理的结果多数是积极的、理想的。平均来讲，三个月考核期后品类销售额的增长率会达到 10%~20%。当然，视商店的现状和机会大小的不同，实施结果也会不同。事实上，短期销售额的增长相对于品类管理对零售商的巨大影响来讲只是很小的贡献。品类管理之所以被称为零售业的变革，其影响更多表现在对零售商的观念改变和流程再造两个方面。下面列举一些品类管理的潜在效益。

1．短期效益

- 品类销售额与利润的增长。

- 市场份额的增长。

- 减少缺货现象。

- 增加库存周转，降低库存天数。

- 增加平均米效，使货架产出最大化。

- 减少低效率的重复劳动，提高促销、定价、选品的有效性和时效性。

- 发现品类的发展机会，如新品引进、产品线的延伸、自有品牌开发等。

2．长期效益

- 提升消费者价值。通过改善业务流程更好地满足消费者的需求，如通过产品优化满足消费者需求，通过对消费者决策过程的了解使购物更方便，通过提升效率来降低价格。

- 强化企业战略。提高企业的洞察力和核心竞争力、使企业的战略、组织架构和操作流程能更好满足消费者需求，更快适应瞬息万变的市场。品类管理将各品类的策略与零售商的策略紧密联系在一起，提高了经营效率，为零售商合理配置各方面资源提供了方向。

3．信息技术的改善

通过品类管理，零售商可以积累品类、消费者等方面的信息，有助于清晰地界定零售商对信息的需求，从而减少不必要的投入。对于信息系统需要改善的零售商，品类管理也为信息系统的建设提供了一个很好的框架。

4．战略性合作伙伴关系

战略性合作伙伴关系近两年谈得很多，但没有一个项目能像品类管理这样将战略性合作伙伴关系演绎得如此深入。品类管理将传统的建立在"讨价还价"基础上的工商关系引入到一个以消费者为导向的新的阶段，使很多战略性的合作成为可能。品类管理的成功实施离不开供应商和零售商的相互信任和信息共享，使工商关系从对抗走入"双赢"甚至"三赢"。

5. 组织能力的提升

通过品类管理，供应商和零售商都培养出了一批新型零售人才，员工从经验型管理转为以数据为基础的科学型管理，其战略性、变革性的思维能力得到提升。品类管理的系统性和科学性杜绝了一些管理上的漏洞，使零售商的管理更规范、更透明。

15.3　品类管理的阶段性回顾

不同的零售商，因其所处的现状不同，对其实施品类管理的阶段也可以有所不同。对组织能力强、基础好的零售商可以进行高级的品类管理，而对初次尝试品类管理的零售商建议从基础品类管理开始进入，待组织能力、管理水平提高后再上升到高级品类管理。

除了供应商和零售商管理层对品类管理的支持力度及供应商和零售商品类管理的能力，还可以从数据完备程度和人员需求等方面来评估适合零售商的品类管理等级，如表 15-1 所示。

表 15-1　品类管理等级评估

	普通合作		基础品类管理		中级品类管理		高级品类管理	
	零售商	供应商	零售商	供应商	零售商	供应商	零售商	供应商
数据要求	无须分享数据		单品销售数据、货架数据、按月提供数据	市场数据、品类细分数据、品类发展趋势、消费者数据	促销销售数据、促销类型数据、产品价格变化、按周提供数据	市场数据、成功促销案例、消费者数据	跨品类数据、购物篮数据	品类发展数据、消费者数据
人员要求	采购	销售员	品类经理、采购员、IT部	品类管理专家、销售员	品类经理、采购员、IT部、市场部	品类管理专家、销售员、市场部	品类经理、采购员、采购总监、IT部、市场部、市场研究部	品类管理专家、销售员、市场部、市场研究部

品类管理是一场大的变革，影响面广，对员工零售管理能力和旧的运营机制都将带来很大挑战。建议先从基础品类管理做起，否则会因为涉及面太大、流程过于复杂而导致员工的不理解和实施上的困难。

品类管理是一个螺旋上升的过程，每次评估都会发现新的机会，每次评估后都会对上一次的品类计划进行调整，形成新一轮的品类计划。换句话说，品类管理不是一次性的项目，而是一个管理生意的方法与流程。因此，只有不断地回顾，才更利于企业持续、稳定的发展。

第 16 章

品类管理的基石
——购物者研究

16.1　市场研究

1. 市场研究的价值

　　要想在当今错综复杂、瞬息万变的市场中获胜，仅仅知道人们购买什么产品和服务是远远不够的，必须还要了解其行为背后的原因。市场研究是探索人们思考什么、想要什么、需要什么或做什么的有效方式。通常来说，市场研究能获取其他方法无法获得的信息。厂家通过市场研究的方式了解购物者需求，并根据购物者的需求生产产品，评估营销策略的有效性。绝大多数成功的机构都知道不充分的市场研究将会在多大程度上增加失败的风险。社会和政府团体也通过市场研究来把握公众舆论，并将之作为制定政策或测试宣传活动有效性的影响因素。

　　市场研究为市场营销人员在认证市场机会和解决问题时提供了系统的、客观的及通过认知、收集、分析和传播的信息。市场研究具有通过信息把市场营销者和消费者联系在一起的功能。例如，市场研究能够帮助企业了解消费者的行为和需求，跟踪和评估市场营销表现，从而找出商业发展的机会和问题所在，最终帮助企业制定生意发展策略。市场研究在企业制定和评估市场决策上起着关键作用。一系列先进和富有创新性的市场研究技术能够及时准确地为企业收集并研究与消费者相关的一切信息及市场动态，包括消费者的行为习惯、消费心理、购物心理、对产品的看法、对广告的反应、各企业/品类/品牌在市场上的最新发展……所有信息将被加以系统客观的分析，为企业管理层制定和评估市场决策提供可靠的依据。

2．市场研究的领域

市场研究的领域包括消费者研究、购物者研究和战略调研、市场发展趋势研究等。其各领域特点如下。

（1）战略调研、市场发展趋势研究

- 产品服务定位调研。
- 市场细分调研。
- 目标购物群研究。
- 地点、竞争分析研究。
- 财务战略研究。

（2）消费者研究

- 产品测试：概念调研、创意调研、定价调研、包装调研、使用习惯研究。
- 广告研究：广告创意调研、实际播放调研、广告效果调研、品牌形象研究。
- 消费者行为习惯研究。
- 满意度调研。

（3）购物者研究

- 商店及销售渠道选择研究。
- 动力品类研究。
- 跨品类研究。
- 商店整体动线和布局研究。
- 品类定义研究。
- 购物者购物过程研究。

- 购买决策树研究。
- 货架研究：产品陈列调研、货架有效陈列研究、货架标志研究。
- 价格研究：价格形象研究、物有所值研究。
- 促销研究与跟踪：促销方法及效果调研、店内广告研究、临时降价研究、陈列和堆头效果、买赠、奖券、抽奖等促销方式研究。
- 满意度调研。

3. 市场研究的方法

市场研究的方法分为定性研究和定量研究。定性研究是一种非量化的研究方法，主要以找寻和挖掘被访者的潜在的意念、洞察力为目的。定量研究是一种通过严格的统计抽样来实现以部分样本代表总体的量化的研究方法，其结果要运用一系列的数学和统计方法来分析，经数据分析后的结论可以推论、辐射整体。

（1）定性研究

定性研究主要包括以下几种方法。

- 小组座谈会。寻找相关的人员，将其分为8个人一组，在主持人的引导下进行互动交谈，激发各自内心真实的想法，如商店形象调查，产品广告卖点等。
- 入户访问。实地观察和访问。例如，观察消费者怎样使用和在什么环境下使用某产品？
- 一对一探访。更深层次地挖掘理念、观点，如专家、政府领导、企业管理人员访谈。
- 商店拜访或陪伴购物。直接观察和访问，如购物者习惯和行为研究。

（2）定量研究

定量研究参照研究目标及研究对象范围，以一定的置信度抽取样本进行访问。定量研究与定性研究的较大区别在于样本的数量。由于定性研究样本量较少，所以其主要是为了说明"是什么"和"为什么"的问题，而定量研究旨在说明"有多少人有这样的看法"。定量研究相对精确，但由于定量研究样本量大、成本高，所以定量研究应与定性研究配合使用。定性研究与定量研究的特点如表16-1所示。

表 16-1　定性研究与定量研究的特点

	定 性 研 究	定 量 研 究
优点	样本少，快，成本低； 能深入了解研究对象的做法和想法	样本量大，能提供量化的数据； 可以应用数学和统计的分析方法，可以扩大到代表总体； 能够指出一些微小的差异
局限性	不能扩大到代表总体； 不能区别一些小的差异； 不能用数字来衡量	速度慢，成本高； 有时候，不能从单纯的数据中看出深层的原因

定量研究主要可以采取如下几种方法。

- 入户访问。可出示刺激物，派发产品等。

- 定点访问。时间相对短，质量相对好。

- 电话访问。访问时间快，质量控制好。

- 网上调研。访问时间快、及时。

4. 市场研究的流程（见图 16-1）

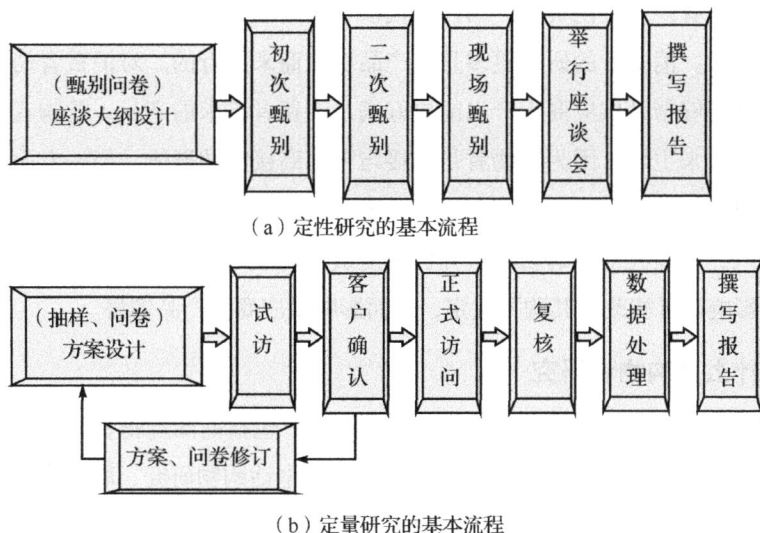

（a）定性研究的基本流程

（b）定量研究的基本流程

图 16-1　市场研究的流程

市场研究之所以有效，是因为通过测量或与数量相对较少的样本群交谈能够了解一个庞大的购物群的特点。但是，这种方式只有当符合以下条件才有效：样本群是全体目标人群的代表；样本群被问以恰当有效的问题；样本群的回答被正确理解。所以，只有具有一定技巧和经验的专业从业者才能操作市场研究，并对市场研究进行设计和贯彻实施，进而向客户传递信息。

16.2　购物者研究概述

购物者研究是现代零售渠道不断发展壮大的产物。我国现代零售渠道的产品零售总额已占到近 50%，在上海、北京等重点城市和省会城市，该比例更高。零售终端重要性的不断增强促使供应商和零售商增加了对购物者研究的投入。

1. 什么是购物者

购物者是指进入商店并有购物意向的人，即零售商能接触到的人。购物者与大家经常提到的消费者有所不同。消费者是指使用产品的人；购物者有可能是消费者，也有可能仅是帮助消费者购买产品的人。例如，某人为自己购买了一包牛奶，该人既是购物者，也是消费者；当妈妈代孩子购买婴儿沐浴露时，妈妈是购物者，孩子是消费者。消费者的研究更多是由产品供应商来进行的。对消费者消费行为和喜好的研究能够帮助供应商生产出能更好满足消费者需求的产品。购物者研究理论上应由零售商来主导，因为购物者是直接与零售商接触的群体。但一方面由于零售商对市场研究领域暂时不太熟悉，另一方面市场研究需要较多的资金、人员和分析技术的投入，所以大部分购物者研究仍然由供应商主导。因为购物者在零售终端所受的各种影响很可能改变其购买决定，从而影响供应商的产品销售。

2. 什么是购物者研究

购物者研究是指针对购物者所做的各种研究，包括商圈购物者调查、竞争对手调查、商店形象研究、购物趋势研究、网上购物/电话购物研究、联合营销研究、目标购物群研究、品类角色研究、销售要素研究（产品组合、货架陈列、促销、定价、分销、购买决策树研究）等。研究层面可以是商店层面，也可以是品类层面；可以是战略层面，也可以是战术层面。

购物者研究使用的方法目前主要有小组讨论法、问卷调查法、陪同购物法和观察法等。

3．购物者研究的重要性

（1）购物者在产品链中的重要性

生意渠道的变迁和现代零售渠道的不断发展壮大决定了购物者对供应商和零售商的重要性。调查结果显示，购物者 80%的购买决定是在到达商店后做出的。对洗发护发品类而言，87%的购物者在进入商店之前已经计划好了所要购买的洗发护发品类的产品，但是 42%的购物者会因为商店里促销、价格、陈列等的影响而改变购买决定。零售终端对产品销售的影响从购物者使用和购买产品的整个流程中也可得到清晰的体现。

影响购物者购买决定有两个真理时刻：购物者面对货架与产品直接接触的时候是第一真理时刻（the First Moment of Truth），即图 16-2 的产品链；购物者在商店以外所受到的影响是第二真理时刻（the Second Moment of Truth），如在家中看电视、和亲朋好友一起使用产品。之前，第二真理时刻被广泛关注，供应商将大部分资源投入广告、样品派发、户外广告，几乎很少有人意识到第一真理时刻的重要性。如今，随着购物者决策受店内影响的增大，第一真理时刻越来越受到重视，购物者在整个产品链中的地位也日益凸显。

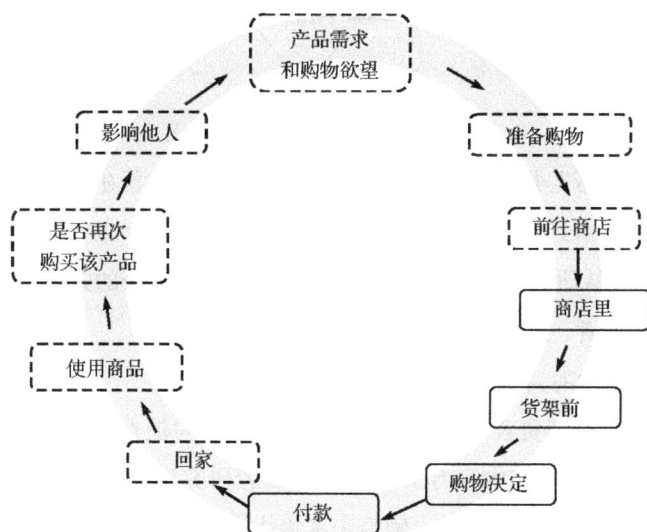

图 16-2　产品链

（2）了解购物者的重要性

与欧美成熟的零售业巨头们差异化的竞争战略相比，我国零售业还不太成熟，竞争仍处于初级阶段。产品、陈列布局、价格、促销日趋同质化，零售商靠牺牲利润为代价而大打价格战，通过近距离争夺同商圈的购物者来达到扩大市场份额的目的。零售商"让利血拼"，付出了那么多，为何购物者还是流失呢？原因是零售商对购物者的需求不关心，对购物者选择零售商的驱动因素不了解，因此无从采取改进措施，无法创建自身独特的形象，从而"给购物者一个前来购物的理由"。据尼尔森公司统计，造成购物者流失的 78%的原因是零售商不了解购物者的需求，不能为他们提供满意的产品和服务。只有 18%的原因是因为别的购物者价格更低廉、朋友口碑推荐或自然地改变偏好而选择了竞争对手。购物者流失的主要原因如图 16-3 所示。

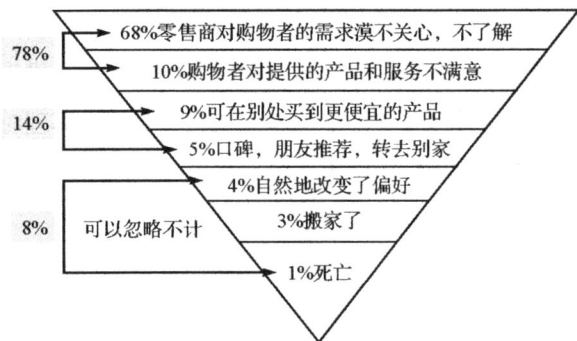

图 16-3　购物者流失的主要原因

"顾客就是上帝"是许多企业的口头禅。零售业巨头沃尔玛甚至列出了这样的经营宗旨：一顾客永远是对的；二顾客有错误，就参照第一条。然而要想真正地感动"上帝"，必须从研究购物者的需求入手，了解企业本身的条件和竞争对手的策略，锁定目标购物者，这才是感动"上帝"的第一步。

（3）购物者研究与消费者研究的关系

购物者研究是对消费者研究的衍生，是市场发展对消费者研究提出的新课题。二者研究方法相似，研究内容有所不同。消费者研究以消费者为核心，侧重于产品；购物者研究以购物者为核心，侧重于零售终端。随着零售终端对产品影响力的增加，消费者研究和购物者研究的内容也在相互渗透。购物者研究与消费者研究的关系如图 16-4 所示。

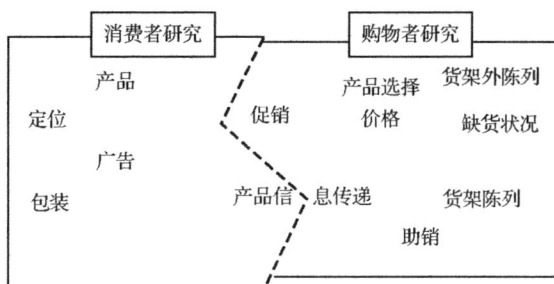

图 16-4　购物者研究与消费者研究的关系

（4）什么时候需要购物者研究

对零售商来讲，购物者研究可以解决商店层面的问题、品类之间的问题及品类内部的问题。商店层面的问题包括商店的整体评价、商店的物有所值评价、商店的价格形象、商店购物者购物行为研究等。品类之间的问题即品类角色，包括品类对零售商的重要性、品类对购物者的重要性和跨品类分析等。品类内部的问题包括品类的整体评价、品类价格形象、品类的购物行为、品类产品组合、货架陈列、促销有效性等，购物者研究的范围如图 16-5 所示。

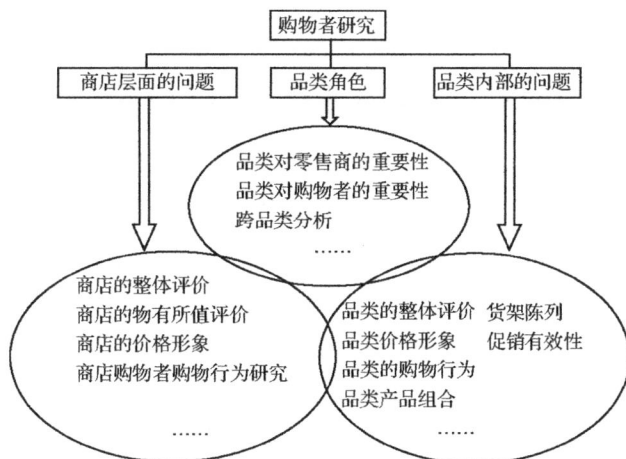

图 16-5　购物者研究的范围

当零售商遇到如下问题时，可以考虑使用购物者研究。

- 总体商店的一些问题。

——商店发展的目标应该是什么？是吸引更多购物者还是增加购物者在商店的消费？

——竞争对手是谁？

——谁是目标购物者？

——购物者对商店的评价。（商店定位问题）

——应该怎样吸引目标购物者？（商店优缺点分析）

- 具体品类的一些问题。

——不同的品类怎样帮助商店实现生意发展目标？

——不同的品类在商店中扮演怎样的角色？

——商店某一品类的竞争对手是谁？

——不同品类怎样帮助商店吸引它的目标购物者？

——商店怎样实现它的品类发展目标？（品类管理优缺点分析）

目前，国内的购物群体日益成熟，购物内容越来越丰富，需求层次越来越复杂，购买行为越来越趋于理性，要想激起多数购物者的购物冲动，单纯依靠价格竞争赢得购物者的信赖和忠诚越来越难。步入微利时代的商业，必须从原来的经营者本位转移到购物者本位，只有保证"购物者满意"，特别是核心购物者的忠诚度，才能保证企业长久盈利。

16.3　购物者研究与品类管理

购物者研究是品类管理的基石，如果没有购物者研究作为基础，品类管理只能是纸上谈兵，无的放矢。因此，在品类管理的整个流程中要充分利用购物者研究的结果。在这里举两个有代表性的案例来说明购物者研究对品类管理的重要性——零售商商圈调查和购物者购买决策树调查。

16.3.1　零售商商圈调查

商圈是指以零售商店为中心，沿着一定的方向和距离扩展，能够吸引购物者的辐射范围。商圈是由购物者的购物行为和商店的经营能力决定的，商圈分为基本商圈、次级商圈和边缘商圈。基本商圈是指接近零售商并拥有高密度购物群的区域，该区域购物者通常占到零售商店所有购物者的 50%~70%，销售额一般占到 60%~70%。次级商圈的购物者占零售商店所有购物者的 15%~25%，销售额一般占到 20%左右。边缘商圈的购物者较少，销售额仅能占到 10%~15%。

零售商在进入一个新的区域或要深入了解商店附近的购物者的购物行为与想法时，需要做零售商商圈调查。因为只有清楚了解周围住户的情况，包括他们的年龄、家庭户大小、收入状况等信息及他们的购物行为和对商店的评价，商店才能更好地服务于自己的"上帝"——目标购物群。

1. 商圈调查的步骤

（1）确定商圈的范围

根据购物者来商店的合理距离和经验来确定商圈的范围。例如，以商店为原点，步行 15 分钟的范围，骑自行车 15 分钟的范围和汽车行驶 15 分钟的范围。

（2）确定样本量

保证商店和调查的品类有足够的样本量。通常大样本量定为 300 个，小样本量定为 200 个或 100 个。

（3）样本分布

样本分布采取随机抽样的原则。具体方法如下。

- 把商圈划分为更小的抽样区，每个区的样本量不超过总样本的 3%；
- 每个调查区的第一个样本是随机抽样的；
- 按右手原则[①]等距抽样。

（4）确定合格的被访者

根据品类的特性而定。例如，调查婴儿品类的产品时，选择有婴儿的母亲；调查彩妆品类时，选择彩妆的使用者。

（5）开始调查

2. 商圈调查结果举例

（1）市场占有率分析（见表 16-2）

从表 16-2 可以得到以下几个信息。

商店 1 的市场占有率不错（4.78%），但其忠诚度仍有很大的提高机会（12.08）。

商店 2 的忠诚度最高（20.45%），但家庭渗透率太低（17.71%），其首要问题是吸引客流。

---

① 抽样时从右手方向（逆时针方向）开始选取样本。

商店 3 的市场占有率最高（7.90%），这主要是高家庭渗透率（42.2%）带来的，忠诚度也不错（19.71）。该商店主要吸引了低收入人群。

商店 4 的花费指数最高（141），而高消费人群毕竟是少数，所以该零售商的主要策略应该是增加忠诚度。只要能够让这部分高质量的购物者在商店多花一些钱，该商店的市场份额就会很快提高。

表 16-2 市场占有率分析

	市场占有率（%）	家庭渗透率（%）	忠 诚 度	花 费 指 数
商店 1	4.78	36.07	12.08	110
商店 2	3.68	17.71	20.45	102
商店 3	7.90	42.2	19.71	95
商店 4	3.18	22.20	10.18	141

（2）主要竞争对手分析

零售商 A 的购物者同时会选择其他商店购物，这些商店是商店 1、商店 2、商店 3 和商店 4。零售商 A 的忠诚购物者中，有 44% 的人会同时去商店 1 购物，因此商店 1 是零售商 A 的主要竞争对手，主要竞争对手分析如表 16-3 所示。

表 16-3 主要竞争对手分析　　　　　　　单位：%

主要竞争对手	零售商 A			
	忠诚购物者	有时购物者	偶尔购物者	所有购物者
商店 1	44.00	58.85	46.89	48.23
商店 2	14.67	44.01	40.21	40.04
商店 3	14.67	25.52	36.80	35.00
商店 4	14.67	19.79	35.81	33.48

（3）购物者特征分析（见表 16-4）

表 16-4 购物者特征分析

购物者特征		占城市总家庭户比例（%）	占城市消费比例（%）	市民消费指数	占零售商 A 家庭户比例（%）	占零售商 A 消费比例（%）	零售商 A 购物者消费指数
月收入（元）	601～1 000	12.82	10.65	83.03	9.20	8.06	87.55
	1 001～1 500	18.71	18.62	99.51	18.93	15.16	80.13
	1 501～2 000	23.17	22.41	96.74	16.05	16.70	104.05
	2 001～3 000	24.60	25.30	102.84	30.35	34.77	114.57
	3 001 以上	18.26	20.68	113.27	25.47	25.31	99.35

续表

购物者特征		占城市总家庭户比例（%）	占城市消费比例（%）	市民消费指数	占零售商 A 家庭户比例（%）	占零售商 A 消费比例（%）	零售商 A 购物者消费指数
家庭人口数（人）	1～2	18.14	14.15	78.01	12.94	10.15	78.48
	3	50.77	51.47	101.38	55.52	56.02	100.90
	4	15.98	16.32	102.11	12.45	10.55	84.75
	5	12.15	14.98	123.33	16.38	21.26	129.75
	6 以上	2.97	3.08	103.92	2.71	2.02	74.51
拥有孩子的年龄（岁）	没有孩子	41.99	39.90	95.01	38.28	38.20	99.79
	0～4	6.00	5.36	89.38	11.51	13.79	119.82
	5～9	9.48	9.55	100.68	11.09	10.27	92.58
	10～14	19.98	19.09	95.55	15.03	18.62	123.91
	15～18	22.54	26.10	115.77	24.09	19.13	79.38

从表 16-4 中的数据可以看出，零售商 A 的主要购物群的特征：月收入较高（2001 元以上），3 口或 5 口之家，有 0~9 岁的小孩。

（4）零售商 A 相对于竞争对手的优势和机会

零售商 A 的优势。

- 店里有种类齐全的新鲜食品，如水果、蔬菜、肉和乳制品。
- 购物者在这里购物，感觉物有所值。
- 是购物者信任的商店。
- 即使店里没有促销活动，每天的价格也比较低。
- 退换货比较容易。
- 所售产品可以完全满足购物者家庭的需要。
- 购物者很愿意向朋友推荐这家商店。
- 商店离购物者的住所很近。

零售商 A 的机会。

- 店里的产品有很多类型和种类。
- 店里的走道和通道很宽，很容易通过。
- 商店有足够的停车（包括汽车、摩托车、自行车）设施。
- 店里有最新的产品。

- 购物者需要的产品，店里总有。

竞争对手零售商 B 的优势。

- 在这家店买东西不用担心有假货。
- 购物者需要的产品，店里总有。
- 店里的走道和通道很宽，很容易通过。
- 在这家店购物方便快捷。
- 店里有最新的产品。
- 售货人员态度很友好，乐于提供帮助。

竞争对手零售商 B 的机会。

- 是购物者信任的商店。
- 购物者很愿意向朋友推荐这家商店。
- 在这家店购物，可以完全满足购物者家庭的需要。
- 在这家店购物，可以使购物者了解时尚或新产品的信息和知识。
- 退换货比较容易。
- 商店离购物者的住所很近。

根据购物者调查结果了解到，零售商 A 相对于竞争对手零售商 B 的优势在于生鲜食品、物有所值的价格形象和购物者的信任度，但在新产品引进、购物环境及假货担忧方面零售商 A 亟待提高。该调查结果为零售商 A 的下一步行动指明了方向。

16.3.2　购物者购买决策树调查

购买决策树是指购物者购买决策过程中考虑各种因素的先后次序。购买决策树的研究便是发掘影响购物者做出购买决策的主要因素及其优先层次。决策树的研究不仅可以帮助零售商提高终端表现及市场营销组合的效率，还可以使商店的布局设计更生动，提升商店的形象，优化货架的陈列，加强门店的运作，从而更好地满足购物者的需求，使购物者产生好的购物体验。

购物者购买决策树研究着重帮助我们回答以下问题。

- 如何摆放货架更能帮助购物者做出购买决策？
- 如何通过店内活动去影响购物者的决策？

- 购物者的需求层次是怎样的？他们头脑中的思考过程是怎样的？

- 在购买所需的品类时，购物者首先考虑哪些因素？

- 在货架前购物者的购买习惯如何？怎样能让购物者更方便地找到产品？

- 在挑选产品时，购物者是根据什么因素决定的？

- 决策过程各因素的重要性，如购物者是怎样受促销活动的影响而改变购买决定的？

- 哪些是购物者来商店前就预先做好计划的？例如，是否有购物清单？最终有多少比例是按照购物清单购买的？购物计划的详情是什么？产品的品类、档次、品牌、功能、价格、包装、规格大小是什么样的？

- 面对缺货（货架上缺货或者找不到所需产品）的反应如何？采取了哪些行动？例如，是换商店、换品牌、换类型，还是干脆不买？

1. 购买决策树调查目的

- 深入了解某品类的购物者购买行为和习惯。

- 购物者做出购买决策的主要影响因素。

2. 购买决策树调查方法

（1）定性研究——建立假设

通过 FGD（焦点访谈）小组访谈，了解购物者购买某品类的决策过程。例如，先决定什么？后决定什么？受什么因素的影响？理想的购物过程是怎样的？如何划分品类？决策的思路是怎样的？同时，通过店内观察了解某品类的购物行为及每个购买行为背后的原因。

（2）定量调查——量化信息

样本量：300 个（大样本）、200 个或 100 个（小样本）。

抽样方法：入户调查。

合格的被访者：该品类的购物群并且最近三个月内买过该品类。

3. 购买决策树问卷设计

问卷内容主要包括以下几个方面。

- 预先计划性：购买该品类产品有无预先计划？计划有多细（档次、品牌、功能、价格、包装大小）？

- 决策过程各因素的重要性。
- 促销活动的影响。
- 面对缺货的选择：换商店、换品牌、换类型或干脆不买。
- 购物者背景信息。

4. 购买决策树调查结果举例

影响购买决策的主要因素与促销的影响是否容易改变购买决策，如表 16-5 和表 16-6 所示。

表 16-5　影响购买决策的主要因素　　　　　　单位：%

影响购买决策的因素	厨　巾	厕　纸
	排名第一时购物者的比重	排名第一时购物者的比重
品牌	7	8
价格	45	38
包装大小	13	6
产品种类	21	17
颜色	6	5
张/卷	1	4
表面纹路	7	2

表 16-6　促销的影响　　　　　　单位：%

促销是否改变购买决策	促销厨巾时购物者的比重	促销厕纸时购物者的比重
同样的产品会买得更多	74	73
会改变品牌	64	65
会买更大的包装	77	82
会买另一种类的产品	50	58
会买另一种颜色	69	66
会买更高档的产品	53	50

与品类现有的促销方式有关，购物者觉得品类的价值更多体现在包装及数量上，以及品类的发展程度上，即是否有更多品牌或品种可供选择。

84%的购物者称，他们在进商店之前就已经计划好要买的品类了，但是计划性在不同的品类上程度不同，如婴儿纸尿裤和小食品，购买计划性如表 16-7 所示。对于计划性高的品类，可以用邮寄广告的方式来引导购物者购物，货架区域应在容易找到的地方，且不能缺货。购物者对缺货的反应如表 16-8 所示。对于计划性低的品类，要更多地通过商店的活动去影响购物者。

表 16-7　购买计划性　　　　　　　　　单位：%

品 类 名 称	计划购买品类的购物者比重	在商店里决定品类的购物者比重
小食品	60	61
厨巾	89	48
婴儿湿巾	70	44
洗发水	82	44
纸手帕	82	41
厕纸	93	38
洗衣粉	86	32
妇女卫生用品	88	30
婴儿纸尿裤	96	15

表 16-8　购物者对缺货的反应　　　　　　单位：%

缺货时的反应*	厨巾缺货时购物者比重	厕纸缺货时购物者比重
去另一家商店买	18	12
这次不买	44	40
在这家商店买另一个牌子	25	31
买同一个牌子的其他产品	8	13

*样本量为过去三个月遇到缺货的被访者。

对以上结果综合分析后容易得出厨巾的购买决策树，如图 16-6 所示。从该图中可以看出，厨巾货架应首先按价格差异归类，再按产品种类、规格等细分。

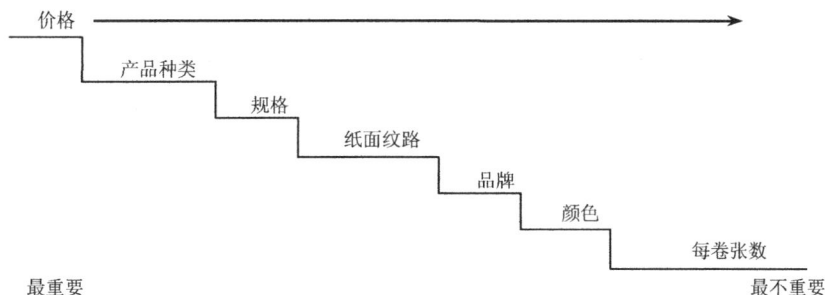

图 16-6　厨巾的购买决策树

5. 注意事项

首先，购买决策的过程是下意识的，购物者很难说出其中的步骤，调查所得到的也只是购物者声称的购买决策中的重要因素，所以还需要经过专业人员的综合分析才能得出最终结论。

其次，不同的品类有着不同的购买决策树。在我国很多品类的购买决策树中，品牌都占据着首要位置，如洗发护发品类、口腔护理品类、妇女卫生用品品类。但品牌并非总位于购买决策树的第一决策层次，如家居清洁用品品类和软饮料品类。

对家居清洁用品品类店内的购买行为和决策树的调查显示，家居清洁用品品类的预先购买计划性极强（约有90%），这意味着预先购买计划很强的品类是吸引购物者前来购物的品类之一。同时，52%的购物者的店内购买行为是"拿着就走"，其在货架前停留不超过30秒钟。这些现象表明，购物者对家居清洁用品品类产品的熟悉程度很高。家居清洁用品品类的购买决策树如图16-7所示。

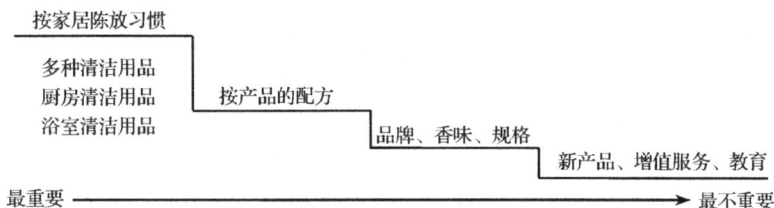

图16-7　家居清洁用品品类的购买决策树

家居清洁用品品类的决策树调查结果显示，首先应该按照家居陈放习惯顺序即产品的类型陈列，如多种清洁用品、厨房清洁用品、浴室清洁用品；再按产品的配方（如酸碱性），以及品牌、香味、规格等分类陈列。增值服务、新产品和消费者教育的重要性较低，因此需要花费心思去设计一些吸引人的店内演示来介绍新产品和新功能，以增加购物者在清洁用品品类区域内的停留时间。

软饮料和香皂的购买决策树如图16-8所示和图16-9所示。

品牌在很多品类的购买决策树的层面中都存在，但是品牌不一定是购物者做出购买决定的第一决策层次。关于软饮料和香皂这两个品类的决策树调查结果表明，品牌有时处于第二决策层次或第三决策层次。品牌的重要性和所属的品类很有关系。以洗发水和大米为例，购物者对洗发水品牌的偏好影响了对产品的选择，而对于大米购物者则更关心大米产地和大米品质的层面而不是品牌，所以大米的品牌重要性就较低。

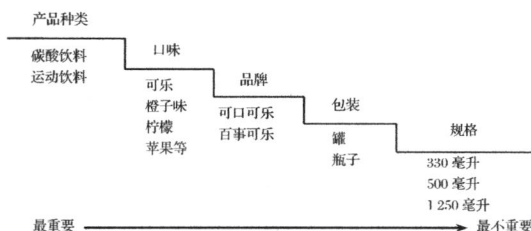

图 16-8 软饮料的购买决策树

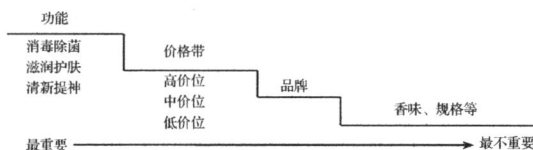

图 16-9 香皂的购买决策树

购买决策树的优先顺序能帮助我们分清主次，从而保证购物者所认为的较为重要的产品不能缺货。如果碳酸及运动饮料品类的货架上连一瓶饮料也没有，或者购物者找不到，又或者不方便寻找和挑选，那么购物者可能会转身离开商店而去别家商店购买。因此，处于购买决策树第一决策层次的产品一定不能缺货。在决策树重要性较低的决策层次，如果购物者找不到产品，如瓶装可口可乐的 500 毫升，其可能不会离开商店，而会在同一家商店选择其他规格的瓶装可口可乐。

16.4 市场研究公司

1. 凯度咨询及凯度消费者指数①

凯度咨询（英文名 Kantar Consulting，公司中文注册名：康塔瑞韬管理咨询（上

---

① 《品类管理实战》前两版中介绍的央视研究（简称 CTR）是我国国际电视总公司和凯度消费者指数（Kantar World Panel）在我国共同投资的合资公司。在我国以外，Kantar World Panel（简称 KWP）是凯度咨询的母公司 Kantar 公司的下属公司。相关介绍可查询 CTR 官网（http://www.ctrchina.cn/about.asp）。KWP 的前身是 TNS 购物者日记的部分（TNS House Panel）。所以在我国以外，KWP 是凯度咨询的兄弟公司。而目前的 TNS（不再包含 House Panel）属于 Kantar 集团，是凯度咨询的兄弟公司。《品类管理实战》前两版中介绍的智道市场调研有限公司已经在 2014 年并入 Kantar Retail（凯度咨询的前身），成为其购物者研究业务部门。

海）有限公司为 Kantar 公司下属的咨询业务单元，2019 年之前隶属于 WPP 集团。Kantar 公司是全球较大的研究、分析和咨询公司之一。它致力于帮助客户更好地理解市场、品牌和购物者，从而制定更卓有成效的商业决策。2019 年 WPP 集团向贝恩资本（Bain Capital）售出 Kantar 公司部分股份，但其仍是 Kantar 公司的大股东。

凯度咨询是由原先的 Kantar Retail（其前身是葛兰丹凝管理咨询）及另外三家 Kantar 旗下的咨询公司在 2018 年初合并而成的。凯度咨询是品牌和市场策略、零售和销售策略、组织能力建设以及购物者研究领域的专家，通过渠道和购物者洞察，帮助客户发展和优化更有效的市场和销售策略。凯度咨询有着世界一流的零售和购物者研究资讯和知识资产，一批实战派咨询师通过运用这些资产，帮助客户发展生意。

凯度咨询的核心业务有：

- 零售与销售策略咨询，包括线上和线下渠道策略发展及组织绩效提升；
- 品牌及市场营销策略咨询，包括品牌定位、购物者细分及营销策略；
- 购物者研究及购物者洞察服务，包括定性及定量、线上研究和线下研究；
- 商业分析、工具与应用，包括品类选品优化、虚拟现实门店和货架管理软件。

凯度消费者指数（简称 KWP）是通过购物者样本组，更直接地反映购物者的购买情况。最初是由 TNS 在我国的 15 个城市选取约 9 350 个家庭进行调查得出的。目前，KWP 已经将其扩展到 27 个城市超过 40 000 个家庭样本。这些样本经过仔细选择以确保其代表性，家庭的购物者必须每天记录其购买的产品的细节，包括在哪家商店、以什么价格购买、购买时是否有促销活动、一次购买多少产品等。KWP 邀请这些家庭利用手机扫描的方式上传每周的购物信息，并对数据进行收集、分析、汇总。KWP 已经在我国覆盖主要大城市和省会城市，并建立了针对快速消费品、婴儿用品、个人护理产品和移动通信产品 4 个大的行业数据库。目前该样本组能提供以下信息。

- 销售额、销售量、平均售价的发展趋势，包括季节性分析。
- 不同零售业态、细分类、包装规格、品牌的发展趋势。
- 渠道、零售业态以及单个零售商的重要性和市场份额。
- 不同城市在以上方面的差异性。
- 渗透率：多少家庭户购买。
- 购买频率：多长时间购买一次。

- 购买力度：购买多少金额或数量。
- 购物者细分：购物者分类、忠诚度、大量购买或适度购买，同时去哪些商店购物及主要购买哪些产品等。
- 品牌分析：试用及重复购买情况、品牌转换、生意来自或丢失哪些品牌等。

凯度消费者指数的购物者日记与尼尔森零售调查的区别如表 16-9 所示。

表 16-9　凯度消费者指数购物者日记与尼尔森零售调查的区别

	尼尔森零售调查	TNS 购物者日记
覆盖情况	45%的城市与乡镇，93%的生意量	27 个主要大城市和省会城市
	包括常住人口、暂住人口及流动人口	常住人口
	限于零售渠道，不包括邮购、网上购物、公司福利等获得产品的渠道	所有购物者获取产品的渠道，包括批发、公司福利、礼品等
调查方法	反映尼尔森覆盖的商店的销售情况，包括在零售商所做的任何形式的销售，如批发和团购等	反映城区购物者的购买情况
		可能会忽略家庭中其他成员的购买
衡量指标	销售额	销售额
	销售量	销售量
	价格	价格
	产品分销	购物频次、渗透率、忠诚度、消费数量
	产品缺货	购物者购买行为
		购物者特征

2．尼尔森

阿瑟·C·尼尔森于1923年创建的尼尔森公司从属于荷兰 VNU 集团。2007年，VNU 更名为尼尔森公司，是全球领先的市场研究、信息和分析服务的提供者，服务对象包括消费产品和服务行业，以及政府和社会机构。在全球 100 多个国家里有超过 9 000 位的客户依靠尼尔森来测量竞争激烈的市场动态，理解购物者的态度和行为，形成能促进销售和增加利润的高级分析性洞识。尼尔森在我国主要提供以下市场研究服务。

（1）零售研究

尼尔森的零售研究服务通过从零售点收集的信息，可以对产品销售实施连续性追踪，提供详细的销售信息、市场份额信息、分销信息、定价信息以及促销活动信息。尼尔森通过店内产品代码扫描信息和专业人员实施的店内访问，可以提供涵盖食品、家庭用品、保健美容产品、耐用品、糖果及饮料产品行业样本和统计信息的完整组合。尼尔森在全球 80 多个国家提供零售研究服务信息。

（2）分类与店内空间管理

尼尔森与全球范围内的零售商、供应商协作，在品类管理和店内空间管理方面产生出可计量的投资收益。尼尔森在一些问题上（如货架存货、货架空间、品类增长机遇、产品清单、促销信息传达等）为客户提供解决方案。

（3）专项研究

尼尔森的定制服务帮助客户获得购物者的观点和购买行为、购物者满意度、品牌认知和品牌资产、广告成效以及其他营销问题等的定性和定量资讯。尼尔森主要的产品有品牌健康管理、购物者忠诚度和购物者保持力、新产品开发、购物者需要和购物者动机、营销组合管理、定价策略、包装、广告与促销、零售铺货、全面组合模型。

（4）零售商服务

尼尔森针对零售商的服务目的在于帮助零售商认识到购物者入店购买的原因。零售商与尼尔森一起，评估竞争绩效，提高购物者数量和销售额，实现经常性购买者数据的杠杆作用，提高自营产品绩效，掌握针对所有产品和品类的此类数据。

（5）建模与分析

尼尔森的建模与分析服务可以帮助客户解决如定价、促销、营销组合、分类与产品合理化、品类的货架布置、店内品类结构、店内审计和测试等问题。建模和分析服务综合了多源信息，数据源包括详细的零售资讯、购物者购买信息、媒体资讯、定制的研究服务及来自客户自身或外部的能够被量化的其他来源的信息。

第 17 章

品类管理工具

品类管理是以消费者为导向，以数据为基础的零售管理模式。其所需数据涵盖面广，数据量大，可以概括为下述几个方面内容。

1. 产品信息

产品信息包括产品描述、产品分类、产品状态（活跃、停止订货、已删除等）、产品类型（新品、促销品）、生效日期、进货价格、销售价格等。

2. 销售数据

销售数据是指销售量、销售额、利润。

3. 市场数据

市场数据包括以下几个方面。

- 尼尔森市场份额、市场容量、增长率、价格趋势、小分类发展情况等。
- 竞争对手增长率、小分类发展情况、价格信息、促销信息、选品信息、目标购物者信息等。
- TNS 购物者购物行为研究。

4. 供应商信息

供应商信息包括最小订单量、订单间隔、到货天数、付款周期、市场份额、促销活动执行能力、新品推广能力等。

5. 供应链数据

供应链数据包括库存天数、库存金额、库存周转率等。

6. 财务数据

财务数据包括毛利率、投资回报率（ROI）、毛利库存投资回报率（GMROI）。

处理如此多的数据，仅靠人工是无法实现的，所以这必须依靠一些软件工具的支持。这些软件工具包括用于数据分析的工具、用于货架陈列的工具和用于促销分析的工具。

17.1　数据分析工具

目前，市场上没有一种用于品类管理的被普遍应用的数据分析软件，各公司多采用微软 Excel 与 Access 等自行分析。少数供应商由于品类管理合作伙伴较多，为提升效率，便自行开发了一些适合本公司使用的分析软件，如宝洁公司的 CMFacts。CMFacts 是功能相对较为完善的软件，该软件是 Wincor 公司专门为宝洁公司设计的。在此基础上做了改进的 CMFacts Plus 版权归 Wincor Nixdorf 公司所有，可以进行公开销售。

1. 微软 Excel

在品类管理中，通常会将尼尔森的市场数据与零售商的 POS 数据进行对比分析，借此去评估零售商销售的产品能否很好地满足市场上消费者的需求。

Excel 虽然是一个比较常用的数据分析软件，但它的很多功能只有很少人知道，也较少有人会使用。由于品类管理的数据量多，所以会用到 Excel 中的一些较高级的功能，如 VLOOKUP 和 PivotTable。这两个功能对使用 Excel 做主要分析工具的人非常有用，在这里列举几个简单的例子。

（1）VLOOKUP

零售商给出的数据多半不全面，往往只包括条形码、店内码、产品描述、销售额、销售量、毛利率等基本信息，有的甚至连条形码都没有或不齐全，所以必须通过另一个报告来导出条形码。进行分析所需的次品类、功能分类等信息也基本不可能有，而品类分析专家不可能逐条去维护上万条数据。那么，应该怎样处理这些数据库以及其中的数据呢？供应商经过多年的品类管理实践和数据累积，他们多数都有整个品类每个单品几年来的数据资料，如厂商、次品类、功能分类、价格带、包装等信息，如果能将两个数据库合在一起，就可以形成一个非常完整的数据库，从而可以进行深入分析。VLOOKUP 就具有通过一个相同的信息将不同的数据库进行合并的功能，如表 17-1 所示。

表 17-1 VLOOKUP 的功能

零售商数据格式　　　　　　　　　　　　供应商数据格式

产品代码	产品名称	销售量	产品代码	产品名称	次品类	价格带
34512	A	100	34512	A	可乐	低价位
34513	B	200	34513	B	可乐	中价位
34514	C	80	34514	C	可乐	高价位
60021	D	90	60021	D	汽水	低价位
40010	E	70	40010	E	汽水	中价位
50010	F	54	50010	F	汽水	高价位

VLOOKUP

产品代码	产品名称	次品类	价格带	销售量
34512	A	可乐	低价位	100
34513	B	可乐	中价位	200
34514	C	可乐	高价位	80
60021	D	汽水	低价位	90
40010	E	汽水	中价位	70
50010	F	汽水	高价位	54

VLOOKUP功能在 Excel 菜单栏插入函数功能中可以找到。具体使用方法，请参见 Excel 中的帮助菜单。

（2）PivotTabel

将零售商与供应商的数据整合后，接下来需要进行数据分析。但如果每个报表都要手工去做，也会花费很长时间。例如，当需要按品牌分析时，用 Subtotal 计算每个品牌的销售情况，复制出来进行排名，做成报表；当需要按功能分析时，又要用 Subtotal 计算不同功能的销售情况，复制出来进行排名，做成报表。但当需要看不同品牌不同功能销售情况时，操作就更复杂了。按这种方法去做，品类分析员不但会花费很多时间，而且很容易出错。那么，能否找到一种方法，分析者只需提出报表格式要求，报表就可以自动生成呢？PivotTable 便具有这样的功能，如图 17-1 所示。

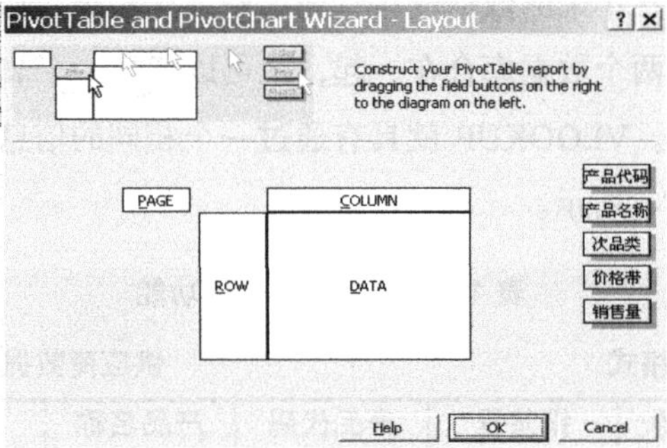

图 17-1　PivotTable

使用者只需将右边的各个字段（产品代码、产品名称、次品类、价格带和销售量）拖到相应的位置（行、列或数据区）就可以自动生成想要的报表格式，如表 17-2 至表 17-4 所示（单位：g）。

表 17-2　不同产品在各次品类的表现

价　格　带	所　　有

销售量汇总	次　品　类		总　　计
产 品 名 称	可　乐	汽　水	
A	100		100
B	200		200
C	80		80
D		90	90
E		70	70
F		54	54
总计	380	214	594

表 17-3　不同价格带中各次品类的表现

产 品 名 称	所　　有

销售量汇总	次　品　类		总　　计
价　格　带	可　乐	汽　水	
低价位	100	90	190
高价位	80	54	134
中价位	200	70	270
总计	380	214	594

表 17-4　不同次品类中各价格带的表现

产 品 名 称	所　　有

销售量汇总	价格带			总　　计
次　品　类	低 价 位	高 价 位	中 价 位	
可乐	100	80	200	380
汽水	90	54	70	214
总计	190	134	270	594

以下简单介绍利用 Excel 进行分析前数据整理的步骤。

① 从尼尔森的 ADVISOR 系统中导出目标地区/城市某一时间段内的市场数据（最少过去三个月，视品类情况而定），主要包括销售量、销售额、销售量占比、销售额占比等。

② 从零售商获得 POS 某一时间段内的 POS 数据（与尼尔森市场数据时间段对应）的销售量、销售额、销售单价、毛利、产品的基础信息（如厂商、次品类、功能分类、价格带、包装等）。

③ 如上文介绍，利用 Excel 的 VLOOKUP 功能将两份数据进行关联。在进行数据关联时，需要特别注意以下情况：尼尔森提供的数据中部分产品只能提供产品规格层面的数据，如某品牌某系列 160g 的市场份额是 1.5%，但实际上该产品还有薄荷和柠檬两个口味，这时候可根据零售商提供的销售数据占比将尼尔森的数据拆分以便对应。

④ 完成数据关联后，便可利用 Excel 的 PivotTable 功能进行数据分析。

2. Space Planning

该工具是 JDA 公司开发的用于品类管理分析和货架图绘制的软件，其提供了非常丰富的数据分析模板，比较常用的包括货架占比与销售量占比的对应分析。

Space Planning 可以从 Excel 或 Access 直接导入零售商的销售数据进行分析。由于 Space Planning 对导入的数据格式有较为严格的要求，因此初次使用者常常会被难倒，以下简要说明数据导入的步骤。

① 准备标准格式的导入表格，通常应包括以下字段：产品编码、产品条形码、产品名称、产品高度、产品宽度、产品深度、子品类、供应商、制造商、品牌、销售规格、销售单位、零售价、单品成本、最近 x 个月销售量、最近 x 个月销售额、最

近 x 个月毛利额。

②打开 Excel，从中全选需要上传的产品资料，如图 17-2 所示。

	A	B	C	D	E	F	G	H
	A1			*fx* 品牌				
1	品牌	品项	商品名称	商品编码	零售价	宽	高	深
2	芯潮	U盘	芯潮803巧优4G优盘	300000001	179	9	14	3
3	芯潮	U盘	芯潮PU801 8G优盘	300000002	268	9	14	3
4	芯潮	U盘	芯潮MU801J纸盒2G优盘	300000003	119	9	14	3
5	芯潮	U盘	芯潮巧优4G 802	300000004	179	9	14	3
6	芯潮	U盘	芯潮PU801纸盒8G优盘	300000005	268	9	14	3
7	芯潮	U盘	芯潮803P 2G	300000006	109	9	14	3
8	芯潮	U盘	芯潮M优2G 803	300000007	129	9	14	3
9	爱国者	U盘	爱国者8G优盘	300000008	288	14	14	3
10	爱国者	U盘	爱国者商务型4G优盘	300000009	169	14	14	3

图 17-2　全选需要上传的产品资料

③将 A1 的名称更改为所需的名称（如将 A1 的名称改为 Product），如图 17-3 所示。

	A	B	C	D	E	F	G	H
	Product			*fx* 品牌				
1	品牌	品项	商品名称	商品编码	零售价	宽	高	深
2	芯潮	U盘	芯潮803巧优4G优盘	300000001	179	9	14	3
3	芯潮	U盘	芯潮PU801 8G优盘	300000002	268	9	14	3
4	芯潮	U盘	芯潮MU801J纸盒2G优盘	300000003	119	9	14	3
5	芯潮	U盘	芯潮巧优4G 802	300000004	179	9	14	3

图 17-3　将 A1 的名称改为 Product

④打开 Space Planning，选择"文件"→"新"→"产品库"。

⑤在"数据源"中选取"浏览"→"新建一个新的连接文件"→"选择数据源的格式"。

⑥创建该连接文件的名字并选择要保存该连接文件的路径。

⑦创建文件完毕后选择该文件需指向的数据源。

⑧完成数据源的连接后，在字段映射中对数据源中的字段名与 Space Planning 的字段名进行匹配。

⑨匹配后导入的产品即显示在产品库中。

⑩新建的产品库可通过"文件"→"另存为"以.psp 格式保存。新建的产品库可通过拖拉或"从产品库更新"按钮将产品库中的产品移至规划图探索器里的产品中。

通过上述步骤将数据导入软件以后，便可以利用 Space Planning 自带的数据分析模板进行各种需要的分析。

3．CMFacts

CMFacts 通过将整合的数据导入系统，从而生成系统设计好的一系列分析报表。虽然很多报表通过 PivotTable 也能得到，但使用 CMFacts 的速度快且界面美观。

80/20 分析图（见图 17-4）可以选择按销售量排名，也可以选择按销售额、利润等排名，并且其还能根据选择的贡献率（80%或 90%）告知单品数。例如，20%的单品贡献了 80%的销售量，24%的单品贡献了 95%的销售量。

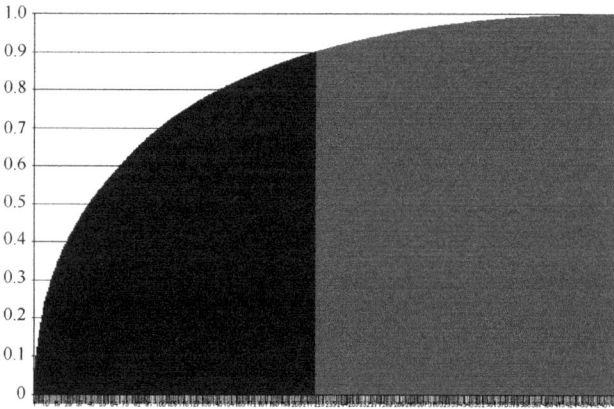

图 17-4　80/20 分析图

象限图（见图 17-5）可从两个纬度来评估产品的表现。产品分析可以按厂商、按品牌、按单品，评估指标可以是销售量、销售额、利润和毛利率等中的任何两个指标。通过象限图，把产品分成四种类型，如高毛利高销售、高毛利低销售、低毛利高销售和低毛利低销售。针对不同的类型应采取不同的战略和战术。

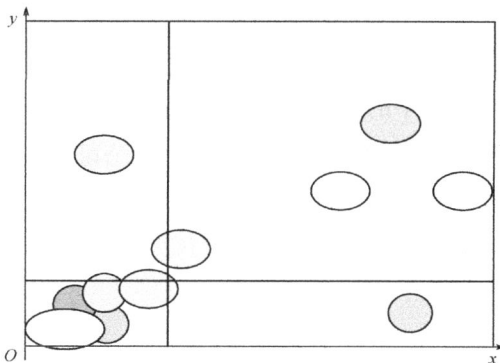

图 17-5　象限图

鱼骨图用于深入挖掘问题所在，如图 17-6 所示。在卫生巾中，中价位和高价位产品是主要贡献者。深入到中价位中可以进一步看到纤巧类产品推动了中价位产品的生意，而高价位中的重点产品是丝薄类产品。

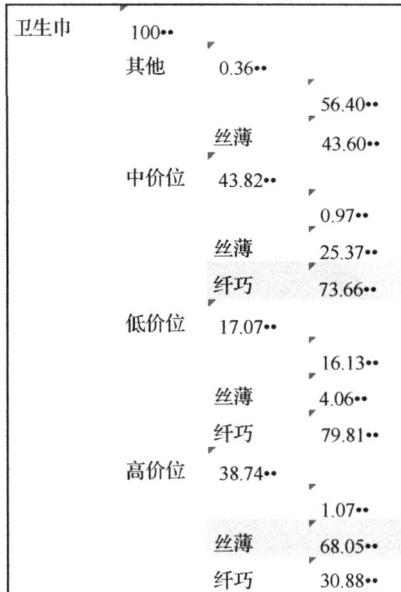

卫生巾	100••	
其他	0.36••	
		56.40••
	丝薄	43.60••
中价位	43.82••	
		0.97••
	丝薄	25.37••
	纤巧	73.66••
低价位	17.07••	
		16.13••
	丝薄	4.06••
	纤巧	79.81••
高价位	38.74••	
		1.07••
	丝薄	68.05••
	纤巧	30.88••

图 17-6　鱼骨图

4．CMFacts Plus

Wincor 公司几年前为宝洁公司设计了 CMFacts 软件，该软件版权归宝洁公司所有，在宝洁公司和零售商合作品类管理时，该软件用于 POS 数据的分析。CMFacts Plus 是 CMFacts 的改进版，其逻辑参考了品类管理的流程，包括品类定义、品类角色、品类评估、品类策略、品类战术、品类实施、品类回顾，如图 17-7 所示。每个步骤中都较完整地考虑了品类管理中的各指标，很适合做品类管理分析。现在，Wincor 公司已经与 Nixdorf 公司合并，该软件属 Wincor Nixdorf 公司所有。Wincor Nixdorf 公司在我国的客户包括宜家、麦德龙、家乐福等。

图 17-7　CMFacts Plus

5．Pro-Assortment

Pro-Assortment 是 JDA 公司开发的用于品类管理分析的软件。该软件可以将尼尔森的市场数据导入系统，并将其市场数据与零售商的 POS 数据放在一起进行对比分析。

17.2　货架陈列工具

市场上用于卖场设计和货架设计的软件相对较多，宣传力度也较大。先进的卖场设计软件立体感强，可以从各个角度观察卖场的陈列情况，还能模拟购物者在卖场中的行走过程。先进的货架陈列软件不但能显示产品放在货架上的外观情况，还能帮助分析货架上的库存量、库存天数、货架占比与销售量占比的关系等。

Spaceman 是尼尔森开发的软件，主要用于货架陈列及陈列效果分析。尼尔森对与其有 POS 数据交换合作的零售商提供 Spaceman，并负责培训该软件的使用人员。同时尼尔森还可以根据零售商和供应商的不同需求提供项目咨询和跟踪。百佳、CRV、好又多和宝洁（香港）等企业目前都使用 Spaceman 制作货架图。

根据使用者的需求及不同的操作层面，Spaceman 能够提供不同版本的软件，如图 17-8 所示。

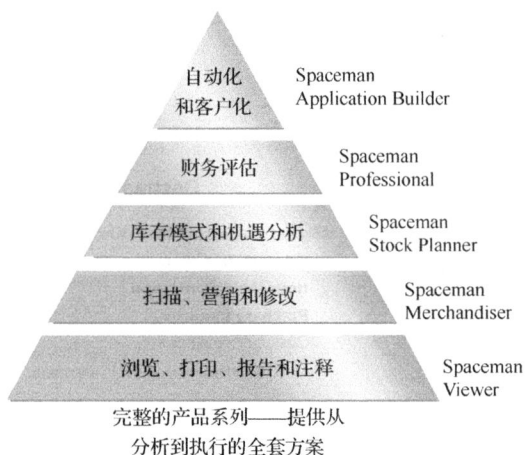

图 17-8　Spaceman 的不同版本

　　Spaceman 系列能够同时从正面、侧面和顶面三个角度浏览货架图，展现产品的真实影像。因此，如果对某产品进行了改动，从任何角度都能看到变化，Spaceman的三维显示如图 17-9 所示。

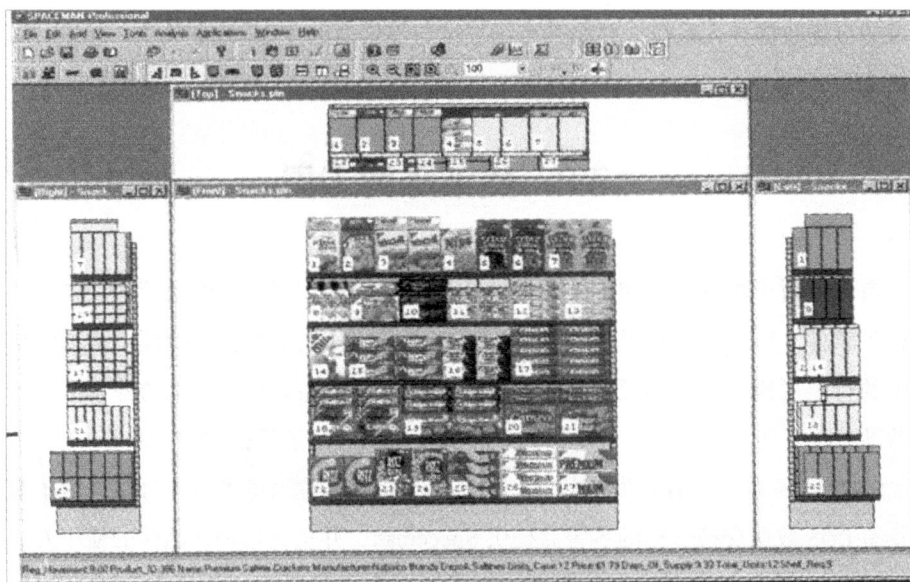

图 17-9　Spaceman 的三维显示

　　货架陈列的任何改动都能动态地反映在所有图表中，从而可以及时向客户提供其所需的信息，如图 17-10 所示。

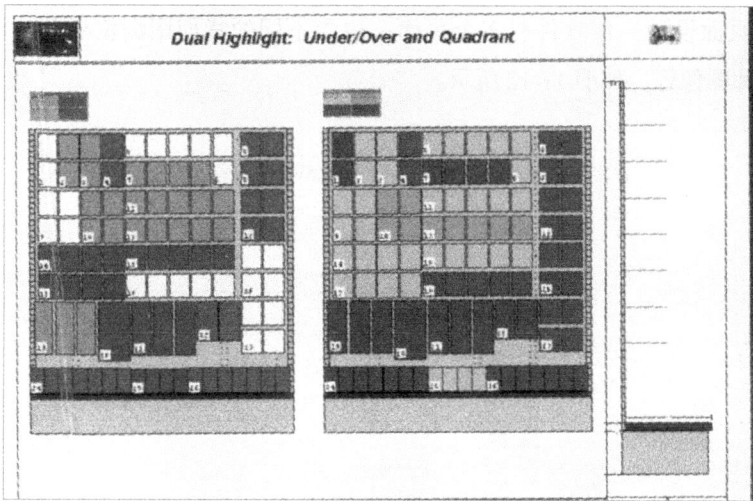

图 17-10　信息变化的动态反应

　　运用 Spaceman 系列的强调功能，可以从不同角度快速判断出表现出色和表现不好的产品，如图 17-11 所示。

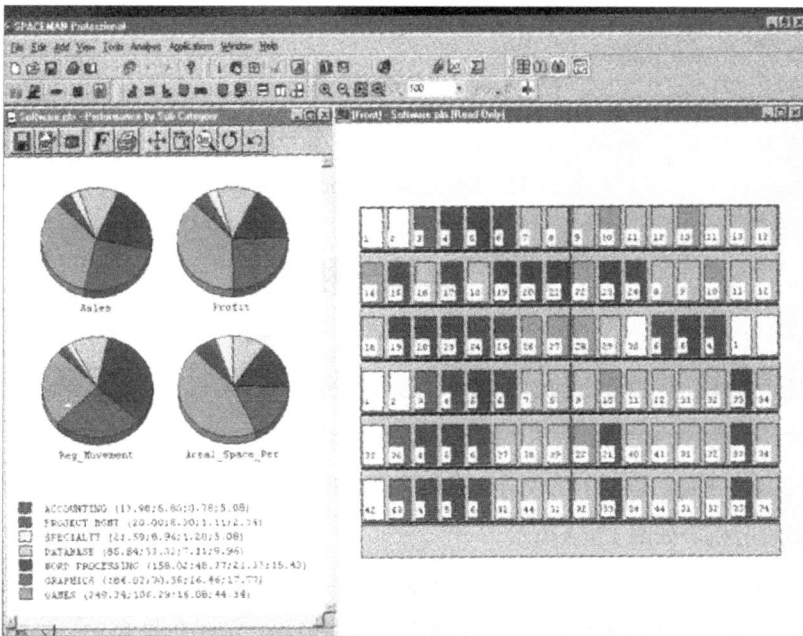

图 17-11　Spaceman 的强调功能

Spaceman Output Designer 是页面排版设计软件，使用画框和拖放式技术可以简化自定义页面设计。该软件有多个页面，包含不同的货架图浏览视角、自定义标签、报告和图像等，如图 17-12 所示。

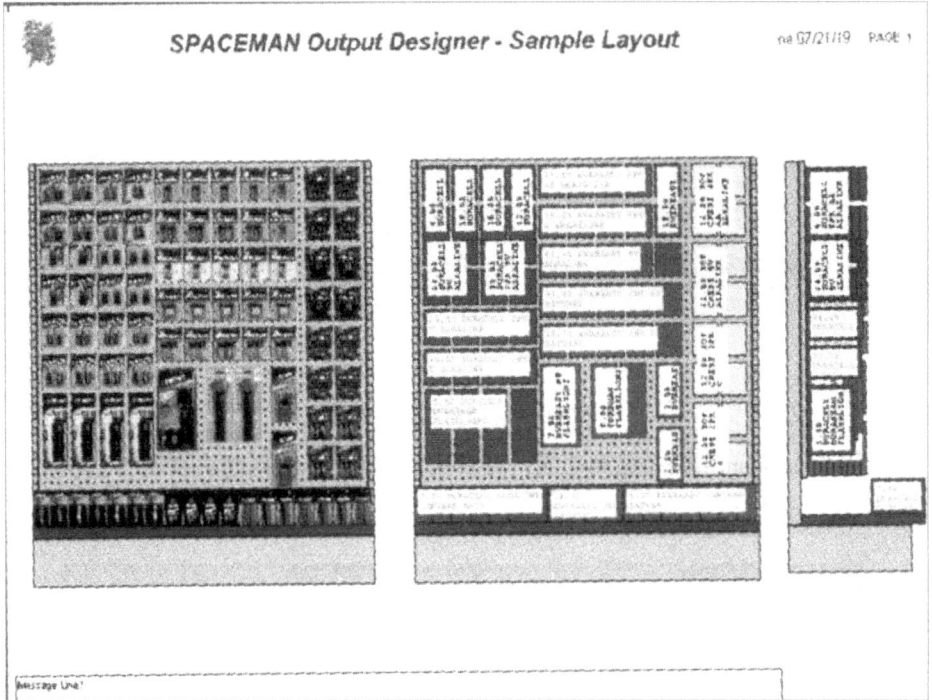

图 17-12　Spaceman Output Designer

17.3　促销分析工具

市场上被用作促销分析的软件很多，且大部分适合供应商自身的促销分析，然而其中适合品类管理的促销分析工具并不多。而 CMFacts 中就有一个模块是专为促销分析设计的，CMFacts 是一个比较适合品类管理分析的促销工具。值得借鉴的分析图表促销有效性分析，如图 17-13 所示。

图 17-13 类似 80/20 分析，用于分析零售商某段时间促销的整体效果。从图 17-13 可以看到，占促销活动45%的 46 个促销活动贡献了80%的销售量和85%的销售额。换言之，剩余 55%的促销活动仅贡献了20%的销售量和15%的销售额。该零售商有机会优化其促销活动。

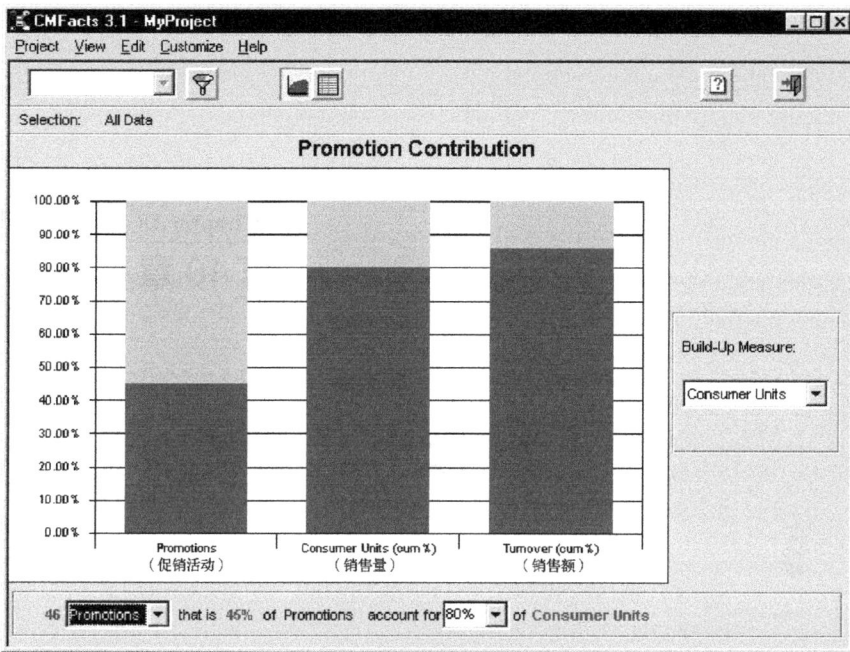

图 17-13 促销有效性分析

　　另外，通过该分析工具可以显示一段时期内某产品对不同促销类型的敏感性，可以得到更适合该产品的促销形式，以及由其带来的最大销售量。

　　越来越多的零售商开始将品类管理融入日常工作中，如上海联华、华润万家；越来越多的供应商或已经建立或正在筹建品类管理队伍，如高露洁、强生、卡夫食品；越来越多的优秀的品类管理应用软件涌现出来……零售行业激烈的竞争呼唤品类管理的实施，而品类管理应用软件的日趋成熟也为供应商和零售商实施品类管理提供了有力的技术支持，使品类管理从项目到走进日常工作成为可能。

第 18 章

新零售品类管理

18.1 零售的变迁

张潇雨在他的"得到"专栏《商业经典案例课》讲过美国的零售简史。

在 1884 年之前，美国的零售形态多为一手交钱和一手交货的布店、豆腐店，并且效率很低。

美国零售业的第一次突破发生在 1884 年。理查德·西尔斯发明了邮购，并提供自由退货和货到付款服务。铁路出现后，远程购物变为可能。邮购商业模式的背后是新技术——铁路的发展。

第二次突破是连锁店的出现。此时的连锁店接近于现在的日用杂货店，而且是全国连锁，在店里茶叶、奶油、面包、咖啡，甚至海鲜被放在一起卖，消费者不用东奔西跑就能把东西买齐。从 1920 年到 1935 年，美国新铺设的公路里程增加了三倍。公路运输运能大、速度快、成本低的特点让连锁店拥有了自己的车队，这些车队可以往返于各个仓库。这就让连锁店摆脱了中间商对货源的控制，连锁店直接和供应商对接，提高了供应链效率，降低了成本。连锁店背后的关键力量也是一种新技术——汽车和公路运输技术的发展。

第三次突破是超市的出现。1930 年，美国中产阶级家庭基本都用上了汽车，可以开车去郊区买东西，于是超市就在郊区诞生了。由于郊区的租金比较低，因此超市的规模比原来的连锁店大很多倍，其销售的商品也更多，超市对供应商的控制力也更强，商品的价格就更低。同时期冰箱也进入家庭，家里食物可以保存更长时间，大家购物的时候就能一次性购买更多东西，超市的优势就逐渐发挥出来了。现在超市里常用的手推车就是那时候发明的，目的就是方便消费者采购大量商品。1941 年出现了历史上第一个电视广告。通过电视广告创造出了大量像可口可乐这样的全国性品牌，同时也减少了很多商品品类，超市的经营和扩张也因此变得更加容易。超市背后的关键技术是汽车、冰箱和电视的发展。

第四次突破是大型购物中心。1958 年出现了第一张现代意义上的信用卡——美国运通卡。购物中心通过信用卡消费者的各种交易数据来了解消费者，并开展各种促销活动，进一步促进大家的消费。购物中心背后的关键技术是信用卡的发展。

零售业态的进一步演化，使大型折扣超市——零售业的巨无霸沃尔玛出现。1983 年，沃尔玛花数亿美元建起了一套电脑和卫星系统。借助这套系统，沃尔玛上千家店之间可以快速沟通，了解每天任何商店里任何商品的销售情况。沃尔玛的超乎想象的低价格背后是新技术——信息技术的发展。

从早期的百货商店、连锁商店、超市到城市综合体，线下零售的变化推动了大规模生产，提升了商品的流通速度，持续提升了线下购物的体验，从而使供应链的效率不断优化和提升。

回顾美国的零售简史，我们会发现其中的发展规律：

- 消费者的需求是不变的，永远都是更低价格、更高质量的商品，更快的物流和更多的选择；
- 新技术是不断迭代的，零售的商业模式是对新工具的敏锐洞察（见图 18-1）。

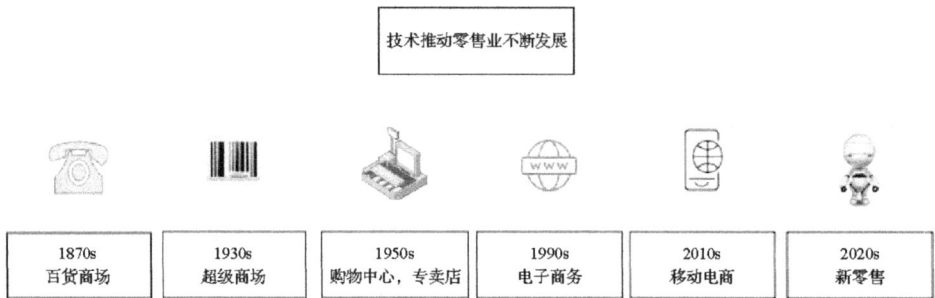

图 18-1　技术推动零售业不断发展

我们很容易发现，全球范围的线下零售也有同样的发展规律。

1．线下零售面临困局

纵观全球，线下零售现在有几种经典形态。

- 大型折扣超市沃尔玛，主旨是"帮消费者节约每一分钱"，提供一站式的购物体验，并针对不同的目标消费者采用不同的零售经营形式。

- 便利店 7-11，主打 24 小时营业服务。同时，其还为消费者提供熟食服务，以及用餐的场所。

- 好市多（Costco），会员制仓储超市，它的平均商品毛利率只有 7%，而毛利率大于 14%的要 CEO 批准，相当于消费者购买的永远是较为便宜的商品。同时，好市多建立了会员制度，会员费的本质是帮助消费者更好地筛选出自己喜欢的商品。好市多的整体 SKU 不会超过 4000，对库存的压力很小。

- 城市综合体——万达广场，注重体验式服务。其中吃喝玩乐，以及报名去参加课外生活培训班，都是城市综合体可以提供的体验需求服务。

自 2011 年，零售企业在经济增速放缓和电商的冲击下，一直面临实体店客流减少、销量下降、利润减少等问题。自 2016 年，实体零售企业的关店浪潮更是此起彼伏，一年内接连关闭的百货店不胜其数。

拥有 125 年历史的美国零售界巨头西尔斯曾发明了百货店、连锁店、购物中心等零售业态，但它在 2018 年 10 月 15 日正式申请了破产保护。除了西尔斯，大量传统零售企业的市值缩水，如梅西百货、TJ Max、Target、百思买等。连锁超市沃尔玛于 2016 年在全球关闭了 269 家门店，裁员 1.6 万人。

英国较大的零售商 Tesco，在一年内有 1700 名中层管理人员被裁。Tesco 在英国和爱尔兰的业务首席执行官杰森·塔里解释称：消费者花在购物上的时间减少，其使用新鲜食品柜台的次数也相应减少。根据英国零售联盟贸易机构的数据，2018 年第四季度零售业整体裁员达 7 万人。

我国百家大型零售企业开始收缩实体店面，包括万达百货、百盛、尚泰百货等；百货巨头王府井宣布挥别百货，重心转向购物中心和奥特莱斯；以高端进口商品为主的广州友谊变为"百货+金融"双主业……而 LV、Prada、Burberry 等奢侈品牌也在对一些实体店面调整关闭。

线下零售对于供应链优化的速度逐渐放缓，几乎所有的大型超市都进行了转型、裁员、关店，以此来降低人力和租金成本，维持低廉的价格和市场占有率。其主要原因是电商快速发展，竞争加剧。

2．电商快速发展

电商经过快速发展诞生出一些经典形态：

- 电商巨头，如亚马逊、阿里巴巴、京东、eBay 等；
- 移动电商平台，如美团、点评、携程、拼多多、云集、小红书等。

电商的出现使得物品不再局限于空间限制，消费者的选择范围急剧扩大。同时，电商颠覆了部分行业传统的多级分销的供应链体系，使得商品的价格进一步降低。没有实体店的租金和更低的人力成本成就了电商的快速发展。

从 2017 年开始，电商巨头突然瞄准了线下零售：阿里巴巴集团孵化新业态超市盒马鲜生，京东搭乘商超巨头沃尔玛和永辉，腾讯领投两轮每日优鲜，在美国亚马逊花费 137 亿美元买下了全食超市。

在传统大型超市和购物中心流失消费者之后，为什么电商还在考虑进军线下？其中非常重要的原因可能是纯电商的发展遇到了瓶颈。而线下是更接近消费者的一个场景入口，能够获悉并满足更大数量消费者的需求和体验。

每一家电商巨头都在布局新零售，新零售汹涌而至。

3．新零售汹涌而至

这里列举大家熟知的新零售的里程碑。

- 2015 年 3 月，侯毅创办盒马鲜生。
- 2016 年 10 月，马云在云栖大会上首次提出**新零售概念**。

- 2016 年 12 月，亚马逊提出线下无人商店 Amazon Go。
- 2017 年 1 月，永辉超市推出超级物种。
- 2017 年 12 月，京东生鲜超市 7Fresh 第一家线下门店成立。
- 2017 年 12 月，苏宁推出苏鲜生。
- 2018 年 5 月，美团旗下的小象生鲜成立。
- 2018 年 6 月，顺丰 Wow 哇噢全球精选店开业。
- 2018 年 9 月，阿里巴巴新零售的探路者——盒马鲜生首次公布"成绩单"，成熟店单店坪效超过 5 万元。

运营 1.5 年以上的盒马鲜生成熟门店，单店日均销售额超过 80 万元，单店坪效超过 5 万元，线上销售占比超过 60%。这样的业绩就让其他同行望尘莫及，对于传统零售业的冲击也不可小觑。

作为零售行业的从业者，我们非常有必要探索新零售。接下来，我们试图回答以下几个问题。

- 新零售是什么？
- 为什么是电商们提出新零售？
- 新零售队伍中的都有谁？
- 为什么参与者要选择新零售队伍？
- 新零售队伍如何制定战略？

（1）新零售是什么

2016 年 10 月，马云在阿里巴巴集团主办的全球云栖大会的演讲中，提到新零售的概念："纯电商的时代很快会结束，未来十年、二十年没有电子商务这一说，只有新零售这一说，也就是说线上线下零售和物流必须结合在一起，才能诞生真正的新零售……未来，线下零售与线上零售将深度结合，再加现代物流，服务商利用大数据、云计算等创新技术，构成未来新零售的概念。"

不久后，阿里巴巴集团 CEO 张勇给"新零售"提供了一个标准答案：新零售就是基于数据驱动的对于商业三要素人、货、场的重构。

从上面两段话就能发现新零售的基本特征：

- 对纯电商的变革；
- 线上零售与线下零售深度结合，加上现代物流；

- 利用大数据、云计算等创新技术；

- 对于商业三要素人、货、场的重构。

（2）为什么是电商们提出新零售

从新零售第一个基本特征——"对纯电商的变革"来看，我们就知道了为什么是电商们提出了新零售。

前面我们总结了传统大型超市和购物中心消费者流失的主要原因：电商快速发展，竞争加剧。

电商考虑进军线下的重要原因可能是纯电商的发展遇到了瓶颈，而线下是线上流量见顶之后的新流量红利。线下是更接近消费者的一个场景入口，能够获悉并满足更多消费者的需求和体验。

因此，新零售出现的根本原因不是来自零售行业基本面的变化，也不是由传统零售提出的，而是在电商增长出现瓶颈时，由电商们主动提出来的，所以新零售的出现来自电商们对纯电商的变革。

新零售是一个新的身份，其与传统零售划开界限。同时，新零售的提出也是对传统零售业的宣战：一场零售业的战争——新零售和传统零售的战争。

新零售=纯电商的变革+对传统零售业的宣战

（3）新零售队伍中的都有谁

从新零售第二个基本特征——"线上零售与线下零售深度结合，加上现代物流"来看，这场新零售和传统零售的战争中，新零售的敌人是传统零售，而纯电商是观众。

所有不是传统零售、纯电商的都正在加入新零售队伍中，他们包括：

- 变革纯电商的电商，拥有线上零售的主要业务；

- 正在变革的线下零售商；

- 新的零售业态，结合了线上零售和线下零售；

- 作为基础设施的现代物流；

- 零售行业的利益相关方，如供应商、渠道商等。

（4）为什么参与者要选择新零售队伍

传统零售"钱多，人多，粮食也多，重重关卡，重兵把守"，但从新零售第三个基本特征——"利用大数据、云计算等创新技术"来看，新零售队伍对于打赢其与传统零售的这场战争是有信心的。

在阿里巴巴CTO王坚博士的著作《在线》中，写道：

互联网成了基础设施，是创新平台：互联网是目前国家社会经济发展的基础设施，它大大扩展了传统的时空界限。什么叫基础设施？就是跟公路、铁路一样。但作为基础设施的互联网彻底打破了时空界限，这又超越了公路、铁路。

数据成了生产资料，是自然资源：数据是本来就存在的，不是因为互联网出现才有的，但有了互联网之后，数据的沉淀和利用变得更容易、更自然、成本更低，这让我们的产业有了一次历史性的发展机遇。数据是重要的战略资源，数据同样是产品非常重要的组成部分。淘宝对中国社会最大的贡献，不只是方便了老百姓购物，而是把中国消费者的消费习惯数据慢慢沉淀下来。数据是越使用越多的自然资源。

计算成了公共服务，是能源动力：计算让数据变得可被利用，让数据在使用和流动过程中产生价值，而使用和流动的过程是要消耗大量计算能力的。数据不是天然就有价值的，就像路上的一串脚印，在没有被数字化、被计算之前，它无法产生价值，但你在网上的"足迹"，被计算后就变得有价值了。

对比新零售，传统零售的主要基础设施是公路、铁路等，主要生产资料是自然资源，主要公共服务是物流、制造、金融、营销等。

新零售与传统零售是截然不同的思维方式，无论是从时空维度，还是从成本和增长角度，新零售的优势都非常明显。

新零售的武器有大数据、云计算等创新技术，这个技术矩阵包括互联网、移动互联网、物联网、大数据、云计算、区块链、AR、5G等新技术。

（5）新零售队伍如何制定战略

从新零售第四个基本特征——"对于商业三要素人、货、场的重构"来看，拥有互联网、数据和计算的新零售队伍是如何制定战略和实施战术的？

2017年12月27日，阿里巴巴CEO宣布了两个人事任命，集团副总裁蒋凡出任淘宝总裁，集团副总裁靖捷（原宝洁CBD同事）出任天猫总裁。履新两个月，靖捷便递交了战略部署与行军作战图（见图18-2）。

图 18-2　天猫战略部署与行军作战图

2018 年，天猫的关键词是"重构"，天猫的定位是"两个主引擎，一个主力军"——中国消费升级的主引擎、全球品牌数字化转型的主引擎、阿里巴巴新零售的主力军。

此次天猫组织架构调整，源自两个维度的思考。

- 面向消费者，场景与体验的品类融合——"理想生活上天猫"，包括六个纵向业务部门：天猫进出口事业部、天猫美家事业部、天猫汽车事业部、天猫服装服饰事业部、天猫消费电子事业部、天猫快速消费品事业部。

- 面向商家品牌，以平台运营、新零售为基础的深度服务——"赋能品牌新零售"，包括两大基础平台：天猫平台运营事业部、天猫新零售平台事业部。

这次组织升级后，每个纵向业务部门都能在银泰、苏宁、大润发等阿里巴巴新零售八路纵队中找到对应的场景，如天猫美家与居然之家，消费电子与苏宁、银泰等。

阿里巴巴新零售八路纵队是一场对传统零售立体式的进攻。

在阿里巴巴新零售八路纵队中，零售通位于"社区小区升级"中，是阿里巴巴新零售的底层布局。截至2018年年底，零售通交出的成绩单是：覆盖超过100万家小店，GMV是2017年的三倍。

2016年9月，林小海（原宝洁CBD大中华区营销总裁）加入零售通，任职阿里巴巴副总裁、零售通事业部总经理。按照林小海的规划，零售通在2019年要实现覆盖150万家小店。

林小海表示："我们希望通过大数据驱动，对传统零售小店进行人、货、场的重构，为它们提供一站式的商品采购、专业服务、数据支持，将其升级成为数字化门店。"

门店数字化升级（见图18-3）主要包括以下几个方面。

- 人的运营：拓展业务边界，如除了到店，还增加到家场景。
- 货的重构：给小店供应价格低、品质好的商品。
- 场的延伸：通过对小店数字化改造，帮助小店优化商品结构，增强组货和库存管理能力。

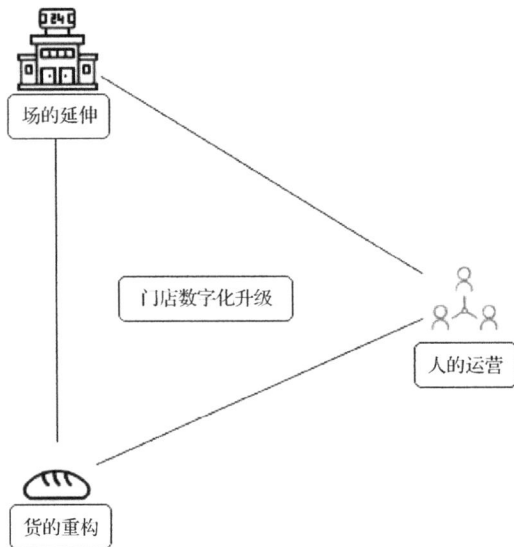

图18-3　门店数字化升级

2019 年，阿里巴巴新零售有了更大的野心，新零售业务重心也转向了更加中立的阿里云。在阿里云峰会上阿里云智能总裁张建锋首次公开解读阿里云智能新的战略思考和发展方向，强化了阿里巴巴商业操作系统概念，提出了阿里巴巴能力被集成的概念，赋能生态合作伙伴，服务更多的线下商业，此为后话。

较先引起关注的新零售是生鲜品类。

生鲜市场规模超过 2 万亿元，并每年以超过 6% 的速度持续增长。生鲜是日常生活不可或缺的必需品，在零售消费市场中占据重要地位。在盒马鲜生之前也已经存在生鲜纯电商模式，在烧掉巨大的资本投入后，基本证明该商业模式是不可持续的，这主要源于以下几方面。

- 冷链物流成本很高。居民日常高频所需的低价和短保质期的商品，如牛奶、蔬菜、面包、水果等客单价低，很难覆盖物流成本和流量成本。
- 由于生鲜电商短保质期的商品损耗无法有效控制，因此只能卖一些高价商品，这就导致品类狭窄，而无法解决消费者日常消费的痛点。

我们看看生鲜品类的新零售先锋——盒马鲜生是如何对生鲜纯电商进行变革的。

18.2　新零售品类管理介绍

刘润老师在《新零售：低价高效的数据赋能之路》中将新零售总结为四点。

- 零售的本质，是连接"人"与"货"的"场"；
- "场"，是信息流、资金流和物流的万千组合；
- "人"，会通过"流量×转化率×客单价×复购率"的层层过滤，接触"货"；
- "货"，要经历 D—M—S—B—b—C 的千山万水，抵达"人"。

同时，提高效率有三个策略（见图 18-4）。

- "短路经济"，缩短 D—M—S—B—b—C 的路径；
- "数据赋能"，优化信息流、资金流、物流的组合；
- "坪效革命"，提升流量、转化率、客单价、复购率的效率。

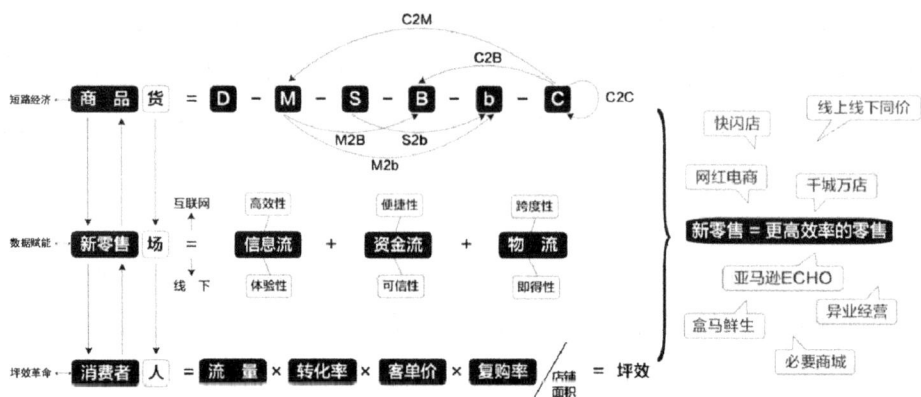

图 18-4 提高效率的三个策略

我们先来看看传统零售效率的核心概念——坪效。

华泰证券的研究报告显示，我国零售卖场的坪效大约是 1.5 万元，这是这一行业中无数企业、无数顶尖高手，无数次品类管理优化的结果。

2018 年 9 月，盒马鲜生首次公布"成绩单"，成熟店单店坪效超过 5 万元。在传统生鲜超市的坪效为 1.5 万元时，盒马鲜生是如何将坪效做到它们的 3~5 倍的呢？

1. 线上线下融合

首先来解释一下"坪效"这个概念。

因为租金是传统零售较为主要的成本之一，因此通常用坪效来衡量运营效率。坪效，也就是"每 3.3 平方米每年创造的收入"。坪效越高，该零售企业的经营效率越高，其盈利能力也就越好。

传统零售的坪效公式为：

单店坪效 = 单店营业额 ÷ 单店总面积

在纯电商领域，衡量经营效率的标准，叫作"人效"，即"每个人每年创造的收入"。因为纯电商企业较为主要的成本，是人的成本，所以人效越高，该零售企业的经营效率就越高，盈利能力也就越好。

盒马鲜生重构了坪效公式：

单店坪效 = 单店 3 公里范围线上线下流量 × 转化率 × 客单价 × 复购率 ÷ 单店总面积

盒马鲜生从第一天就提出"购买即会员"，每个会员线上线下数字化，建立多渠道、多场景的会员画像，通过各个场景给消费者更好的、个性化的场景化服务。数据也显示，盒马鲜生用户的黏性和线上转化率相当惊人，线上订单占比超过 50%，营业半年以上的成熟店铺更达到 70%，而且线上用户转化率高达 35%。

线上线下融合是对人的重构。

由于提升坪效公式中的流量、转化率、客单价和复购率都要求"多、快、好、省"的用户体验，于是盒马鲜生围绕买手制打造了新的零供关系。

2. 全球买手制

盒马鲜生的生鲜采购全面采用买手制，拥有国际和国内买手各几十名。买手团队平均年龄约为 35 岁，其中大部分已有 7 ~ 10 年的采购工作经验。

盒马鲜生的爆款，如波士顿的活龙虾、阿拉斯加的帝王蟹、挪威的三文鱼，背后都离不开买手们的工作。买手们基于阿里巴巴大数据和之前采购海鲜、水果的经验，先做出基础判断，然后通过门店销售数据，分析人们的消费喜好，最后在采购资源库里，考虑国家、季节、级别、部位等因素，最终选择要采购的商品。

除了到原产地开拓货源，买手们还要推动盒马鲜生在全球建立自己的种植基地、养殖基地、捕捞基地，讲解溯源计划，推动海外商家的生产更加标准化、规范化。例如，采购来自波士顿的龙虾多在 450 ~ 500g，适合单人尝鲜量；给予终端销售价格参考建议，鲜活帝王蟹销售价格比市场上低 20% ~ 30%；对泰国榴梿的形状、大小、重量也做出了更具体的规定。

全球买手制是对货的重构。

当消费者体验到了美味和性价比高的海鲜后，下次想吃到海鲜就能够通过线上下单购买。盒马鲜生通过升级消费体验，提升了坪效。

为什么盒马鲜生有门店，却鼓励线上下单购买呢？原因是盒马鲜生重新定义了门店价值。

3. 门店新价值

门店是传统零售商的场，传统零售总有一种思维是希望消费者到店购买。很多零售商的数字化营销也落脚到领券到店转化。

盒马鲜生对门店的原则是给消费者所想即所得的体验。门店承载的几种功能是社区中心、物流分发中心、体验中心，如图 18-5 所示。

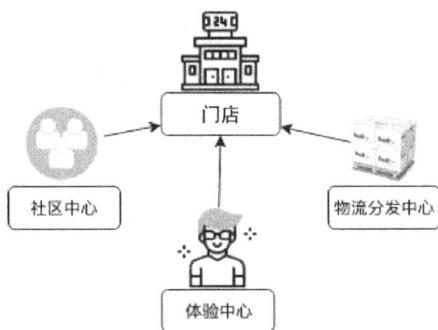

图 18-5　门店的功能

（1）社区中心

社区中心的核心任务是收集流量，通过非常好的体验，把方圆 3 公里内的人群吸引到门店来。到店的消费者会被指导安装盒马鲜生 App，从而将其转化为会员，引导线下消费者线上下单，实现线下体验、线上下单的闭环消费模式。

方圆 3 公里，大概能覆盖 28 平方公里的面积，以及 30 万户的家庭，盒马鲜生通过配送范围锁定每家门店的消费者群体。《第一财经周刊》透露了盒马鲜生门店的人口辐射量——北京平均每家盒马鲜生能覆盖 49.66 万人，上海盒马鲜生辐射人口较多的门店上海金桥店覆盖了 78.14 万人。

（2）物流分发中心

常规电商用全国仓或远仓做配送，而盒马鲜生选用近地门店做仓，店仓一体化。让每个线下门店都变成一个个小仓库，成为距离线上生鲜商品更近的冷藏配送基地，实现商品从门店到消费者手中的极速配送，从-18℃到60℃的全温层配送。

（3）体验中心

门店有商品陈列区，也配有就餐区，可以随时让消费者就餐体验，从而让消费者更了解商品，打消消费者线上下单的疑虑。通过打造新消费场景和消费者体验，以提升转化率。

门店新价值是对场的重构。

打通信息流、资金流和物流，通过数据的赋能来提升场的效率。

当门店规划设计定位后，必须持续通过优化品类、客类管理，活化助陈助销和销售模式打造等专业运营来提升单店营业额，而这些都是品类管理。

线上线下融合，全球买手制和门店新价值也指向一种全景式的品类管理思维。

4．全景式的品类管理

全景式的品类管理一共有六个成功要素：品类策略、业务流程、品类评分表、合作伙伴关系、信息技术、组织能力。

（1）品类策略

盒马鲜生的新零售策略可以归纳为以下三点。

- 效能：运用大数据和新技术，提升线上线下运营效率，实现人、货、场之间的最优化配置，从而构建一整套由供应链、仓储、销售到配送的完整物流体系。
- 品质：打造新消费场景，升级消费体验，提升客单价和复购率。
- 场景：通过线上线下融合，深度触达更宽泛的消费群体和需求范围。降低流量成本，提升流量和转化率。

品类策略必须与盒马鲜生的新零售策略一致。

在盒马鲜生的案例中：效能>品质>场景。

- 效能是基础，生鲜纯电商模式的冷链物流成本很高，对于商品短保质期等问题必须解决。
- 然后是品质，提倡新的生活方式，买到的商品都是新鲜的，每天"吃"的商品都是新鲜的。
- 最后是场景，围绕"吃"的场景来构建商品品类，让"吃"的品类结构更加完善、丰富，从而提升盒马鲜生单店的覆盖半径。

（2）业务流程

基于冷链物流、新鲜商品、"吃"的场景的品类策略，盒马鲜生制定了核心业务流程（见图 18-6）。

- 智能履约集单系统，基于消费者的地理位置、下单时序、具体需求和商品的配送温度需求把订单串联起来，结合店内店外配送人员的位置和状态计算出最优的配送方式，以提高效率，降低成本。
- 智能店仓作业和配送调度系统，让配送员的位置信息、技能信息清晰可见，商品的订单、批次、包裹也实现了完全的数据化。在门店内，需要增加拣货员的区域，实现随时调配。

- 智能订货库存分配系统，则是基于盒马鲜生门店的历史销量和淘系数据，对不同区域商品分配进行预测，从而提高门店库存周转效率。

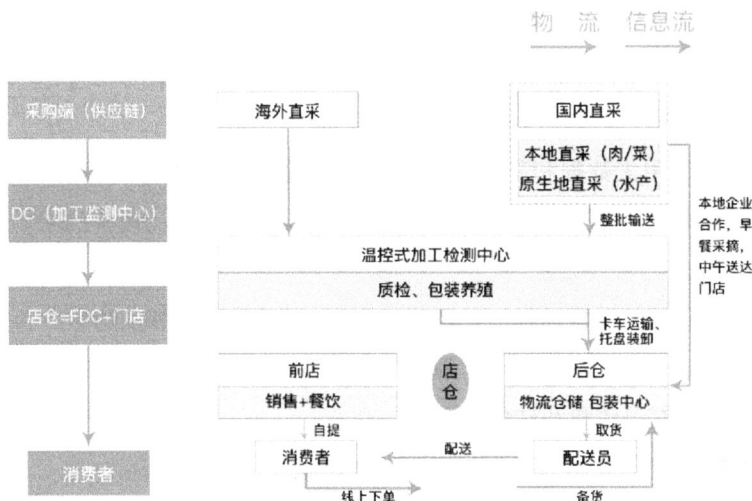

图 18-6 盒马鲜生的核心业务流程

（3）品类评分表

盒马鲜生的创始团队提出过四个清晰目标：

- 线上交易需大于线下；
- 线上每天需做到单店 5000 单以上；
- App 能够自己独立生存，不需要其他流量支持；
- 在冷链物流成本可控的范围内做到 30 分钟送达。

基于这样的品类评分表，核心业务流程整体效能都得到了持续改进：

- 关注前置增量和后置增量，营收增加 3 倍；
- 物流运营成本降低 30%；
- 周转率和库存提升；
- 工作量和效率提升 50%。

（4）合作伙伴关系

盒马鲜生全面实行买手制，建立了以消费者为中心的积极的合作伙伴关系。

利用技术优势，从销售预测上推算，如日日鲜蔬菜，可以做到一菜一基地，有些 40 天能收，有些 20 天能收，从而避免出现产能过剩的问题，然后做到极致新鲜。

又如盒马鲜生的日日鲜鲜奶，跟全球乳业领域领先的恒天然合作，依照 SQF 认证（Safety Quality Food，是全球食品行业安全与质量体系的最高标准），挑更好的奶源，只卖一天，确保每一瓶奶都是当天的，省去消费者翻货架查看保质期的麻烦。

针对标品，盒马鲜生建立了全球化的源头直采体系，还与供应商联合开发商品，探索可持续的盈利模式。从 2018 年开始，盒马鲜生希望在三年以内做成 50%以上的自有品牌。

盒马鲜生通过买手制赢得两大权利：

- 议价权，通过渠道能力形成大的商品采购量，以基地集采、全球集采等方式快速对接商家，拥有议价权。
- 定价权，通过大量自有品牌的引进，重新定义新鲜、保质期和低价。盒马鲜生推出日日鲜品牌：我们只卖一天，包括蔬菜、猪肉、鸡肉、鸡蛋、牛奶，销售只有一天。这些产品全部为基地集采，价格比菜场还要便宜。日日鲜品牌推出以后，通过供应链的方法，赢得消费者极大欢迎，每种商品推出以后立马占领市场。

除此以外，盒马鲜生对供应商不收进场费，甚至有些合作伙伴在发展过程中有资金问题，盒马鲜生也乐于提供帮助。盒马鲜生跟合作伙伴谈的成本，包含种植、租金等整个链路的成本。

（5）信息技术

为了提升消费者体验和零售商效率，盒马鲜生使用了零售云、移动互联网、智能硬件、大数据、物联网、算法等多项信息技术，如图 18-7 所示。

图 18-7　信息技术提升消费者体验和零售商效率

盒马鲜生一整套的系统解决方案，包含门店、App、仓储物流、餐饮管理等，能实现线上线下无缝连接。通过数据掌握消费者需求，反向驱动商品采购、中央厨房、加工中心、配送等环节的精准供应和流通效率。零售商通过积累品类、消费者等方面的信息，有助于清晰地界定零售商对信息的需求，从而减少不必要的投入。

基于 AI 驱动的智能收银机 ReXPOS，拥有 28 项产品设计专利，其可以完成快速扫码、人脸识别支付、智能防损、智能购物袋机等任务。其中，AI 摄像头可以实时评估人体姿态并进行运动分析，不仅可以针对老人、儿童提供不同的交互语言，还可以实时捕捉交易中可能存在的漏扫行为，并通知人工收银员。ReXPOS 平均 24 秒能完成 4 件商品的扫码支付，使盒马鲜生收银人效达到行业平均水平的 4 倍。

（6）组织能力

在盒马鲜生，品类管理与运营团队、采购团队、市场团队、门店团队、用研团队、买手团队、自有品牌研发团队、技术团队等密切合作，共同建立品类规划体系，确保业务需求的有效实施，推动体系持续提升。

- 门店团队：盒马鲜生门店有餐饮副店长、物流副店长和线上运营副店长。餐饮副店长负责场景，物流副店长负责效能，线上运营副店长负责品质。
- 用研团队：研究消费者的需求有什么变化，基于分析结果再推出消费者需要的商品。
- 买手团队：盒马鲜生的采购，是"内容为王""商品优先"的体系。盒马鲜生已全面实现买手制，买手制的本质不是"供应商给你推什么，你卖什么"，而是我们到市场找更适合消费者需求的商品，然后"买断"。
- 自有品牌研发团队：在未来盒马鲜生自有品牌希望达到至少 50%以上占比。

综上所述，盒马鲜生坪效 3～5 倍的成绩单源自全景式品类管理的组合式创新。

- 品类策略：效能>品质>场景。
- 业务流程：智能履约集单系统，智能店仓作业和配送调度系统，智能订货库存分配系统。
- 品类评分表：线上交易，单店 5000 单以上，线下体验引流，30 分钟送达冷链物流。
- 合作伙伴关系：买手制。
- 信息技术：系统解决方案，AI 驱动的智能收银机 ReXPOS。
- 组织能力：门店团队、用研团队、买手团队、自有品牌研发团队。

看完盒马鲜生的品类管理成功要素，作为零售行业的从业者，如何在自己的主营业务中实施新零售品类管理？

18.3　新零售品类管理实践

关于新零售品类管理实践，我们很容易采取同质化策略，复制领先者的竞争优势。

连锁超市是高度同质化竞争的行业，其本质是薄利多销，低毛利、高周转，大家都可以学习和借鉴其战略、策略、战术，但新零售企业不同，其竞争优势是很难复制的。

同样地，纯电商的竞争也是高度同质化的竞争，其本质是低价格、高周转，同时优化用户体验。复制这类企业，需要有足够的资金、低价格，以及适合的战略及时机，才能胜出。而一旦胜出，后来者就很难跟进。

盒马鲜生的竞争本质既不是连锁超市的薄利，也不是纯电商的低价格，其核心是生鲜品类不打低价，强调效能、品质和场景。

回顾盒马鲜生的发展，就会发现新零售的主要策略是持续创新。

案例 1　盒马鲜生的发展

1. 了解你的消费者

2015 年年初，在零售行业摸爬滚打近 30 年后，北漂多年的侯毅回到上海老家，确定了盒马鲜生的核心商业模式：做超市，以生鲜为特色，线下重体验，线上做交易，大方向确定为超市+餐饮+物流。用户体验是第一位的，把消费心智做出来，形成消费黏性。

2015 年 3 月，盒马鲜生正式成立，初始团队共有 7 人，后增加到 18 人。

第一家门店选址时，盒马鲜生创始团队认为一定要找人流多的区域，"要不然做失败了，都不知道是业务模式问题，还是选址不对的问题"。

按照这个思路，盒马鲜生选中了金桥国际广场，对方告知该商场日均人流量可达 3 万人次，周末可达 5 万人次。由于当时竞争很激烈，盒马鲜生以高于上海商业物业均价 2 倍有余的价钱租了下来，以抢占新零售的时间点。

做餐饮是侯毅的想法，他的看法是少了餐饮，体验就少了。侯毅被员工称为"资深吃货"，自己出国旅游，少不了的就是海鲜大餐，而跟他一样的上海人并不少见，"我喜欢吃的上海人基本都喜欢"。他对自己的口味非常有信心。

但问题是，国内海鲜价格普遍较高，尤其是新鲜、稀有的海鲜，价格更高，侯毅想：为什么商超不能做？为什么不能用互联网方式把价格降下来？随后，侯毅带队前往台湾参观上引水产，发现对方主要以餐饮为主，且食客 80% 来自大陆，这更坚定了侯毅要做海鲜的想法，餐饮的整体思路也基本形成。

2. 改善供应链

从盒马鲜生项目成立到 2016 年 1 月首家门店开张，盒马鲜生足足花了 9 个月的时间筹备。期间盒马鲜生创始团队不断地去想、去摸索如何将超市、餐饮、物流融为一体。

盒马鲜生在摸索过程中首先要考虑的是，线上线下一体化的系统如何构建，包括物流 WMS（仓库管理系统）、ERP（企业资源计划）和财务、门店 POS、物流配送、App、会员、支付、营销，而这个系统的复杂程度远超传统电商及线下商超。侯毅凭借其软件工程师出身，以及多年线上线下和供应链物流的工作经验，和阿里巴巴的系统研发团队一起完成了整个系统的设计和开发。

如今，盒马鲜生的 30 分钟送达背后，是盒马鲜生对数据和技术的娴熟应用。从供应链、仓储到配送，盒马鲜生都有自己完整的自营物流配送体系。

3. 客户化营销

2016 年 1 月 15 日，盒马鲜生上海金桥广场店开门营业，而此时其面临两个问题：首先，盒马鲜生系统是在开业前三天才上线的，还需要进一步测试；其次，该店必须下载盒马鲜生 App，并且只接受支付宝付款，不知道消费者的接受程度如何。

开业当天，盒马鲜生金桥店的销售额并不亮眼，5300 人进店仅带来十余万元销售额，但到 4 月份，该店已经有七八千的人流量，尤其是周末，销售额是开业时的近 10 倍。

通过金桥店，盒马鲜生满足了现代年轻人的消费需求，半成品、成品、海鲜和餐饮的价值被确定下来，并建立起消费者品牌心智，例如帝王蟹、牛排和波士顿大龙虾等商品成了盒马鲜生的招牌产品。

盒马鲜生对标餐饮店、生鲜综超、大卖场、便利店，其更重视场景内容的体验，如看世界杯、亲自捉鱼虾、烘焙学习，还有绘画、钢琴课等场景。通过门店的体验和互动，亲子游戏让门店再次成为消费者休闲娱乐的场所，提高了用户体验，形成了以盒马鲜生餐饮、盒马鲜生集市、盒马鲜生便利店为矩阵的快消和生鲜全品类运营，从而让消费者体验到不同场景下的一站式服务，增加了消费者的体验感，培养消费者形成新的消费习惯，对消费者群进一步精准化划分。

4．基于实时数据的决策

盒马鲜生第一家店开业差不多5个月之后，2016年6月，实际运营数据验证了盒马鲜生商业模式的成功。当年9月30日，盒马鲜生第二家门店开业。这之后，盒马鲜生模式开始快速在全国复制。

在盒马鲜生的创建过程中，阿里巴巴的技术沉淀和研发能力，起到了至关重要的作用，包括底层技术架构、支付体系、会员体系等。

盒马鲜生的App也引入阿里巴巴的个性化推荐技术，能够跟手淘及天猫App一样，做到千人千面。比如通过数据分析，金桥店有1000个用户每天都在盒马鲜生（到店或者线上）购物，盒马鲜生App就会自动为其推荐小包装的商品。

这些实时数据支持着门店的每日决策：

- 盒马鲜生跑通了整个信息系统和业务流程，包括销售流程、物流流程、会员流程和支付流程，并且成本结构越来越清晰。最初金桥店有高达300名员工，现如今只有一半不到，销售额却增加了三倍以上，运营完全不受影响。

- 商业模式成型，通过实际运营，证明了线下往线上导流的模式成立，而且线上销售额能够超过线下，线上的效率也会远远大于线下的效率。

- 盒马鲜生App在无外部导流的情况下能够独立生存，张勇在2016年6月的一次考察中发现，盒马鲜生的复购率、转化率等互联网指标都远高于传统电商。

- 盒马鲜生的门店模型固定下来，包括后仓的面积，餐饮和超市的比例。

5. 战略性同盟/计划

盈利模式跑通之后，盒马鲜生开店速度逐步加快，2018年第一季度开店达16家，累计开店40家。截至2018年12月31日，盒马鲜生门店共计109家。

供应链采购方面，盒马鲜生与天猫超市、天猫生鲜打通共享资源，并通过与直采基地合作共采保证商品品质。

盒马鲜生鼓励支付宝结账，支付宝统一付款为盒马鲜生创造了掌握线下消费数据以及线下向线上引流的机会。同时盒马鲜生已经与淘宝网、支付宝会员体系打通，实现了数据和生态共享。利用消费者清晰的行为数据，盒马鲜生可以进行广告和营销，吸引更多消费者，形成良性消费循环。

2018年3月28日，盒马鲜生与13家地产商达成战略合作，携手共赢打造全新消费业态，地产物业的支持有利于降低费用率，提升盈利能力。

2018年6月4日，盒马鲜生与大润发的合作品牌"盒小马"在苏州开启试运营。首家盒小马门店经营面积在800平方米左右，主打生鲜品类，其生鲜面积占比超过50%，此外还引入了体育用品。

2018年8月，星巴克宣布与阿里巴巴集团签署独家战略合作，且合作时间为三年，星巴克将依托饿了么配送体系，正式上线外送服务。同时基于盒马以门店为中心的新零售配送体系，共同打造星巴克"外送星厨"，为我国消费者打造随时随地的新零售体验。

6. 数据智能

盒马鲜生成了全行业的新零售标杆。各路友商纷纷复制盒马鲜生。其中包括家乐福的极鲜工坊、永辉的超级物种、新华都的海物会、步步高的鲜食演义、百联的RISO系食、物美的多点、联华的精选未来店、复华集团旗下的地球港，以及本来生活实体店、京东7FRESH、苏宁苏鲜生、美团小象生鲜等。

国际上的零售巨头，如亚马逊、日本永旺、星巴克、可口可乐等公司高管，也先后前来围观盒马鲜生模式。发明了24小时便利店模式、传统零售极为发达的日本，也前来取经。除了日本NHK电视台、朝日电视台、共同社等主流媒体，其他媒体也先后到访，报道盒马鲜生。软银集团COO今井康之，还亲自带领14家日本商界巨头，组成浩浩荡荡的商业考察团，直奔盒马鲜生总部杭州，向侯毅取经。

一些盒马鲜生的复制者虽然模仿了盒马鲜生的动作，却在生死线摇摆。那么他们的差异到底在什么地方呢？

新零售是基于数据驱动的对于商业三要素人、货、场的重构。差异在数据吗？很明显，大家都有数据。差异在重构。重构什么呢？

零售人都说 Retail is detail（零售就是细节），所以重构的便是无数的细节。

从极为常见的促销执行来看，促销执行涉及的部门多，工作流程包括门店备货，市场部制作 POP 等促销工具，储运部分货和运输，财务部付款以释放信用额等。而良好执行的基础是良好的沟通。如果执行者并不清楚其工作的重要性及细节，很难想象他们能像促销方案设计者那样认真、愉快地去执行。

新零售的数据提供了良好沟通的基础。基于这些基础，应该如何重构无数的细节呢？

从促销执行来看，门店备货，市场部制作 POP 等促销工具，储运部分货和运输，财务部付款以释放信用额等，这些虽然已经被程序化，但也可以基于智能算法来重构细节。

新零售时代，作为品类管理的从业者，基于数据智能，我们要关注什么呢？

回顾品类管理的定义：消费品生产商、零售商的一种合作方式，是以品类为战略业务单元，通过消费者研究，以数据为基础，对一个品类进行数据化的、不断的、以消费者为中心的决策思维过程。

因此，重构细节需要关注：

- 消费品生产商、零售商的合作；
- 战略业务单元；
- 消费者研究；
- 以消费者为中心。

在盒马鲜生从创业公司到百店连锁的案例中，我们了解到以下几个信息。

- 了解你的客户是消费者研究。
- 客户化营销以消费者为中心。
- 基于实时数据的决策是战略业务单元。
- 改善供应链是消费品生产商、零售商的合作。
- 战略性同盟/计划是消费品生产商、零售商的合作。

由此可见，新零售的品类管理必须重构消费者、生产商和零售商的合作关系。

7．网络协同

在传统零售中，生产商、供应商、零售商、消费者的关系如何？

从图 18-8 中我们可以看见生产商、供应商、零售商和消费者是一种线性的关系。

图 18-8　传统零售中生产商、供应商、零售商、消费者的关系

新零售经常谈到的商业模式。

- S2B2C：Supply to Business to Customer，即企业通过供给平台化给小 B（小企业或个人）赋能，为其提供一种支持和服务，让小 B 可以更好地服务目标客户。
- S2B：Supply to Business，即服务于中小企业的供应链平台。
- C2M：Customer to Manufactory，即个人需求直达生产商。
- C2B：Customer to Business，即消费者对经销商。
- M2B：Manufacturers to Business，即生产商直接面对经销商。

上述商业模式揭示了重构后的消费者、生产商、供应商、零售商的合作关系是一种网状的关系，如图 18-9 所示。

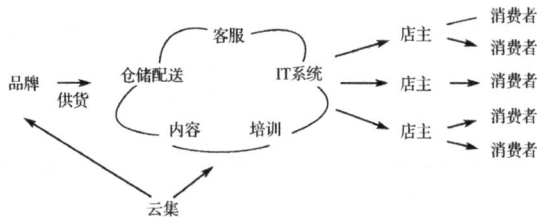

图 18-9　S2B2C 案例——"云集"

图 18-9 是典型的 S2B2C 案例——"云集"，S 是"云集"整合的一张大服务网络，包含品牌供货-精选式采购（面向升级消费需求，买手精选 3000 多种品牌商品，对品质做到更为严苛的掌控）和平台化支持（平台集成多种零售服

务资源，如仓储配送、客服、内容、培训、IT 系统等，提供全方位的商业支持，降低店主参与网上零售的门槛）。通过 S 的支持，赋能小 B（个人店主），小 B 利用社交工具（如微信群）传播商品信息并进行售前和售后服务。

这种模式大大降低了参与零售的门槛，将传统由专职人员进行的商品推介工作社会化、兼职化。实际上，这创造了新的小 B 的角色。愿意在微信上分享的个人成为"云集"的营销终端，直接对 C 服务。这些小 B 充分利用了个体的影响力，也利用了微信的社交网络和流量红利，数量巨大的小 B 迅速带动了"云集"的销售。

所以 S2B2C 模式本质上是网络协同，通过互联网的方式让更多元的角色可以参与，共同服务海量的 C。所以，S 的价值来源于其自身实现了多大程度、多少个不同平台的协同。它协同的服务越多，网络效应就越大，自身价值就越高。

8. 以消费者为中心的组织变革

"以消费者为中心"一直是各大品牌商所关注的核心话题。在实际业务中，要想真正将其落到实处面临着诸多挑战。首先，品牌商和终端消费者的实际触点数量有限，难以系统地展开直接、有效的沟通；其次，消费者圈层化进一步加深，"千人千面"的消费者需求也使得理解消费者变得越来越困难。

9. 零售的核心要素

零售的核心要素有两个：消费者需求始终变化；供应链效率需要不断提升，如图 18-10 所示。新零售其实并没有改变零售的本质要素，但其有了更多的技术和模式创新，使得零售的两大核心要素有了更紧密的结合，最终目标都是为了提供更好的消费者体验。

零售的核心要素

消费者需求
始终变化

供应链效率需要
不断提升

图 18-10　零售的核心要素

案例2 "自然场景教育玩具"新品类的萌起与探索之路

1. 品类萌起

舒卉（昵称）是一位在华德福上学的两个孩子的妈妈，她之前供职一家 IT 公司，负责项目采购及商务工作。2009 年第一个孩子的出生彻底改变了她 "996" 的工作生活方式。为了给孩子一个美好幸福的童年，舒卉毅然地离开了工作多年的公司全职养育孩子，并开始不断地学习各种先进的儿童教育理论和关注各式儿童玩具。舒卉接触到的更多是儿童早期大脑智识开发的课程与各式声光电的玩具，不过后来遇到的以孩子身、心、灵全人发展的华德福教育，让她驻足了。2012 年春孩子入华德福幼儿园，同年秋舒卉创立了"华德福彩虹谷"品牌，并提出"教育、艺术，我自然"这一理念，倡导和传播道法自然的儿童教育之道。"我自然"代表一种追求和境界，出自《道德经》第17章：太上，下知有之；其次，亲而誉之；其次，畏之；其次，侮之。信不足焉，有不信焉。悠兮其贵言。功成事遂，百姓皆谓："我自然"。华德福彩虹谷为圈内家长和学校提供健康、环保的自然玩具和文化艺术用品，受到孩子们的喜爱。

2016 年以前华德福彩虹谷经营的自然玩具品类主要参照国外华德福幼儿园和学校的儿童物品进行匹配，品类有木质玩具、手工娃娃、天然材料（植物种子、石头）、手染丝绸等。华德福彩虹谷以线下社群活动开发客户和线上淘宝店铺服务客户的营销模式，通过线下带动线上，开发和服务幼儿园和学校的大宗采买客户。除此之外，舒卉还定期策划和组织妈妈手工活动，参加课程现场、文化市集进行现场推广，客户也可以通过线上淘宝店铺下单。华德福彩虹谷经过慢慢的口碑积累，逐渐形成了影响力。

2. 品类探索

2016 年 5 月底二宝如期而至。为了给孩子一个温暖的自然成长环境，同年 8 月舒卉把家庭与机构悉数搬到了京北的一个文化环保村，开始了真正的"下乡养儿"的自然状态。常说"第一个孩子照书养，第二孩子当猪养"。在宁静的自然环境下，她心态更加放松，更加关注孩子多重感官的早期发展。此时，她探索如何利用自然材质开发手工玩具来促进孩子感官的健康发育，以及如何让更多有新教育观念的家长们接受这样自然的手工玩具。让玩具成为孩子天然的老师，孩子通过玩具自主创设一幕幕场景，内化自己、激发想象；让玩具成为老师的助手，在故事与偶戏中充当背景与角色，丰富和滋养孩子的身心。

3. 品类差异化

2016 年 8 月，舒卉成立了达迪天下（北京）商贸有限公司，开始自然玩具品类的整合与开发，打造自然场景教育玩具新品类，扩展社群营销，加强网店（淘宝店铺、口袋微店）宝贝的优化与公众号商品的宣传，注册并建立了自己的会员网站（www.huadefushop.com），从而使线上与线下流量能够相互融合。

2018 年达迪天下（北京）商贸有限公司与澳洲 Colours of Australia Pty Ltd 结为战略合作伙伴，成为其旗下 Papoose Toys 中国（含香港、澳门）独家代理，并全权负责 Papoose Toys 商品的推广。Papoose Toys 使命是利用公平贸易为孩子们和老师们提供自然的多品类手工玩具与材料，其核心商品是手工羊毛玩具和木质玩具，而这也填补了平台羊毛手工玩具品类的空白。

Papoose Toys 品类结构有：

- Felt Toys 羊毛玩具；
- Wooden Toys 木质玩具；
- Cotton Toys 棉绒玩具；
- Educational Games 教育游戏；
- Musical Toys 乐玩器；
- Papoose Creative Papoose 创意材料；
- Original Books 原创书籍。

4. 品类渠道拓展

2018 年 11 月，舒卉与辛庄师范网络学院合作推出"故事汇"在线视频，通过故事与 Papoose Toys 道具的互动，生动演绎出场景教育玩具的内涵，让更多老师和家长了解场景教育对孩子成长的意义，体验场景教育玩具的价值。为了加强 Papoose Toys 的宣传与推广，华德福彩虹谷编发了《Papoose Toys，面向未来的场景教育玩具》主导文章，定期推送一款 Papoose Toys 商品，引起粉丝们的关注与传播。

2018 年 12 月，舒卉启动 Papoose Toys 经销商与微商的开发。2019 年 5 月 Papoose Toys 亮相第 21 届北京国际玩具暨幼儿园用品展览会，全力打造 Papoose Toys 网红商品（见图 18-11）。

图 18-11　Papoose Toys 网红商品

5. 自有品牌培育

2019 年舒卉注册和推出了绿野仙谷 Greengoku 自主品牌，开创自然场景教育玩具新品类，注重自主设计，追求造型艺术和自然环保，利用传统手艺和天然材质，提供场景教育玩具定制服务，为孩子们开发开放、自然的场景教育玩具，滋养孩子的多重感官，让孩子们自主创设，传播温暖、善良和美好。

绿野仙谷 Greengoku 开发的品类有：

- 动物家族系列；
- 人偶与娃娃系列；
- 小房子系列；
- 场景物件系列；
- 手染系列。

美好始于辛勤地耕耘和探索！

案例 3：某便利连锁的 POA 行动力案例

行动力 =（P×A）÷O =（伙伴×方法）÷目标

POA 行动力的本质是一种思维模式，简单来说，就是通过越聚焦的目标

（Objective）、越多的伙伴（Partner）、越给力的方法（Acceleration）来达成目标获得成功的思维。

POA 行动力的原创者张宁先生在 2016 年加入同为湖畔大学学员企业的某便利连锁任联席 CEO。他大刀阔斧地用 POA 行动力思维对组织进行了改造和提升，让它焕发出新的活力。

在传统的加盟模式里，品牌和加盟商的关系是甲方和乙方的关系。甲方和乙方之间的关系既有合作也有对立。张宁首先把 POA 中的伙伴思维用在了改造甲乙双方的关系上：

- 加盟商都被称为"合伙人"。平台和加盟商的关系不是服务与被服务的关系，而是共建的关系。因此，加盟商的加入不仅是组织的延伸，还是组织边界的打开，是更多志同道合的创业者的结盟平台。
- 建立某品牌创业营。帮助优秀的合伙人，用 100 天的时间发生看得见的进步和改变。创业营这个自组织成了某品牌创业平台上最活跃、最有战斗力，也是最核心的一支力量。更有一批学员直接进入某品牌平台，转型为合伙人服务。
- 依托创业营建立合伙人社群。传统的连锁品牌会尽量孤立加盟商，担心加盟商联盟。张宁在某品牌为加盟商建立了 4 个社群，让加盟商互相支持，成人达己。
- 依托社群，建立合伙人创新委员会。委员会每月收集合伙人的意见，组织共创会。邀请公司各个职能部门负责人参加，目标是一起共创解决方案。

经过半年的组织改造，某品牌合伙人的满意度有了大幅度的提升，合伙人的价值被不断放大。随后张宁又对组织内部用 POA 行动力思维做了改造。POA 行动力思维认为只有对共同目标的高度共鸣，依靠伙伴的共创以及快速的协同和行动，才能真正提升组织的行动力。因此张宁做了以下举措：

- 修改目标。把原本 3 个部门各自的月度 KPI，整合成一个以 3 个月为单位的共同目标。这样每个部门在完成自己任务的同时，还要思考能为其他部门做什么。每个部门目标又分成 50% 业绩目标和 50% 共建目标。所谓共建目标，就是长期的、基础性的、前瞻性的工作，如创新、团队建设、跨部门协同等。

- 把组织切到更小单元。把传统的主管带单兵的模式改成 3 人作战小组。公司变成了指挥部，为特战小组提供信息和人力资源的保障。这样不仅可以提高业务开发的效率，也有效解决了组织内部长期存在的腐败问题。
- 打开组织边界引入合伙人。合伙人和公司是伙伴关系，因此在各个领域都让合伙人参与进来，支持公司各个部门的工作。边界打开后，智慧融合，沟通顺畅，行动起来的效果也就好了很多。

经过几个月的磨合，从 2017 年 6 月开始各项业绩指标都快速提升。即使面对新竞争对手进入、门店资源稀缺等挑战，团队都没有失去战斗力。第二、第三季度开店数持续增长，提前完成超过 200 家的业绩指标。各门店的业绩也普遍增长 10%左右，成为中国便利连锁业的一匹黑马。现在，POA 行动力思维已经成为公司内部和加盟商之间通用语言，形成了强大的统一的组织思维。

张宁在和我们的访谈中通过案例讲述了 POA 行动力思维的不同之处。

*首先把 P（伙伴）放在最重要的位置。

大部分西方管理工具都是来自工业化时代，强调流程管控，强调人在流程中是一种资源，是一种工具。使用 KPI 制作的计划看上去也很精确，但常常无法达成，根本原因在于人是一个大变量。在 POA 的逻辑中，我们首先把人放在最重要的位置，强调快速决策和行动。

客户的需求也要靠组织的"人"去满足。让客户满足的商家有很多，但让店员满足的餐厅就很少了。品类管理需要首先思考组织的"人"，比如为加油站内的便利店规划新品类——关东煮，该品类也许是车主需要的，但加油人员原来只负责使用加油枪，不会卖关东煮怎么办？可能让加油人员负责卖关东煮就不合适！

*品类创新不是总部集权式的品类产生（定义），而是基于一线需求而产生的。

热干面品类就是新品类发展的典型案例。创意并不是由我们品牌公司内部策划出来的，提出者是创业营中的某位加盟商学员。我们由核心加盟商组成了创新委员会，该学员在委员会讨论中提出了该创意，以他为核心，我们组成了品类行动小组，在产品部门同事的协作下，很快就实现了新的"热干面"品类。这个小组随后很快联系上供应商，新品类在店里试运行通过，扩展到 10 个加盟商，最后推广到全门店、全品类，并且热干面的毛利收入始终处于品类前三名。

*重构了品牌和加盟商的关系，实现了新品类指数级的生意增长。

品牌方的推广也变得轻松。传统品牌和加盟商关系更偏向于甲乙双方的关系——甲方提供产品和服务，乙方申请品牌加盟、提前进货，赚产品差价。甲方需要说服乙方，花钱添加设备、提供培训、培训操作过程等。通过创业营活动，品牌和加盟商形成了一致目标——服务客户，不再相互隔离。加盟商也参与到品牌过程中，激活了加盟商的参与度。

案例 4　用 POA 行动力组织思维完成企业转型

总部位于杭州的某互联网金融企业，正在面临从传统金融机构向互联网技术型金融机构转型的痛苦过程，一方面业绩和人员增长很快，另一方面在业务选择、人才发展、团队执行力等各个方面经历阵痛。2017 年，POA 行动力习学社在分析了企业的现状后，决定从建立组织思维的角度来梳理该企业的发展路径。组织思维是指一个组织在形成行动决策时的思维逻辑。它的基础就是一个组织的使命、愿景、价值观和战略。

首先，POA 行动力习学社与高层一起用 POA 行动力思维梳理了企业的使命、愿景和战略。在 POA 思维里，一个好的使命和愿景是可以指导公司选择"做什么"和"不做什么"的。经过充分的讨论，该企业制定了全新的使命和愿景，并且根据新的使命提出了全新的组织战略。

其次，POA 行动力习学社和高层联合为全体中层管理人员举办了"战略落地"工作坊，帮助这些骨干深度理解组织的新使命、愿景和战略，并且用 POA 目标分解法制定出本部门对应的工作目标。

同时，通过 POA 工作坊和宣导等各种方式，将 POA 行动力思维传递给所有组织成员。简单而通用的 POA 行动力思维帮助组织成员更好地理解了企业的组织思维（使命、愿景、价值观和战略），从而在实际工作中能做到快速决策，协同合作。

我们观察到：当高管会议为了新的业务方向而争执不下时，有人就会立刻提出"这个新的业务能够帮助我们更好地达成我们的使命吗？"这样的疑问。

可见逐步形成的组织思维，正在提升决策效率，统一思想。而该企业的年交易额已破千亿元，其还从 2016 年的全国第五，成功跃居 2017 年的全国第一。

案例 5　人智医学和自然疗法医院 Klinik Arlesheim

IMO 中国大师班学员李端在和我们的访谈中讲述了其导师 Alexander Schwedeler（亚历山大·施韦德勒）的咨询案例。

Klinik Arlesheim 一家瑞士的人智医学和自然疗法医院，有 500 名员工，变革前的组织架构如图 18-12 所示。医院的监事会有 6 个成员，亚历山大是监事会成员之一。该医院 CEO 不是一个人，而是一个 4 人领导团队，负责医院中的四条主线，分别是医生团队、护士团队、治疗师团队和行政财务管理。

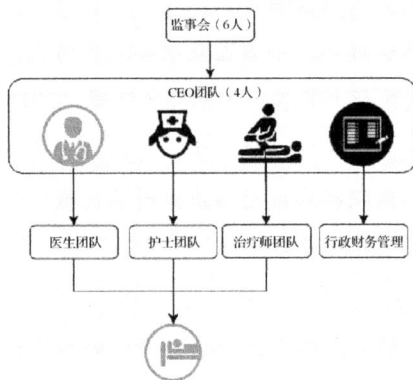

图 18-12　变革前的组织架构

组织的变革是由上至下的。在整个组织中抽出 15 人，各层人员都混杂在一起，构成转型团队，职责是帮助公司发现新的组织架构。亚历山大作为顾问，和转型团队一起工作。

转型团队访谈了医院各个层级的 50 人，发放了 100 多份调查问卷，进行了面对面的有品质的访谈。第一步，非常重要的是去创造空间，收集足够的信息，让公司现状呈现出来。

第二步，转型团队一起共同创造了一个过程，这个过程帮助产生了新的组织架构。

在纵向的组织架构中，医生带着护士去查房。如果病人需要某种自然疗法，先由医生写下处方，几天之后才安排治疗师，开始治疗。

　　新的组织架构（见图 18-13）完全不同于纵向的形式。

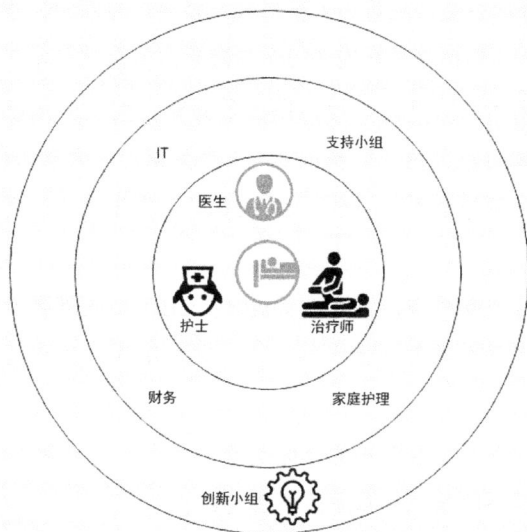

图 18-13　新的组织架构

- 架构图的中心是病人。
- 在病人周围是医生、护士、治疗师。在医院，每次查房时，护士和医生一起去见病人，询问病人感受如何，有什么需要。根据病人的情况，医生会为病人安排对应的治疗师。医院的核心资源就是这些治疗师。治疗师提供的治疗方式有绘画治疗、歌唱治疗、优律诗美治疗、身体运动治疗、按摩与热敷治疗以及各种天然疗法。这些都是围绕着病人，为他们提供服务的。
- 再外一圈是 IT、支持小组、财务和家庭护理；
- 最外圈是创新团队，负责创新的想法。这个团队没有权力为医院做决策。因为他们需要创新的自由，他们有想法后，上报给对应的负责人。

　　转型团队意识到新的横向架构可以和旧的纵向架构并存。

- 层级式的纵向架构把责任分配下去；
- 横纵向架构以病人为中心，组建护士团队、医生团队、心血管团队、心理团队、癌症团队等，然后把做决策的权力交给他们。

　　运行一段时间后，创新团队有了新提议：改变薪酬体系。但是他们没有权力做这个决定，于是把改变薪酬体系的提议提交给 CEO 团队。CEO 团队设计了一个新的薪酬体系，为大家提供了有市场竞争力的年薪：从 12 万欧元调整到 30 万欧元。作为监理会的一员，亚历山大当时有个疑问：在欧洲，很难找到一个高品质的医生或专家，他们的平均年薪为 50 万欧元，但医院付不了这么多，要涨这么高吗？亚历山大回顾自己的经历，做出了决策。如果医院能够找到这样的医生，一定可以把 30 万欧元的工资挣出来。两个星期后，大家通过了新提议。

随后创新团队暂停运作。一个月后，CEO 团队开始意识到创新团队的存在意义。

创新团队重新恢复运作，又有了新提议：CEO 团队需要会议引导能力；这些引导能力可以用于引导创新团队的会议，激励团队，让团队更富有能量，达成目标。

通过这些组织变革，医院中的个体改变了行为习惯，变化也真实发生了。

案例中由上至下的组织变革是这样进行的：

- 组建转型团队；
- 广泛收集信息；
- 以病人为中心，产生新的组织架构图；
- 定义新的服务方式，定义角色，制定规则，形成责任；
- 创新小组持续提议和改进。

由上至下的组织变革并不是全部，更多时候组织变革发生在真实的日常业务过程中，并将持续创新。

案例 6：连锁药店 DM

德国 DM（Drogerie Markt）连锁超市有限公司成立于 1973 年，是德国最大的日化连锁巨头，是德国营业额最大的药妆零售商，同时也是欧洲最大的药妆店。有超过 2900 家分店，其中 1480 家在德国境内，拥有超过 5 万名员工。DM 和屈臣氏很类似，除了化妆品，还销售许多保健品，以及卫生用品，所以它是女生和男生都喜欢逛的店。而且在欧洲（尤其德国）DM 随处可见，非常方便。

DM 也是 IMO 的客户。IMO 的顾问一起设计了 DM 组织发展的路径，并且把这些职责由上向下地贯彻下去。

　　DM 通过两个主要的仓库来供应上千家连锁店，有些连锁店生意非常好，每天要运送五卡车的货物。仓库发货到连锁店，主要流程是：

- 库房人员包装好产品；
- 排列整齐；
- 卡车运送到连锁店；
- 连锁店店员拆包。

　　我们来看打包和拆包这两个日常环节（见图 18-14）。

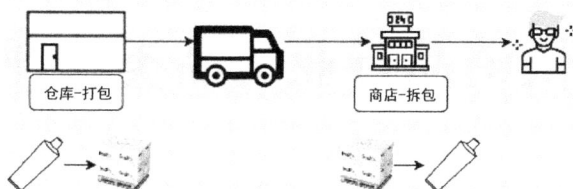

图 18-14　打包和拆包

　　包装时，打包顺序非常重要，重的、大的先放到底部，小的、轻的放在上面，这样商品就不容易掉落。

　　拆包由连锁店店员完成，他们是库房人员的客户。我们会发现直接面对客户的不是最上层的领导，而是一线员工。在组织变革工作中，顾问让库房人员直接面对客户，去连锁店实习一个星期，去体验日常的拆包。

　　组织变革需要发生在真实的业务过程中，需要持续优化业务运行机制、团队的职责和权利。

快消品行业的品类管理

快速消费品（简称快消品）行业的品类管理主要是由日化行业的供应商在推动，也包括一些食品行业的供应商，如可口可乐和卡夫食品。在我国，这一趋势尤其明显。目前，在我国品类管理领域比较活跃的供应商包括宝洁、高露洁和强生（中国）。在亚太区，联合利华、花王、卡夫食品也有不少在品类管理方面的实践。2004 年开始，随着零售终端重要性的不断增强和竞争的不断加剧，越来越多的供应商开始投入到品类管理的实践中来，这当中包括箭牌糖类有限公司和可口可乐公司。

对大部分零售商来讲，其还是处于 1~2 个品类试点品类管理的阶段。随着具有品类管理能力的供应商的增多，零售商将品类管理从试点变成流程的可能性也逐步增加。在选择供应商时，零售商需考虑以下几个因素。

- 供应商在品类中的表现。包括供应商产品的市场表现、供应商市场营销的能力、供应商对消费者及购物者的了解、供应商的配送能力等。
- 供应商实施品类管理的能力。包括供应商在品类管理上的人员投入、人员能力、品类管理操作技巧、项目执行能力等。
- 洞察力。基于对特定品类的深入了解和大量信息的分析，供应商是否能提供有效的业务发展解决方案。

- 创造性。供应商对品类的前瞻性规划和创新能力。
- 公信力。供应商在购物者中及业界的声望。

在双方的合作过程中，需要注意以下几点。

- 以品类为基础，以购物者为导向。供应商和零售商所处的角度不同，侧重点也会有所不同。双方应本着以品类为基础、以购物者为导向的原则来合作品类管理。
- 注重长期利益而非短期效果。品类管理的实施通常都能带来积极的效果，但由于执行力度的不同和零售商所处状况的不同，品类管理的效益可能不会很快体现。因此，双方应本着不断调整、不断改进的原则给品类管理一个较长的表现期，通常是 3~6 个月。
- 先测试，再推广。品类管理是一个变革，对零售商各方面都会带来较大的影响。有些零售商一开始就对某些店的所有品类实施品类管理，而实践证明这是很难成功的。这样做不但会给各部门带来很大的压力，也影响了门店的生意，使品类管理成为商店的包袱，影响商店推广品类管理的信心。所以，建议零售商先在 2~3 间门店试点 2~3 个品类，试点成功后再改进和推广。
- 清晰的评估标准和科学的评估方法。清晰的、双方认可的评估标准有利于大家朝着同一个目标努力。而评估方法是否科学合理将直接影响评估的结果。建议进行对测试门店与可比门店、试点结果与去年同期等多维的评估。（具体方法见第 6 章品类评估和第 15 章品类回顾的相关内容。）
- 领导层的持续关注。领导的态度对员工来说是一个晴雨表。领导的持续关注有利于员工长期保持对品类管理的热情。

A.1　宝洁公司与品类管理

A.1.1　背景介绍

始创于 1837 年的宝洁公司，是全球较大的日用消费品公司之一。2003—2004 财政年度，宝洁公司全年销售额为 514 亿美元。在 2012 年《财富》杂志评选出的全球 500 家最大工业/服务业企业中，排名第 86 位。宝洁公司全球雇员近 10 万人，在全球 80 多个国家设有工厂及分公司，它所经营的 300 多个品牌的产品畅销 160 多个国家和地区，其中包括织物、家居护理、美发美容、婴儿及家庭护理、健康护理、食品及饮料等。

宝洁公司于 1988 年与广州肥皂厂合资进入我国，宝洁在我国有 10 个品类（有些品类已经出售），包括但不限于以下品类：洗发水（飘柔、潘婷、海飞丝、沙宣、伊卡璐）、洗衣粉（汰渍、碧浪）、香皂（舒肤佳）、沐浴露（舒肤佳、玉兰油、卡玫尔）、婴儿纸尿裤（帮宝适）、美容护肤（SKII、玉兰油、封面女郎）、口腔护理（佳洁士、Oral-B）、妇女卫生用品（护舒宝、朵朵）、家庭护理品类（吉列威锋、南孚电池、博朗、金霸王、锋速 3）、小食品（品客），2015 年宝洁在我国的销售额达到 300 亿元人民币。

宝洁公司热衷于引领行业的发展，其在市场研发、零售理念开发方面都有大量的投入。在美国食品营销协会领导的 ECR 和品类管理开发小组中，宝洁公司是重要的供应商。1997 年，宝洁公司与中国连锁经营协会合作，将品类管理的理念适时地引入到我国，在我国零售业引起了很大反响。

宝洁公司和零售商在品类管理方面的合作开始于 1998 年。宝洁公司当时成立了由品类管理经理领导的 4 个品类管理小组，分别负责东、南、西、北 4 个区的品类管理工作。品类管理小组的工作重点是洗发水品类的产品组合和产品陈列建议。随着现代渠道的不断发展壮大，品类管理经理的配置在 2000 年一度达到九人之多，组织结构与以前相比也有了较大的变化，宝洁公司品类管理组织结构如图 A-1 所示。组织结构是用于支持生意发展策略的，宝洁公司在品类管理人员上的投入也充分反映其市场策略的变化。1998—2000 年的两年时间里，宝洁公司的品类管理主要集中在洗发水品类，品类管理的深度也局限于品类战术部分的产品组合和产品陈列。而从 2000 年开始，品类管理成为宝洁公司的重要战略之一，品类管理项目涉及的品类范围也拓展到卫生巾品类、婴儿护理品类和口腔护理品类。同时，品类管理的深度也已上升到全面品类管理，包括购物者研究、跨品类分析、品类管理组织结构变动等。

宝洁公司热衷于推动行业的发展。在每年的 ECR 协会和中国连锁经营协会年会上，宝洁公司都会有专场分享品类管理在我国的成功案例，有时也会包括一些国外的成功案例。北京华联婴儿护理中心是宝洁公司在我国的成功案例之一。

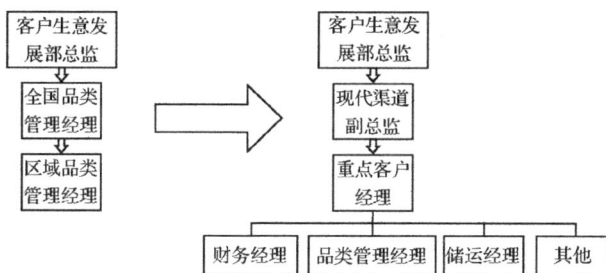

图 A-1 宝洁公司品类管理组织结构

A.1.2 品类管理案例

1. 北京华联婴儿护理中心项目背景

北京华联综合超市股份有限公司是在上海证交所上市交易的我国现代大型综合性超市。到 2001 年年底，其销售额为 80 亿元人民币，在我国零售业中名列第三。当时北京华联有门店 46 家，覆盖我国 23 个省市。北京华联的主要经营策略：一个中心，两面镜子，三个形象。"一个中心"即以购物者为中心，更好地满足购物者需求，提高购物者满意度。"两面镜子"即以购物者和竞争对手为镜子。"三个形象"是指通过建立良好的产品形象、服务形象和价格形象，增强企业的核心竞争力。北京华联当时处于高速发展时期，在经营过程中问题不断凸显出来，如货架管理、库存管理和目标客户忠诚度管理；宝洁公司是我国较大的快速流通消费品制造商之一，拥有头发护理、口腔护理、个人卫生用品、妇女卫生用品、婴儿护理、织物洗涤等品类中的众多品牌。北京华联和宝洁公司决定在婴儿护理这个新兴品类试行品类管理，制订出一套切实可行的方案后再推广到其他品类。北京华联婴儿护理中心的相关图片如图 A-2 所示。

图 A-2 北京华联婴儿护理中心

2．项目目标

- 以有 0~3 岁婴儿的家庭为目标客层，建立全新的婴儿护理品类，创造客户价值。
- 婴儿护理品类的销售和毛利提高 30% 以上，纸尿裤生意提高 50% 以上。
- 从婴儿护理品类开始试行品类管理，逐步推广到其他品类，并陆续在全国推广。

3．项目范围

- 开展购物者研究。了解购物者对婴儿护理品类的需求，确定经营品类的定义及角色。
- 开展 ECR 及品类管理的培训。
- 制定品类策略、战术和计划。
- 研究产品的深度及广度，确定产品结构、货架和关联性货架陈列方案。
- 确定"北京华联宝宝屋"的经营定位。
- 调整组织结构，采用工作绩效评估表，定期跟踪。
- 选择部分商店进行测试，并在合适的商店推广。
- 总结成功案例适时进行推广。

4．方法及流程

（1）了解购物者

在确定方案前，北京华联和宝洁公司一起组织了购物者调查，以了解购物者对目前婴儿护理产品的看法和期望，该调查对象主要针对有 0~3 岁婴儿的家庭。调查结果显示，有 0~3 岁婴儿的家庭户是一个非常重要的目标客层。他们对商店的贡献率是其他客层的2.1倍。这部分购物者希望北京华联能提供更多的婴儿用品和更方便的购物方式，并且希望能获得更多的信息和咨询等增值服务。

（2）确定产品组合

- 必备的品类。北京华联和宝洁公司在前期测试阶段在许多城市进行了"联合店内购物者调查"，并确定了婴儿护理中心必须具备的品类：婴儿食品、婴儿日化品、婴儿纸尿裤、婴儿服饰、婴儿家具。
- 所需服务项目。例如给宝宝换尿裤的地方、免费的信息和教育资料。

- 所需设备。例如电视等。
- 增值服务。例如专家的建议、舒适的购物环境、宝宝玩耍的地方等。
- 建立婴儿护理中心。

第一步：目标购物者研究，确定零售标准，包括制定每个品类的品牌数标准、品项数标准、毛利率标准，落实产品促销大纲。

第二步：把与婴儿吃、穿、用、玩相关联的产品集中起来，按公平货架和关联性的原则进行陈列。

第三步：卖场的售卖氛围侧重于营造一个温馨、轻松的购物环境，使购物者感到舒适、方便。

第四步：现场请来有经验的导购人员宣传产品，介绍科学的育婴方法，并提供资料，以帮助购物者了解产品，增长养育幼儿的知识。

第五步：大力开展联合促销，突出"北京华联宝宝屋"的品牌形象，形成与购物者的互动。

5. 生意结果

北京华联婴儿护理中心项目在 21 间门店得到了实施。在项目实施 3 个月后，婴儿护理品类销售增长 33%，利润增长 63%。护理中心中各品类生意都得到了提升，婴儿护理中心各品类的销售额增长率如表 A-1 所示。

表 A-1　婴儿护理中心各品类的销售额增长率　　　单位：%

婴儿服饰	婴儿食品	婴儿日化品	婴儿纸尿裤	礼品	婴儿家具
33	15	231	56	344	66

A.2　高露洁公司与品类管理

A.2.1　背景介绍

高露洁公司于 1806 年由威廉·高露洁先生创办，1928 年高露洁公司与美国另一家消费品公司 Palmolive-Peet 合并，1953 年正式启用"高露洁–棕榄"作为公司名称。高露洁–棕榄公司是一家全球性的消费品公司。高露洁–棕榄有限公司的产品包括口腔护理（高露洁牙膏、牙刷、漱口水、美白液）、个人护理（棕榄洗发水、棕榄沐浴露、棕榄香皂）、家居护理（棕榄洗洁精）、宠物食品（Hill's）、衣物护理（柔丽衣物柔顺剂）等。高露洁–棕榄有限公司是口腔护理行业的领导者，其产品遍布全球200多个国家，在全球拥有超过35亿的购物者。

广州高露洁–棕榄有限公司于1991年与广州牙膏厂合资建立。在我国，高露洁–棕榄有限公司专注于生产和销售口腔护理产品，同时也销售棕榄洗发水和沐浴露以及柔丽衣物柔顺剂。高露洁–棕榄有限公司于2003年并购了三笑牙刷，目前还拥有黑人牙膏50%的股份。

高露洁–棕榄有限公司1998年开始与沃尔玛合作品类管理，高露洁–棕榄是口腔护理品类的"品类舰长"。目前已建立多人品类管理团队，并将品类管理服务推广到众多的零售商，包括家乐福、华润万家、百佳、好又多等。

高露洁–棕榄有限公司根据零售商所处的状况、零售商数据、人员方面的成熟程度，为其提供不同等级的解决方案。

A.2.2　品类管理案例

1．项目背景

零售商A是一家全国性的大卖场，在口腔护理品类长期按功能陈列产品。而我国的购物者调查结果显示，更多的购物者是按品牌选择产品的，所以按功能陈列产品不利于购物者选购，也不利于口腔护理品类生意的提升。从销售数据来看，该零售商的口腔护理品类销售量在不断下降。工商双方经过多次讨论，决定在广州试点按品牌陈列产品的方案。项目范围包括产品优化、货架陈列、有目的的货架装饰。

2．品类定义

口腔护理产品是指用于清洁和护理口腔的产品，包括牙膏、牙刷、漱口水和牙齿美白产品等，不包括口香糖和牙签，口腔护理品类定义如图A-3所示。

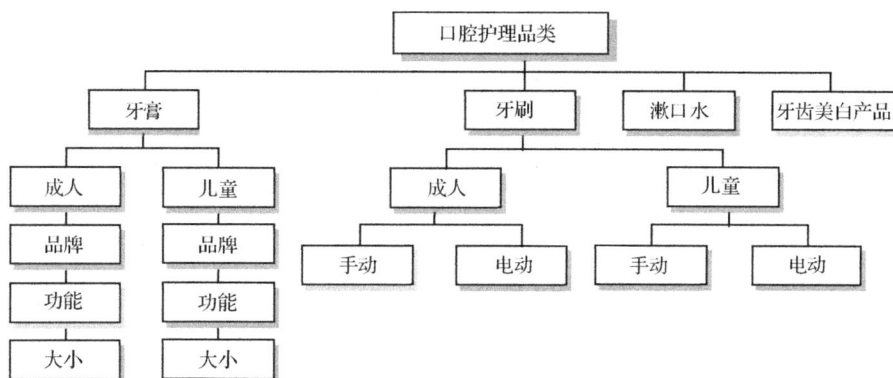

图 A-3　口腔护理品类定义

3．品类角色

经过跨品类分析，确定口腔护理品类在该零售商的角色为常规性偏目标性。

4．品类评估

- 口腔护理品类是计划性较强的品类，但牙刷容易被购物者遗忘且选择时间是牙膏的两倍。
- 口腔护理品类的增长潜力主要在牙刷、漱口水和牙齿美白产品。
- 购物者购买决策树显示，口腔护理品类的选择顺序为：品牌→功能→包装。
- 零售商 A 牙膏的销售额增长低于市场平均水平，主要原因是口腔护理品类客流量的降低和客单价的降低。
- 零售商 A 在牙刷上的表现优于市场平均水平，尤其是高质牙刷和电动牙刷。
- 零售商 A 成功地吸引了高收入的购物者。

5．品类策略

（1）提高客单价

原因：口腔护理品类的客单价和购物频率都在下降，而零售商 A 成功地吸引了高收入的购物者，因此其具有提高客单价的条件。

方法：改善大包装产品和高质产品的陈列位置；将牙刷陈列在客流前方，利用牙膏的高渗透率带动牙刷的销售；将漱口水、牙齿美白产品等高毛利产品陈列在牙刷与牙膏之间，以增加其曝光率。

（2）强化购物者教育以增加客流量

原因：零售商 A 口腔护理品类的客流量在下降，购物频率也在下降；购物者调查显示，购物者需要教育信息；零售商 A 吸引的高收入人群需要购买产品以外的附加值。

方法：以传递健康笑容四部曲的概念来吸引购物者并引导消费（牙刷→牙膏→漱口水→牙齿美白产品）；通过强化教育改善口腔护理品类的形象，增加附加值。

（3）让口腔护理品类充满童趣

原因：零售商 A 的儿童产品销售优于市场；儿童是未来的购物者。

方法：设立独立的儿童产品区域。

6. 方案实施

- 优化产品，增加漱口水、牙齿美白产品和儿童产品的单品数。

- 以品类策略为导向设计排面陈列。

- 排面调整及货架装饰，如图 A-4 所示。

图 A-4　排面调整及货架装饰

7. 结果评估

三个月后的评估显示，口腔护理品类生意获得了 20% 的增长，牙刷、漱口水等次品类的增长带动了整体利润的增长，同时达到了提高客单价的目的，口腔护理品类增长的百分比如表 A-2 所示。

表 A-2　口腔护理品类增长的百分比　　　　　　　　　　　单位：%

口腔护理品类销售额	口腔护理品类利润	牙刷销售额	专业口腔护理销售额	口腔护理客单价
20	21	31	83	14

A.3 强生公司与品类管理

A.3.1 背景介绍

强生公司于 1886 年在美国新泽西州由强生兄弟创立。拥有近 200 个子公司、113 800 名员工，生意遍布 57 个国家。强生公司的产品线涉及日用消费品、急救用品、医疗器械、药品等。强生公司目前在我国有 6 家子公司，分别是强生（中国）有限公司、上海强生有限公司、上海强生制药有限公司、西安杨森制药有限公司、强生（中国）医疗器材有限公司、强生（上海）医疗器材有限公司。其中，强生（中国）有限公司主要负责日化产品的生产与销售，其产品包括强生婴儿洗护产品系列、o.b.卫生棉条、可伶可俐少女护肤系列、露得清美容护肤品、邦迪创口护理系列和 Reach 口腔护理系列。

强生公司在全球范围内有着丰富的品类管理经验，其方法论是 RADAR（雷达）法则，该法则与品类管理八步骤有联系又有区别，如图 A-5 所示。

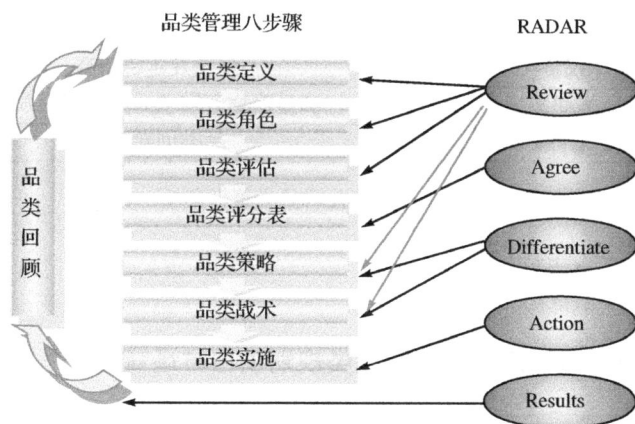

图 A-5 RADAR 法则与品类管理八步骤的联系与区别

强生（中国）有限公司从 2001 年开始与零售商进行品类管理合作。目前，该公司与零售商的品类管理合作已拓展到多个品类，如婴儿护理品类、妇女卫生用品品类、成人沐浴露品类和成人护肤品品类。在沃尔玛（中国），强生（中国）是婴儿护理和成人护肤品两个品类的品类领队。强生（中国）在供应链优化方面也有专业的研究，并担任着我国 ECR 协会供应链小组组长的职务。

强生（中国）有限公司在所有的品类管理项目中一直奉行两个基本准则：

- 品类管理应该是因时制宜、因地制宜的。RADAR 法则必须切合当地购物者和零售商的实际情况而进行差异化设定，具有差异化的目标。
- 品类管理不是形式主义。品类管理是日常的工作，必须具有非常高的现实性、及时性和可操作性。

基于以上两个准则，强生（中国）将与客户的品类管理合作分为两个层次，即基础品类管理和增值品类管理。视客户所处阶段的不同和机会点的不同，强生公司将提供不同层次的"菜单式"服务，而"菜单"的选择并不是多多益善，而是务必符合以上两个准则。强生公司品类管理菜单如图 A-6 所示。

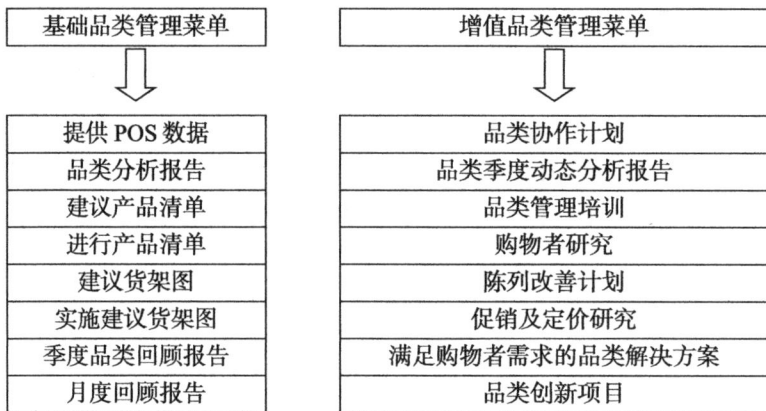

基础品类管理菜单	增值品类管理菜单
提供 POS 数据	品类协作计划
品类分析报告	品类季度动态分析报告
建议产品清单	品类管理培训
进行产品清单	购物者研究
建议货架图	陈列改善计划
实施建议货架图	促销及定价研究
季度品类回顾报告	满足购物者需求的品类解决方案
月度回顾报告	品类创新项目

图 A-6　强生公司品类管理菜单

A.3.2　品类管理案例

1. 强生公司量贩店婴儿部门品类规划项目市场背景——婴儿产品的重要性

- 家庭成员怀孕会使整个家庭重新评估他们所选择的零售店；
- 家里有 0～3 岁婴儿的家庭比没有婴儿的家庭多 40% 的开销（不包含的婴儿用品，如水果、蔬菜、数码产品）；
- 我国家里有 0～3 岁婴儿的家庭会将大约 20% 的家庭收入用于婴儿身上；
- 我国城市家庭每年用于新生儿的开支总额在 2 000 万元左右，0～3 岁婴儿的开支总额估计在 4 500 万元左右；

- 我国城市家庭用于婴儿的年均开支在 10 000 元左右；
- 婴儿产品市场规模（保守估计）在 1 500 亿元左右。

2．强生婴儿部门重新规划的必要性

（1）购物者研究的发现告诉我们

1）99% 的购物者认为在量贩店内应该有婴儿用品专区，所有与婴儿相关的品类都应该被包括在内。

- 2006 年以前，按照各分类的属性婴儿用品被归入不同的部门，陈列在不同的地方。
- 少数量贩店出现了相对集中的婴儿用品区域，但这并没有成为零售商差异化竞争的策略之一，这些婴儿中心主要还是以货架装饰和品牌形象宣传为重点，很少考虑整体婴儿部门的规划。
- 2006 年以后少数领先量贩店已经意识到婴儿品类策略的重要性，并在主要供应商的帮助下建立了专业的婴儿用品专区，同时还把主要精力放在整体部门的规划、不同品类的布局优化及为购物者提供教育和其他增值服务上。

2）不同的婴儿用品品类拥有不同的品类角色。因为归属于不同的部门，各个婴儿用品并没有统一的考虑，而是从各自所属部门的角度进行品类角色的定位。

3）许多婴儿品类之间存在明显的连带购买影响。由于一些品类之间的连带购物被忽略，购物者的购物潜能没有被充分挖掘。

4）母婴用品店及网上购物商场的数量越来越多，这些渠道所销售的产品较量贩店更加丰富，购物者到这些新兴渠道购物的比例也越来越大。传统量贩店"一站式购物"的优势在婴儿产品这个巨大的市场上受到了前所未有的挑战。

5）"80 后"的新一代在为人父母之后，急需专业的育儿知识辅导，新兴渠道的出现满足了他们的需求。购物者也希望能够在量贩店找到各种各样的育儿信息和一些服务，但是不以购物者为出发点的部门划分和产品陈列往往让他们感到失望。

（2）婴儿部门重新规划的必要性（见图 A-7）

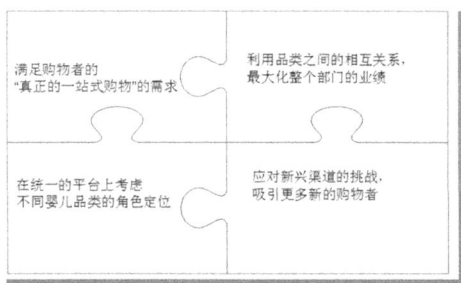

图 A-7　婴儿部门重新规划的必要性

3. 如何进行婴儿部门品类重新规划

（1）了解购物者的行为

（2）了解不同功能产品特性

（3）了解不同产品的角色和定位

- 计划性购买与冲动性购买。大多数购物者在购买婴儿奶粉、纸尿裤、沐浴/护肤用品、辅食和柔湿巾之前都有购买计划，而只有很少人在购买婴儿书籍、婴儿玩具前有计划。

- 品类角色的定位（见图 A-8）

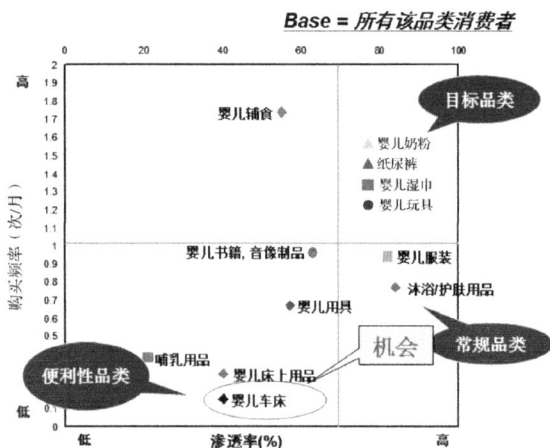

图 A-8　品类角色的定位

（4）完成选品和布局规划

4．案例分享

案例 1　美国某领先量贩店（见图 A-9）

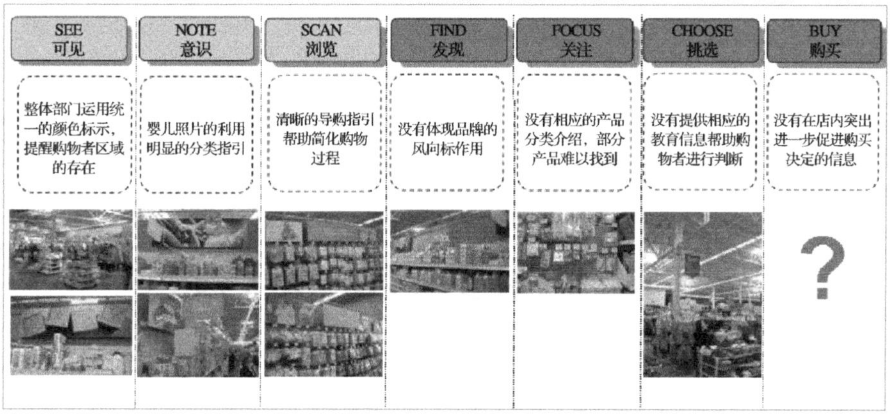

SEE 可见	NOTE 意识	SCAN 浏览	FIND 发现	FOCUS 关注	CHOOSE 挑选	BUY 购买
整体部门运用统一的颜色标示，提醒购物者区域的存在	婴儿照片的利用明显的分类指引	清晰的导购指引帮助简化购物过程	没有体现品牌的风向标作用	没有相应的产品分类介绍，部分产品难以找到	没有提供相应的教育信息帮助购物者进行判断	没有在店内突出进一步促进购买决定的信息

图 A-9　美国某领先量贩店

案例 2　英国某领先量贩店

2004 年的测试中，英国某领先量贩店将婴儿柔湿巾、洗护用品以及纸尿裤在新的门店规划集中陈列。门店录像监测系统显示这样新的规划极大改进了购物者与产品的互动、最终的购买转化及连带购买。

案例 3　葡萄牙某领先量贩店

对门店布局重新规划，将婴儿产品集中陈列并作为目标性品类对待，尽最大可能吸引客流，挖掘潜在的购买机会。2003 年，零售商 Continente 在实施了这样的规划之后实现了整体部门较高的营业收入增长。

案例 4　巴西某领先零售商

2004 年，零售商 Cantinho 对婴儿部门重新规划后，在测试门店取得很好的结果，并将 Cantinho de bebe 推广到更多的门店，促使各门店销售额取得了显著的增长：小型店增长 20%，中型店增长 31%。

医药零售行业的品类管理

我国连锁药店的发展壮大，虽然只有短短的十几年，却走过了西方国家连锁药店几十年所经历的历程，成为我国药品产业链上较为市场化的一环。

随着经济的增长，我国消费者对健康消费的需求正在快速增长，这为我国医药行业带来了增长空间。2009 年以来，连锁药店的发展进入理性化、规范化、程序化和标准化阶段，连锁药店开始重新洗牌：一部分竞争力低、盈利能力差的连锁药店或被淘汰，或被兼并；一部分通过有效整合资源，其竞争力得到提升，盈利能力得到增强的连锁药店，开始走向更大的发展。然而，我国连锁药店定位上的雷同、经营上的同质化、简单的价格战、运营技术不足、产品品类管理技术初级、人才的匮乏、资金的紧缺、信息化水平的低下、医药政策等一系列问题，一直在困扰和制约着我国药店行业。我国的大多数连锁药店经营管理水平还处在初级阶段，我国药店迫切需要以现代营销的理念、标准运营的体系、高效品类管理的技术来提高整个行业的经营管理水平，从而使自身立于不败之地。

纵观我国药店的发展，品类管理的引入给药店带来了核心竞争力的提升，然而2004—2012 年我国药店的发展道路很艰难，管理模式和盈利模式依然困扰着各大药企，市场规模的不断扩张依然使药店竞争激烈残酷。

- 2004 年我国药店 20 万家，截至 2011 年我国药店总数已达 409 246 家，其中连锁药店 2 149 家，下辖门店 13.5 万家，百强连锁药店销售总额占药店销售总额的 39%。

- 经过两年的"跑马圈地"后，在 2006 年不少药店开始"丢盔卸甲"，匆匆退出市场。例如，三九连锁整体出让；广州新增有 300 家药店，但其中 80%以上的药店在亏损。

- 2006 年开始，行业形成三大盈利模式：一是品类管理，以各种方式主推高毛利率产品；二是多元化经营提高坪效；三是发展自有品牌或独家代理品牌。

- 2008 年 10 月，湖南老百姓大药房成功融资 8 200 多万美元成立中外合资企业；益丰、开心人、一心堂等百强连锁药店相继获得了风投，在经过一轮圈地扩张的浪潮后，药品零售市场又迎来了新一轮的并购扩张、上市热潮。

- 2009 年新医改出台，基药零差率销售、发展基层医疗机构等政策给药品零售行业带来了一定冲击，药品销售和利润出现下滑，再加上 GSP（药品经营质量管理规范）、医保监管的限制，一时间使连锁药店的发展陷入泥潭。

- 2010 年"药店联盟"井喷，这一股"旋风"刮遍了全国，多数药店联盟的成立，旨在利益扩大化，采取集体采购的方式抗击风险。

- 新医改引发药店革命。2011 年药店多元化进入真正全面发展的时期。药妆店、大健康店、专业药店、药诊店等风生水起。门店整改、营销力提升、会员制升级、培训、管理体系等核心竞争力的塑造，助长了多元化经营模式的升温。

- 2012 年我国医药 B2C 交易规模开始呈现爆发式增长。网上药店的主要品类集中在减肥瘦身、美容养颜、营养素、感冒药、胃病药、成人用品、理疗器械、养生中药等品类。B2C 的高速发展，将在消费者定位、品类结构、品类策略方面带给终端药店新的挑战。

药店品类管理的发展历程如图 B-1 所示。

图 B-1　药店品类管理的发展历程

2002 年，海王星辰开始进行品类管理的尝试，独立出来的产品部在卖场空间和货架优化方面开展了一些工作。之后，中美上海施贵宝与深圳一致、北京金象尝试工商共赢的品类管理实践，引起了广泛关注。如今，药店行业对品类管理的实践，出现了很多突破性进展。例如，某药店的糖尿病健康之家、阿胶养生馆、母婴品类专区、保健养生营养中心等，如图 B-2 至图 B-5 所示。

图 B-2　某药店糖尿病健康之家

图 B-3　某药店阿胶养生馆

图 B-4　某药店母婴品类专区

图 B-5　某药店保健养生营养中心

资料来源：以上图片来源于医药行业网站。

除上述项目外，医药行业还有皮肤品类、风湿骨伤品类、肝胆品类等品类管理案例。然而在品类管理系统操控上，药店终端品类管理"表象"充盈，"内功"不足。由于药店没有通过消费研究及消费者需求深度挖掘品类结构，所以其很难做到为消费者提供全方位的健康解决方案，特别是一些厂家为了霸占药店空间，设置所谓的品类专区陈列，误导了药店品类管理的真实目的，而不均衡的品类结构也牵制了销售额的提升。

更多创新品类管理盈利模式值得尝试，也期待我们进一步研究实践，帮助终端业绩提升。

B.1 深圳一致与品类管理

B.1.1 背景介绍

深圳市一致医药连锁有限公司（简称一致）成立于 1997 年 3 月 28 日，截至 2008 年年底，该公司年销售规模突破 100 亿元。一致最初的成功源于其把质量放在了首要位置，确立了"五个一致"（一致的品牌、一致的价格、一致的配送、一致的质量管理、一致的服务规范）原则。一致"诚信、放心药店"的品牌形象深入人心，直至今天一致的品牌价值仍然很高。2003 年年底，经国际著名的市场调研公司尼尔森调研，一致药店的品牌认知度及消费者满意度再次名列深圳市医药零售行业第一位。2004 年年初，国药控股入驻一致药业，按照国药控股的全国布局规划，一致医药连锁立足广东，辐射华南，以"关爱生命，呵护健康"为理念，以"创一流品牌，做百年老店"为宗旨，秉承"总成本领先与差异化竞争"策略，坚持走"专业化道路，做中国最好的连锁药店"。

对比竞争对手，一致的核心优势是其在消费者心中牢固的品牌形象——"专业药店"，该形象主要体现在以下几个方面。

- 人才的专业化。一致的职业药师比例在深圳名列前茅。
- 产品品类的专业性。在深圳，一致的处方药销售比任何药店都要好，中药饮片、参茸产品也是强势。总有消费者反馈："在别的药店买不到的药品，多数能在一致药店买到"。
- 服务专业化。

如何进一步强化核心竞争优势？一致药店在坚持提升员工的专业化素质的同时，还在不断地探索专业化经营的新模式，除了要做到处方药经营的典范、专业药房的代表，还要做到服务和零售技术（如供应链、品类管理、消费者研究）的创新。从品类专业化上看，在一致的品类结构中药品与非药品的比例大概为 55∶45。处方药约占 20%，非处方药约占 20%，其余为保健品及各种非药品类。从服务专业化上看，要不断创新才能满足消费者越来越高的需求。深圳一致的品类管理组织结构如图 B-6 所示。

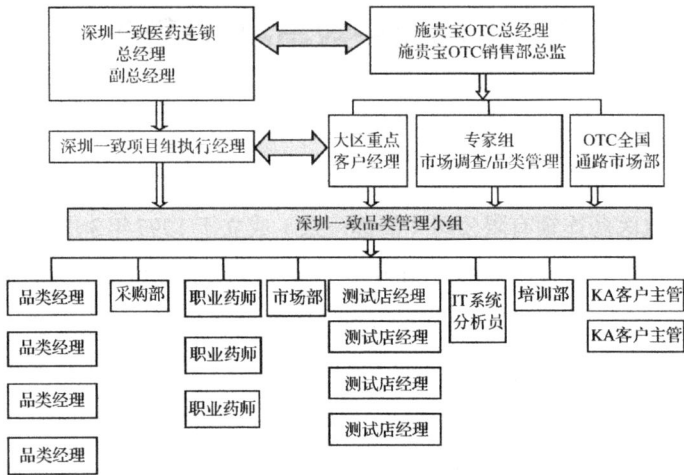

图 B-6　深圳一致品类管理组织结构

B.1.2　深圳一致与上海施贵宝公司合作品类管理案例

1. 项目背景

近年来，深圳医药零售市场竞争逐年激烈，连锁企业的销售压力越来越大。进行产品规划、实施品类管理、整合供应商与门店资源、提高竞争力，是一致连锁药店 2004 年的产品营销策略之一。零售市场品种多、重叠度高，因此品牌生产企业的产品受到了很大冲击，亟须找到提升销量的手段。例如，在 2004 年年初一致独立尝试品类管理时，进行了初步的优化，并主推感冒药品类中的高毛利单品"玉安立克"。但其在实施一段时间后，产生了困惑：尽管感冒药品类利润增加了，但整个品类并未做大，而且主推的品牌直接冲击到名牌产品。那么，该如何科学合理地优化品种和摆放资源，将整个品类做大，提升整个品类的表现呢？2004 年 6 月，深圳一致与上海施贵宝得到了双方高层的支持与承诺，开始了合作品类管理试点工作。

1982 年 10 月 14 日成立的中美上海施贵宝制药有限公司，是在我国成立的第一家中美合资制药企业。其母公司美国百时美施贵宝公司是一家以研究开发为基础的、从事医药及相关保健产品生产的全球性企业，公司业务遍及 100 多个国家和地区，拥有员工近 5 万人。中美上海施贵宝制药有限公司在全国 29 个省市设有销售办事处。2002 年，公司全球销售额为 181 亿美元，其中业务收入的 81%来自药品，10%来自营养品，其他 9%来自医疗服务等产品。公司主要生产和销售的品类有心血管及代谢类产品普拉固、Plavix、蒙诺，代谢类产品格华止系列，肿瘤药物泰素、伯尔定，抗病毒和抗感染产品赛瑞特、惠妥兹、Sustiva、马斯平，抗精神病药物Abilify、Serzone，抗生素类等。这些药品在全球市场都享有盛誉。施贵宝在我国主要销售解热镇痛、感冒咳嗽和多元维生素等非处方药物。如今，金施尔康维生素系列、小施尔康维生素系列和日夜百服咛（成人和儿童系列）等著名品牌产品早已为我国大众所熟知。

上海施贵宝于1994年率先建立了独立的OTC（非处方药）营销队伍，是我国第一支专业的非处方药品营销队伍。作为我国非处方药的先锋，中美上海施贵宝制药有限公司积极推广国际先进的技术和知识，加强与各大医药零售连锁企业的合作创新，目的是更好地满足消费者新的需求，同时希望借此与零售商形成长期的战略关系。2004年，该公司的OTC销售团队引进了快消品行业的品类管理专家，从而将品类管理这个全新的概念引入医药零售环节。

2. 项目准备

- 人才第一：从各区门店选拔优秀的人才，成立专门的品类管理项目小组。
- 慎重挑选"试验田"：进行了两天时间的实地考察，双方项目人员对一致门店具体情况有了一定程度的了解，经过仔细筛选，选择了 4 家具有代表性的门店对 OTC 成人和儿童维生素、成人感冒药两个品类进行测试。
- 人员培训：2004 年 6 月 18 日，施贵宝专家为项目组成员、一致全体店长及公司管理人员做了品类管理培训，约有 170 余人参加了培训。
- 制订行动计划：项目行动计划如表 B-1 所示。

表 B-1 项目行动计划

最 后 期 限	里 程 碑
6 月 21 日	立项书在团队内外讨论
6 月 25 日	确认立项书并与一致高层达成一致
6 月 28 日	项目核心小组的建立和正式启动
6 月 30 日	试点店的数据收集和导入
7 月 09 日	店内两个品类货架空间确定和淘汰产品下架完成
7 月 20 日	讨论淘汰产品下架及货架陈列图如何做等问题
7 月 24 日	培训：怎样陈列才是一个好货架
7 月 27 日	"八卦三"两个品类店内公平货架比例确定并陈列，"百花"两个品类店内公平货架比例确定并陈列

最　后　期　限	里　程　碑
7月02日	两个品类优化产品清单的确定（包括删除、引进与保留）
7月28日	"吉之岛"两个品类店内公平货架比例确定并陈列
7月29日	试点店货架陈列图完成
8月03日	沟通新品引进（安尔康、维康福、施尔康VC泡腾片、金施尔康礼盒）
8月10日	店内促销活动确认和准备，确认新品引进
9月下旬	总结可以向其他门店推广的模式
10月12日	增加试点门店，进一步测试模式的可行性
次年3月1日	维生素和感冒药两个类别全面推广
每月例会	项目的月度总结和数据分析，制订调整和跟进计划

3．数据准备和分析

因为已有的计算机系统不支持品类管理的流程和数据需求，所以只能通过大量的手工基础数据，如多次到店测量、核实单品长宽高数据及品类的货架数据等进行准备。在这些数据准备的基础上摸索出了一套数据分析方式，分析4家门店两个品类的数据，列出两家试点店两个品类的保留品种清单、建议淘汰品种清单及陈列方案。某门店产品品类管理基础数据统计表如表B-2所示。

表B-2　某门店产品品类管理基础数据统计表

货架总长度（厘米）			单店销售额（元）			单店毛利额（元）			品项数（个）	
14 205			×××			×××			1 412	
成人感冒类OTC	货架		品类销售额			品类毛利额			单品数	
	长度（厘米）	占总长比（%）	销售金额（元）	占OTC销售额比（%）	占总销售额比（%）	毛利额（元）	占OTC毛利额比（%）	占总毛利额比（%）	数量（个）	占全店品类数量比（%）
	307.4	2.20	×××	10.80	3.47	×××	11.50	3.60	29	2.10
维生素全类OTC	货架		品类销售额			品类毛利额			单品数	
	长度（厘米）	占总长比（%）	销售金额（元）	占OTC销售额比（%）	占总销售额比（%）	毛利额（元）	占OTC毛利额比（%）	占总毛利额比（%）	数量（个）	占品类数量比（%）
	245.8	1.70	×××	8.90	2.86	×××	8.97	2.80	35	2.50

4. 方案实施

- 试点门店锁定淘汰品种。将各店试点品类中的淘汰品种目录告知门店，在帮助其积极销售的同时对补货情况进行跟进，防止淘汰品种再次补货，造成库存积压。
- 货架调整。
- 建立跟踪机制。每周根据各店不同的补货、到货周期，分别针对每个单品陈列情况和销售情况进行清货和到货跟踪，定期下店维护陈列效果，督促门店及时补充库存，同时建立单品周销售及库存跟踪报表，以配合和督促门店即时补货提升销售。

5. 实施结果

几个月下来，经过品种结构的调整和品类优化，使产品实现了良性周转。试点门店两个品类销售均有可观增长。实施结果如表 B-3 所示。

表 B-3　实施结果　　　　　　单位：%

	OTC 成人感冒类	7 月对比 1~5 月平均	8 月对比 1~5 月平均	9 月对比 1~5 月平均	7、8、9 月对比 1~5 月平均	维生素类	7 月对比 1~5 月平均	8 月对比 1~5 月平均	9 月对比 1~5 月平均	7、8、9 月对比 1~5 月平均
振兴分店	销售额	-1.4	29.4	-4.9	7.7	销售额	-12.4	32.5	26.7	15.6
	毛利额	8.7	36.1	6.8	17.2	毛利额	-17.0	30.7	27.1	13.6
吉之岛分店	销售额	17.3	55.1	14.2	28.9	销售额	57.3	40.9	33.3	43.8
	毛利额	0.4	40.3	-0.3	13.5	毛利额	38.6	35.7	32.0	35.4
八卦三分店	销售额	41.3	37.9	-26.8	17.5	销售额	95.3	170.2	21.7	95.7
	毛利额	31.8	-10.6	-32.6	-3.8	毛利额	35.6	-6.1	-49.0	-6.5
百花分店	销售额	-8.7	4.2	5.8	0.4	销售额	1.7	56.5	1.6	19.9
	毛利额	5.9	0.1	9.0	5.0	毛利额	-12.8	43.8	9.0	7.3
平均	销售额	12.6	32.4	-5.6	13.1	销售额	32.4	68.1	23.2	41.2
	毛利额	13.4	17.9	-5.5	8.6	毛利额	10.4	26.9	6.9	14.7

6. 项目推广

第一阶段的总结报告启发了一致各部门的领导，大家找到了如何做好"品类专业，服务专业"的方向。自 2004 年 9 月 1 日卫生部等部门推出了《处方管理办法

（试行）》后，全国药店抗生素销售量大幅下降。借着品类管理的"清风"，一致及时调整了品类结构和经营方式，扩大了保健品、化妆品及日用百货品类的销售，还在商店形象和品类结构上做了大力度的整改。2004年9月推出了国内首家集齐全的药品、健康食品、检测仪器、专业咨询服务为一体，全方位、一站式服务于糖尿病、高血压消费者的"一致药店糖尿病高血压生活馆"，为糖尿病、高血压病人带来了曙光。在此基础上，一致药店一鼓作气，在2005年1月15日又系列推出"语言及听力检测中心""生命元素"（维生素与微量元素）、"幸福空间"（性生活用品）、清新伊人魅力坊（女性医护用品）4个针对不同疾病和保健人群的专业生活馆，将一致药店的专业化服务提升到了新的高度，"生命元素"生活馆如图B-7所示。

图 B-7　"生命元素"生活馆

B.2　某大型连锁药店与品类管理

B.2.1　背景介绍

某大型医药连锁有限公司成立于2000年9月，汇集药品零售连锁、药品批发、药品配送等经营业态，年销售额超过20亿元，连续三年位居我国医药连锁行业首位。现已在辽宁、吉林、内蒙古、河北、山东等省主要城市开设门店800多家。

该医药连锁有限公司以发展医药零售连锁为主业，拥有大型现代化物流配送中心，经营涵盖化学药制剂、抗生素、医疗器械、中成药、参茸、营养保健、中药饮片、美妆护理等一万余个品种。

自 2006 年连锁药店品类管理实验发展，众多医药连锁有限公司纷纷学习推行品类管理，但由于信息技术的落后，大多数医药连锁有限公司很难在品类管理上有所突破；2008 年，随着信息技术的推进，众多医药连锁有限公司在软件上取得良好进步，不再盲目进行品类管理，该医药连锁有限公司也开始做基础的工作，如产品分类、品类管理技术的系统培训等，将"回归补课+实践操作"作为品类管理人才培育的重要举措之一，并与多家品牌供应商携手开展多项品类管理共赢项目。

2008 年 11 月，该医药连锁有限公司在合作共赢的前提下，尝试与某大型制药有限公司合作开展品类管理的实践。双方共同组建了品类管理小组，制药公司负责品类管理技术的指导，指导小组对品类进行趋势分析，并先后在部分门店进行了品类管理的实践运用。

B.2.2　某医药连锁"护胃中心"品类管理案例

1. 项目背景

在 2002 年至 2006 年的平价时代，竞争的加剧致使连锁药店在高毛利产品的品类上做足了功夫。然而，在 2006 年以后的"后平价时代"，连锁药店又展开"跑马圈地"的快速扩张步伐。竞争的升温，又逢医改新政，使连锁药店再一次受到"低毛利"重创。连锁药店在"微利、低调"的发展中，选择了核心管理技术和盈利模式的回归。该连锁药店作为平价药店代表之一，在理性思量如何占领市场的同时，也注重对下属门店实施有效管理，通过严格的标准化、信息化和过程控制来提高竞争力。

老百姓有句话叫作"十人九胃"，据行业数据了解，在药店胃药可占到4.3%～9.7%的销售份额，牢牢坐稳仅次于感冒药、抗生素之后的药品零售终端第三大品类交椅。该连锁药店充分挖掘产品品类生意的数据报告，并与某大型制药公司达成合作共赢的"护胃中心"品类管理项目，在五家连锁门店展开试点。"护胃中心"局部图如图 B-8 所示。

图 B-8   "护胃中心"局部图

资料来源：图片来自网络。

2. 高层达成共识

2008 年 10 月，双方高层在项目内容、执行方案上达成共识，同时成立了"护胃中心"品类管理项目小组。

3. 项目的启动

品类管理培训会：该制药邀请品类管理专家郑越老师为该项目的项目组成员做品类管理基础知识培训和"护胃中心"品类管理项目交流。

项目启动会：培训会后，该连锁药店高层又开展了中高层管理者、项目小组的启动会。在该制药品类管理专家的建议下，双方明确了"护胃中心"品类管理项目的核心，并对项目明确了"细化经营、细化管理、细化服务"的责权分配。

4. 组织结构保障

详细流程：小组制定了实施"护胃中心"品类管理项目的详细流程。

组织结构：成立了由分管副总负责的品类管理小组，从总部到门店，一层一级，界定职责，并指定配合部门。

小组成员：执业药师和营销人员组成品类管理小组，品类管理的有关领导和成员均为相关部门主要负责人，从人力和权限上都给予其更充分的保障。

5. 基础准备、实战实施

策略评估：对品类和目前产品管理中存在的问题进行评估，明确所要实施的品类管理的品类定义、品类角色和试验门店。

项目计划：制定阶段性推进目标、行动时间表和里程碑，提前分析落实品类管理过程中可能出现的困难，并找出解决方案。

基础准备：如购物者调研、整合数据库等，取得的进展如下。

- 项目组全员"实战"培训和研讨。培训该连锁总部高管人员、五家门店的店长和相关部门骨干，进行门店"品类管理五项修炼"教练式实战培训。
- 核心及保障要素的落实。由总经理任命分管副总挂帅，组织各部门落实系统、流程、分类定义、组织结构、衡量指标、行动时间表和里程碑。
- 实地进行市场调查、购物者问卷调研，从而明确购物者的需求和品类决策树。
- 根据购物者需求制订空间管理方案，在导购标识、主题陈列、氛围营造方面进行调整，对货架空间做公平分配。
- 毛利率管理：含价格范围、贡献排名、毛利组合策略、排面、库存等；促进高毛利产品的销售，增加更多的利润。
- 主题促销：总结关联销售目录案例，通过提案增加购物者认知，借助助销工具实施推广，结合促销话术、组合陈列、店员销售激励、胃病知识手册、优惠券发放、DM 推广等措施，集中分析胃病客类会员。
- 教育培训：主要针对店员进行胃病知识、产品知识、关联销售技巧、提案目录的培训，角色模拟实战演练，除此之外还有"马老师"社区胃病健康讲座、门店广播讲解、短信电话关爱类提示等。

6．项目的沟通与落实

- 巡店检查：专人负责不定期的巡店检查。
- 执行评分：使用评分表，对门店执行情况按项目标准要求打分。
- 总结分析会：每月一次，对检查中的问题予以沟通解决，并通报表扬和批评。

7．项目的成果

克服了 IT 信息系统的障碍，经过一系列数据分析，五家门店对胃病用药的品类优化、毛利结构、陈列做了较大的改变。品类管理小组完成了如下工作。

- IT 系统保证。根据购物者决策树和胃病医学理论做了产品信息资料的品类定义和编码，既便于查找分析，又提高了服务器的运行速度。
- 品类评分表使用和衡量指标的界定。
- 品类策略和品类战术的执行。

● 品类管理成果数据显著。

8. 市场反馈

通过对市场的调查和购物者的研究，开发了差异化产品和多样性服务项目，并将其合理配置到大小门店，满足了购物者需求，提高了客流量、客单价。

9. 机会与挑战

在开展工作的过程中，该连锁药店遇到了很多问题。例如，GSP 药品管理法对品类管理陈列的制约，连锁企业信息系统的支持力度不够，品类管理人才的匮乏，连锁企业人员观念的转变等。

10. "护胃中心"品类管理项目的工作跟进行动计划

● 更新购物者调研。在门店一线销售服务中发现，根据购物者在选择药品描述中总结得出，所有胃病患者的症状可以分为五类，以购物者需求为导向的货架陈列和促销信息应充分反映这一分类。

● 更新货架装饰。在货架形象装饰上，门店利用灯箱、品类细分类标识牌、装点气球、助销 POP、爆炸贴、专业知识提示卡、地贴广告等来提升品类的专业形象，从而达到强化专业、温馨、醒目的旺销氛围。

● 更新购物者活动。在高效品类陈列的前提下，制定业绩增长目标，分析促销机会，制作促销指南和向后促销的计划方案。

● 继续推广、扩充护胃中心品类项目的合作门店，开展数据共享、高效库存管理等关键品类管理战术的循环，双方商讨并制订业绩和毛利的提升方案。

通过半年的品类管理的尝试，该"护胃中心"品类管理项目小组在 9 个月的密切合作中，取得了良好的业绩增长，建立了更加紧密与坚实的合作关系。项目小组在项目开展的同时总结出大量的项目实施经验，该连锁药店高层坚定品类管理是连锁药店发展的核心技术，将帮助连锁药店在市场的不断发展中赢得核心竞争优势，为实现连锁药店规模化发展打下坚实的基础。

品类管理常用术语

C.1 零售业常用术语

1. 业种

业种（Type of Business）即商业类型，按所销售的商品的品类、品种等可将零售划分为超市、粮店、专卖店、服装精品店、体育用品店、书店、文具店等若干个业种。

2. 业态

业态（Type of Operation for Selling）是指零售企业为满足不同的消费者需求而形成的不同的经营形式。通常依据零售业的选址、规模、目标购物者、商品结构、店堂设施、经营方式、服务功能等来分类。例如，按所销售的品类商品的深度和广度等划分商店类型，有便利店、生鲜蔬菜店、仓储式及会员制商店、专卖店、专业店、超级市场、大卖场、大型综合超市（GMS）、购物中心等，业态种类如图 C-1 所示。

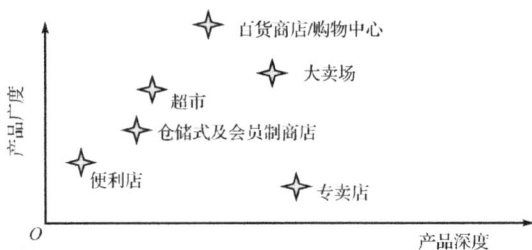

图 C-1　业态种类

3. 直营店/连锁

直营店/连锁（RC）是总公司直接投资开设的连锁店。

4. 自由连锁

自由连锁（VC）是保留单个资本所有权的联合。例如西班牙的 SPA 和美国的 IGA 现已进入中国。

5. 特许连锁

特许连锁（FC）是以经营权的转让为核心的连锁经营。

6. 快讯

快讯（Direct Mail，DM）亦称直邮或海报，是商店把一段时间内的广告商品或者特价商品印刷在彩页上或者当地报纸的夹页上，针对目标商圈范围内的家庭户，通过邮寄、派送或店内自取等方式分发，以吸引消费者前来购物。快讯周期通常为两周。

7. 商店临时特价

一般商店的临时特价不出现在快讯上，是商店根据供应商或者自己的需要，临时性地变更售价的。

8. 坪效/米效

坪效/米效是零售商衡量商品销售效率的指标。坪效是平均每坪（3.3 平方米）场地的销售额。米效是平均每平方米（或每米）货架产生的销售额。

9. 面位

面位（Facing）是指某种商品在货架上的陈列个数。

10. 店面广告

店面广告（Point of Purchase，POP）又称店头广告和销售时点广告。POP 一般分为两类：来自厂商的 POP 和商店自制的 POP。厂商的 POP 又分为固定式 POP（如专柜、包柱上的）和非固定式 POP（如货架贴、宣传单张、海报、货架插板等）。商店自制的 POP 一般是为配合新店开业、年庆或举办快讯促销等制作的，大型的促销活动 POP 一般由连锁总部制作。POP 根据类型和陈列位置分为：海报、店内悬挂物、定点广告宣传、新品标志牌、特价标识牌等。

11. 高效消费者回应

高效消费者回应（Efficient Consumer Response，ECR）是指一种协同增效的战略，在这种战略里，快消品零售商、配送商和供应商等贸易伙伴们紧密合作，研究合作方式，并通过密切的配合和信任，消除供应链上不必要的成本，更好地为最终消费者服务。ECR 系统由美国食品杂货行业提出并在该行业中应用，产生了明显的效果，进而扩展到北美、欧洲、亚太地区和中国。

12. POS 数据

POS 数据原指零售门店的收银台或扫描终端，有时也指收款机扫描所得到的销售数据。

13. 缺货率

缺货率（Out of Stock，OOS）是对零售终端货架上每个销售单品缺货的统计，用于衡量终端缺货的程度，即脱销率。缺货可以有两种定义：一种是在货架上没有可见的单品陈列；另一种是在系统上定义一个临界最低安全库存数，如果存货数量低于临界数值则系统会自动计算为缺货。

14. 天天平价

天天平价（Every Day Low Pricing，EDLP）表示的是一个能长期（一年以上或者一个季节）持续低价销售的定价方式，是始于 20 世纪 80 年代末的一种价格竞争策略。它的策略是一种相对稳定的低价策略，与主要依靠降价促销手段来扩大销售的策略有很大不同。天天平价通过恢复消费者对零售价格的信任，以及节省人力成本和广告费用，使企业在竞争中处于有利地位。实施 EDLP 战略取得巨大成功的典型企业有沃尔玛、家得宝和玩具反斗城。

15. 自有品牌

自有品牌（Private Brand，PB）是指商业企业出售自己的牌号或商标，如家乐福出售的家乐福牌洗发露、沐浴露、杏仁露、可乐、酸梅精、大豆油、馄饨、豆腐干等。商业企业创造自有品牌是出于对商店差异化和利润水平的需要。

16. 客单价

客单价（Per Customer Transaction）又称为购物篮金额（Basket Size），用来衡量每一位购物者平均购买商品的金额。计算公式如下：

$$客单价=交易金额÷交易人数$$
$$客单价=商品平均单价×平均每位购物者购买的商品个数$$

C.2 市场调查常用术语

1. 市场份额

市场份额（Value Share）表明某商店在快消品（FMCG）方面的总销售额占全市场销售总额的百分比。

定义：购物者在某商店（或连锁店）花在快消品方面的钱占他/她在所有快消品所花钱的百分比。

计算公式：

$$市场份额=渗透率×消费指数×忠诚度$$

2. 渗透率

渗透率（Penetration）亦称集客率，是指某商店（或连锁店）成功地吸引了多少个家庭到店内来购物。

定义：某时间段内到某商店（或连锁店）至少购买过一次快消品的家庭数的百分比。

计算公式：

$$渗透率 = \frac{某时间段内到某商店（或连锁店）至少购买过一次快消品的家庭户数}{城市中家庭户总数}$$

3. 消费指数

消费指数（Spending Index）表明某商店（或连锁店）的购物者在快消品方面的购买力的大小。

定义：来本店（或连锁店）的购物者在本地所有店的购买力对比本地所有家庭户的平均购买力。

计算公式：

$$消费指数 = \frac{本店快消品的购物者在本地所有店的人均花费金额}{所有快消品的购物者在所有商店的人均花费金额}$$

注意：购物者同时在本地许多商店消费，我们需要计算他/她在所有店的人均消费金额。

4. 忠诚度

忠诚度（Loyalty）是指对比其他竞争店，购物者对本店（或连锁店）是否更忠诚，是否成功地让光顾的购物者在本店花更多的钱。

计算公式：

$$忠诚度 = \frac{本店的购物者在本店的快消品方面的总花费金额}{本店的购物者在本地所有商店的快消品方面的总花费金额}$$

5. 城市家庭户总数

城市家庭户总数是指某城市的家庭总数，可查找当地的统计年鉴。

6. 本店的购物者

本店的购物者是指曾在本店至少购买过一次商品的购物者。

7. 过去三个月内的购物者

过去三个月内的购物者是指过去三个月内来过本店购物的购物者。

8. 非购物者

非购物者是指从未在本店购买过商品的购物者。

9．潜在的购物者

潜在的购物者是指在过去三个月中未在本店购买过商品，但居住在离本店适度距离内的购物者。

10．居住在适度距离之内

人们对"距离"概念有非常不同的理解。因为需要考虑很多不确定因素，如购物的出行方式（开车还是步行）、购物习惯（大量购买还是少量购买），甚至个人的因素（生活方式等）都会影响对距离的理解。适度距离是购物者心目中对距离的感觉，是他认为的可接受范围。

11．社会人群统计分类

社会人群统计分类（Socio-demographic groups）是指根据社会购物人群的不同特征，简单归纳出各种分类标准下的购物者的类型。每一类型都具有明显的、相异于其他类型的单一特征或多重特征。

（1）按城市人群分类

家庭人口数（人）：1，2，3，4，≥5。

家庭月收入（元）：<1 000，1 000~1 999，2 000~2 999，≥3 000。

（2）按年龄人群分类

家有婴儿（0~3 岁）的购物者，家有儿童（4~12 岁）的购物者，家有青少年（13~18 岁）的购物者，成年（18 岁以上）购物者，老年（60 岁以上）购物者。

（3）按家庭人口多少分类

四五口（或以上）大家庭（祖孙三代），三口小家庭，两口之家。

（4）按性别人群分类

男性购物者、女性购物者。

（5）按购物心理分类

奢侈爱逛型——喜欢购物，对价格不敏感；

精明能逛型——喜欢购物，对价格敏感；

节俭快购型——不喜欢购物，对价格敏感；

漠然厌购型——不喜欢购物，对价格不敏感。

（6）按购买决策分类

性能优先、价格优先、质量优先、服务优先、品牌优先。

（7）按生活习惯/价值观念分类

传统型、现代型、消费型、储蓄型、混合型、生活现实型、生活浪漫型。

（8）按消费行为与习惯分类

理性型、冲动型、感觉型、从众型、混合型。

12. 忠诚度分层

忠诚度的高低可分为三个层次（Loyalty Segments）：忠诚购物者、有时购物者、偶尔购物者。

忠诚购物者（Loyals）：将 50%或更多的总花费花在本店的消费群体。

有时购物者（Hoppers）：将 20%~50%的总花费花在本店的消费群体。

偶尔购物者（Occasionals）：将 20%以下的总花费花在本店的消费群体。

13. 商店的总体评价

商店的总体评价（Overall Rating）是购物者对商店的总体印象打分，是衡量商店整体表现的主要评估指标。（来过这家商店的人和没来过的人都可以给出评价。）

方法：根据被访者的回答，对每一家商店的平均信用程度按照 5 个级别进行评分。

打分方式：非常好（100 分）；很好（75 分）；好（50 分）；一般（25 分）；不好（0 分）。

计算公式：

$$商店的总体评价 = \frac{汇总被访者的评估分数后计算出平均值}{对商店进行总体评估的所有合格被访者人数}$$

14. 物有所值方面的评价

物有所值方面的评价（Value Rating），顾名思义，在此购物是否物有所值是购物者对商店进行价值印象评估的主要衡量指标。（来过这家商店的人和没来过的人都可以给出评价。）

方法：根据被访者对每一家商店的"物有所值"的平均信赖程度以 5 个级别进行评分。

打分方式：非常好（100 分）；很好（75 分）；好（50 分）；一般（25 分）；不好（0 分）。

计算公式：

$$物有所值方面的评价 = \frac{汇总被访者的评估分数后计算出平均值}{对商店进行总体评估的所有合格被访者人数}$$

15．商店在购物者心目中的形象

通过每个购物者心目中对商店的印象评估（来过这家商店的人和没来过的人都可以给出评价），我们可以发现哪些商店在哪些领域上表现突出或者落后（如品种选择、物有所值、新颖、质量或信誉等）。目前主要有 3 个分析模型：平均值模型、易新多省模型和价格模型。

平均值模型：提供了每个商店每个关键要素方面的相关性平均得分。

- 产品种类/选择；
- 物有所值；
- 质量/可信度；
- 方便/舒适；
- 陈列/展示；
- 服务；
- 情感因素；
- 其他。

易新多省模型：提供了在以下不同领域的商店排名。

- 易（方便）；
- 新（新潮）；
- 多（多样）；
- 省（便宜）。

价格模型：提供了价格的三个方面的商店排名。

- 性价比；
- 价格优势；
- 价格诚实度。

C.3　供应链常用术语

1．存货单元

存货单元（Stock Keeping Unit，SKU），即单品，指在颜色、大小、型号、风格、味道或包装等任一方面与其他产品有差异的产品，该产品具有的独特条形码与其他单品区分开来，就像身份证一样。

2．条形码

条形码（Bar Code），也称作条码，条状竖条或平行线和中间空白之组合，黏附于产品或外箱之上，由于传达有关产品和外箱的数据，其信息可以通过电子扫描仪识别。

广泛应用的条码称为通用产品编码（U.P.C）。A 级 U.P.C 标准被美国和加拿大零售商广泛采用，用来确认产品的销售和条码编制系统，通常用于零售业的 POS 扫描。新的 128 条码 UCC/EAN-128 是高效消费者反应体系及品类管理工作的关键要素，该条码使快消品行业能够全面跟踪、管理和控制产品的物流情况。

二维条码：人们对用条码表示大容量信息的要求与日俱增，开始设法在传统（一维）条码的基础上，通过利用垂直方向上的尺寸来表示更多的信息，于是便产生了二维条码，它具有高密度、大容量、安全性强的特点。成为大容量、高可靠信息、实现存储、携带并自动识读的经济和理想的方法。二维条码可不依赖数据库的存在，而实现对供应链中各种信息的采集和识别，真正与信息同步。目前，二维条码已成为供应链管理中非常重要的技术之一。

3．店铺直接配送

店铺直接配送（Direct Store Delivery，DSD）是指从生产商那里将货物直接运到商店，不通过批发企业或零售企业自己的仓储配送中心。货架存货（安全库存和补货）可由供应商管理，零售商可进行不同程度的监视，但产品的验收则由供应商与商店接货部共同负责。主要的 DSD 产品包括软饮料、啤酒、面包、新鲜烘烤制品、乳制品和需要特殊处理的易腐、易碎食品，如炸土豆片等零食。

4．穿过式配送

穿过式配送（Cross Docking），亦称交叉对接。这种配送方式的特点是产品运抵仓库或配送中心后无须将其储存起来，而是直接转运到零售门店，因为转运的各项准备工作已经完成。

穿过式配送要求所有的进出装运都要基本同步，进入配送中心和从配送中心运出的各项装运高度统一。由于穿过式配送节省了储存、分拣和存放等人力成本，所以大大降低了配送成本。在以"拍子"——托盘为单位的穿过式配送中，从供应商那里接收到的所有货盘无须做进一步处理，就被直接移到将要驶离的配送货车上。在货箱式即以包装箱为标准的穿过式配送中，货箱被转移到一个传送带系统，然后输送到相应的装运区，最后配送给店铺。

5．托盘

托盘（Pallet），亦称"拍子"，是一种用于货物搬运和存储的设备，被当作一个装卸单元进行货物的组装、分类、堆放、处理和运输。

6．计算机辅助订货

计算机辅助订货（Computer Assisted Ordering，CAO）是指通过使用计算机将有关生意信息进行综合整理形成订货计划和订货单。有关的信息包括产品销售、产品流转（POS 系统所记录）、影响需求的外部因素（如季节变化）、实际库存水平、货物接收及可接受的安全库存量等。

该技术是一个以零售为基础的应用系统，当货架量低于预先设定库存水平时，系统会自动产生补充订单。该技术能否成功依赖于对商店库存的完整掌握，关键是要保证 POS 扫描数据的准确性。计算机辅助订货可以节省订单生成方面的精力和成本，并能及时提供每个店铺单品的流转情况和及时了解门店终端层面上的库存周转信息。

7．连续补货程序

连续补货程序（Continuous Replenishment Program，CRP）是指通过加强产品供应链上各成员之间的合作，改变传统的由零售商确定采购订单的补货流程，以经济采购批量为基础，根据产品的实际或预测的需求量完成产品补货。

连续补货程序以有规律（通常是高频率的）、切合实际需要的原则完成产品配送，降低了库存水平和经营成本。借助 CRP，仓库补货通知和货物装运将按照消费者的需求而运转。消费者的需求根据 POS 扫描数据、库存变化和销售预测进行判断。CRP 较为常见的形式是由供应商管理库存，即由供应商根据零售商的库存水平和门店的订货数据及双方的约定负责生成订单，以保证零售商仓库能满足零售门店对产品的需要，防止缺货。

8. 供应商管理库存

供应商管理库存（Vendor Managed Inventory，VMI）是生产厂商等上游企业对零售商下游企业的流通库存进行管理和控制。生产厂商基于零售商的销售等信息，判断零售商的库存是否需要补充。如果需要补充，系统自动地向本企业的物流中心发出发货指令，补充零售商的库存。VMI 方法包括了 POS、CAO 和 CRP 等技术。在采用 VMI 的情况下，零售商的产品库存决策主导权转到供应商（生产厂家）的手中，但门店的空间安排、产品货架布置等店铺空间管理决策方面仍然由零售商主导。

VMI 是在 EDI/Internet、ID 代码、条码、条码应用标识符以及连续补货程序支持下，将零售商向供应商发出订单的传统订货方法，变为供应商根据客户库存和销售信息决定产品的补给数量。供应商的角色从过去的单纯执行客户的采购订单转变为主动为客户分担补充库存的职责，其在加快高效响应客户需求速度的同时，也降低了客户的库存水平。

9. 第三方物流系统

第三方物流系统（Third Party Logistics，TPL）是一种实现物流供应链集成的有效方法和策略，它通过协调企业之间的物流运输和提供后勤服务，把企业的物流业务外包给专门的物流管理部门来承担，特别是一些特殊的物流运输业务。TPL 使企业能够把更多的时间和精力放在自己的核心业务上，从而提高供应链管理和运作的效率。

10. 配送中心

配送中心（Distribution Center，DC）是指根据汇总连锁企业内各个门店的订货需求进行采购，从供应商处接收各种产品，经过储运、保管、配货、分拣、信息处理、流通加工等操作，来满足各门店的需求。DC 物流设施的建立，旨在提高供应链的效率、快速反应、降低成本，建立准时、准确、安全的服务终端。

11．库存天数

库存天数是衡量库存水平的指标，可以监测各门店、各品类、各供应商的库存水平，包括门店库存天数、配送中心库存天数、在途库存天数。计算公式如下：

$$库存天数=库存金额÷平均日销售额=库存金额÷月销售额×30$$

12．库存投资回报率

库存投资回报率（ROII）表示库存投入和产出的比例，反映了单位库存所带来的收益。库存投资回报率越高，则库存管理水平越高，用较低的库存数量保证了较好的销售水平。库存投资回报率的计算公式如下：

$$库存投资回报率=毛利÷平均库存成本$$

13．库存平均周转率

库存平均周转率用来衡量库存的管理水平。库存平均周转率越高，则库存占用越低，存货变现速度越快。库存平均周转率的指标可通过库存周转天数或者月周转次数来衡量。相关计算公式如下：

$$库存平均周转天数=平均库存÷平均销售量$$

$$库存周转次数=30天÷库存周转天数$$

14．库存记录准确率

库存记录准确率是衡量实际库存与库存记录（电脑或手工账）之间的差距。将货架及在仓库中的库存实际进行统计，与计算机系统中的记录进行对比，从中对比两者的一致性如何。相关计算公式如下：

$$库存记录准确率=库存记录准确的单品数÷总盘点单品数$$

$$库存记录准确=盘点的实物数与记录数相差在 x\%内$$

$$（数量、产品号、库位、批号等）$$

库存记录准确率是高效补货工作的基础，是标准化、周期性盘点的基石，它不仅影响着零售财务的核算、财务库存的准确率、自动建议订单的生成，还影响着高效的补货技术的实施，如 CRP、VMI、CPFR 等。

C.4 财务及 IT 常用术语

1．基于活动的成本核算法

基于活动的成本核算法（Activity Based Costing，ABC）或称成本动因核算法，是一种会计成本核算方法，能够帮助企业更好地了解盈利在哪里产生和如何盈利。ABC，从一项业务中分辨出所有主要的活动，并将所有产生的成本进行确认、核算和汇总，包括跨部门、跨职能的成本。计算出来的成本随后被分摊到与完成这些活动相关的产品、生产线、客户或供应商等产生费用的活动中。与传统的核算方法相比，ABC 为业务运作的利润和成本提供了一个更完整的图画，能够对具体的品类、代理商、项目和单品进行调整，能够辨别出增加或减少消费者价值而产生的成本。ABC 与企业的总分类账连在一起，使得按部门、品类或存货单元的利润确定更容易、更准确。

2．直接产品成本

直接产品成本（Direct Product Cost，DPC）和直接产品利润是衡量各种产品获利水平的标准。该标准起源于 20 世纪 60 年代的美国快消品行业，该标准把所有的经营成本和费用，包括运输、储存、采购的成本等直接分配到每个具体产品上，成为判断其产品直接获利能力的一种工具。

3．直接产品利润

直接产品利润（Direct Product Profit，DPP）是一种会计方式，通过将毛利分解成贡献度和成本，将成本和利润分配到每个 SKU 的方法，以此来审核每个 SKU 对零售企业总体利润的贡献。它是以每个 SKU 为单位，把毛利做净的成本和利润分摊。为了确定一个单品的直接利润，用一个专门的公式来分解每个单品的所有直接成本和间接成本。DPP 和 DPC 没有涉及固定费用和管理费用的分摊，只解决与某个 SKU 有直接关系的成本费用，如订货和存货。而 ABC 方法与企业的总分类账直接关联，可以精确地计算出各部门、品类或 SKU 的管理费用以及间接成本和获利状况。

4．电子数据交换

电子数据交换（Electronic Data Interchange，EDI）是指贸易伙伴间通过网络实现商业信息传送和交换。这些信息应按照统一编码委员会（UCC，适用于食品快消品行业）和跨行业交易标准自愿组织（VICS，适用于日用百货业）管理的标准文件格式和数据交换格式编辑系统。EDI 包括购货单、发票、装运通知和资金转移等方面的企业间的交易。EDI 最早起源于宝洁公司，并由 IBM 公司发扬光大。其好处是无纸化信息交换和贸易，省去了相应的办公费用、办公人员、邮寄和其他成本，既环保快捷，又减少了成本、时间的拖延和误差。

5. 集成化 EDI

集成化 EDI（Integrated EDI）是指电子信息直接进入接收方的计算机系统，自动收到的信息（如传递的发票）直接进入应付账款分类账。集成化 EDI 可以使许多 EDI 信息接收者省去目前还频繁进行的手工核对工作，节省了时间和费用。集成化 EDI 要求发送信息的一方必须严格遵守标准的、事先约定的格式。目前基于集成化 EDI 的信息传递内容有计算机辅助订货（CAO）、持续补货（CRP）和店铺直接配送等。

6. 直接数据交换 UCS

直接数据交换 UCS（Direct Exchange UCS，DEX/UCS）是一种商店数据交换系统，它通过 UCS 实现供应商配送人员与店铺收货部机构之间的数据直接交换，支持直供商店（DSD）店铺配送，使供应商的运货人员和商店的接收人员可以直接进行数据交换。这种标准化的硬件系统节省了供应链环节后台管理的时间和成本，减少了差错和不确定性。供应商的销售人员或司机配备着手持终端，内有详细的订货信息。数量一经收货部门确认，终端马上可与门店的计算机直接连接，不需其他网络实现数据下载。数据经转换后，会直接传输到零售商的财会部门，协调核对无误后完成支付。

7. 网络数据交换 UCS

网络数据交换 UCS（Net-Work Exchange UCS，NEX／UCS）在门店和供应商之间提供两种通信方式：DEX 和 NEX。NEX 支持办公室的计算机系统通过公共信息网实现信息交换；DEX 则实现贸易伙伴之间在商店后台的直接对话，它可以不依靠其他公共网络。快消品业和百货业都使用 NEX/UCS。UCS 与 DEX 一起使用的益处包括使运输后的应付和应收账自动化，维持产品、成本、促销、运输核准方面的数据文件。另外，它大大减少了支付方面的差错，并将改正差错所需的时间尽可能缩至更短。

8. 行业自愿交换标准

行业自愿交换标准（VICS）是日用品、服饰和百货生产、集装箱运输行业使用的 EDI 信息标准，该标准由 EDI 通用标准委员会下面的日用品及服饰零售/供应商组成的 VICS 集团负责维护。

9. 管理信息系统

管理信息系统（Management Information System，MIS）是利用现代计算机技术，采集商业经营过程中的各种信息，经过系统的分类、汇总、分析处理，及时准确地得出数据结果，以利于经营者了解企业的实际经营状况，做出科学合理的决策。MIS 的主要管理职能包括产品信息管理、产品价格管理、产品进销存管理、财会管理等。

参考文献

[1] Fisher M L, Raman A and McCleddand A S. "Are You Ready?" [M]. Harward Business Review, July-August, 2002.

[2] Aaker D A. Strategic Market Management [M]. 5th Edition. John Wiley & Sons, Inc. 1998.

[3] Arens W F. Contemporary Advertising [M]. 7th Edition. Irwin McGraw-Hill, 1999.

[4] 裴亮. 品类管理[M]. 美国食品营销协会, 中国连锁经营协会, 1999.

[5] 张智强. 品类管理实施指南[M]. 美国食品营销协会, 中国连锁经营协会, 2002.

[6] 张成海. 供应链管理技术与方法[M]. 北京: 清华大学出版社, 2002.

[7] 2004 年中国连锁经营企业经营状况分析报告. 中国连锁经营协会, 2005.

[8] 李素彩. 连续补货实施指南[M]. 中国物品编码中心, 中国 ECR 委员会, 2001.

[9] 王榕, 罗兰·贝格. 中国零售商品缺货研究[C]. 中国连锁经营协会, 中国 ECR 委员会 2003 年论文集.

[10] 杨坚华. 供应链管理的衡量和提升[C]. 中国宝洁, 中国 ECR 委员会 2002 年论文集.

[11] 程莉. 品类管理及其适用技术[C]. 中国 ECR 委员会 2002 年论文集.

[12] 郑越. 婴儿护理中心——创造消费者价值[C]. 中国 ECR 委员会 2002 年论文集.

[13] 黄兴勇. VMI 专案的好处——上海华联超市[C]. 中国强生, 中国 ECR 委员会 2002 年论文集.

[14] 李默. 品类管理: 工商合作的共赢之道[N]. 中国医药报, 2005.

反侵权盗版声明

电子工业出版社依法对本作品享有专有出版权。任何未经权利人书面许可，复制、销售或通过信息网络传播本作品的行为；歪曲、篡改、剽窃本作品的行为，均违反《中华人民共和国著作权法》，其行为人应承担相应的民事责任和行政责任，构成犯罪的，将被依法追究刑事责任。

为了维护市场秩序，保护权利人的合法权益，我社将依法查处和打击侵权盗版的单位和个人。欢迎社会各界人士积极举报侵权盗版行为，本社将奖励举报有功人员，并保证举报人的信息不被泄露。

举报电话：（010）88254396；（010）88258888

传　　真：（010）88254397

E-mail：dbqq@phei.com.cn

通信地址：北京市万寿路 173 信箱

　　　　　电子工业出版社总编办公室

邮　　编：100036